U0857080

帮扶型村庄治理实践研究

Bangfuxing Cunzhuang Zhili
Shijian Yanjiu

贾滕　高涌瀚　梁红泉

——

等著

辽宁人民出版社

图书在版编目（CIP）数据

帮扶型村庄治理实践研究 / 贾滕等著 . — 沈阳：辽宁人民出版社，2022.9
ISBN 978-7-205-10568-6

Ⅰ . ①帮… Ⅱ . ①贾… Ⅲ . ①农村—群众自治—研究—中国 Ⅳ . ① D638

中国版本图书馆 CIP 数据核字（2022）第 170093 号

出版发行：辽宁人民出版社
地址：沈阳市和平区十一纬路 25 号　邮编：110003
电话：024-23284321（邮　购）　024-23284324（发行部）
传真：024-23284191（发行部）　024-23284304（办公室）
http：//www.lnpph.com.cn
印　　刷：辽宁新华印务有限公司
幅面尺寸：170mm × 240mm
印　　张：16.25
字　　数：240千字
出版时间：2022年9月第1版
印刷时间：2022年9月第1次印刷
责任编辑：高　丹
封面设计：丁末末
版式设计：新华制版中心
责任校对：吴艳杰
书　　号：ISBN 978-7-205-10568-6

定　　价：65.00元

CONTENTS

目 录

绪 论 …… 1

第一章 李村概况以及周口师范学院的定点帮扶历程

一、李村概况 …… 10

（一）D 县以及楼乡 …… 10

（二）李行政村的村落组成及其概况 …… 12

（三）经济结构与村庄经济水平 …… 17

（四）家庭结构与村民日常生活 …… 23

（五）村庄记忆 …… 25

二、周口师范学院的定点帮扶历程 …… 29

（一）新中国成立以来农村贫困治理模式演变 …… 29

（二）周口师范学院的帮扶历程 …… 37

第二章 李村的治理力量

一、“驻村帮扶”在李村的实践历程 …… 42

（一）扶贫工作队员苏书记的帮扶 …… 43

（二）扶贫工作队员王主席的帮扶 …… 44

（三）驻村第一书记顾书记的帮扶 …… 46
（四）驻村第一书记李书记的帮扶 …… 49
（五）驻村第一书记雷书记的帮扶 …… 53
二、村干部与党员群体 …… 56
（一）支部书记与“两委”干部 …… 56
（二）党员群体 …… 60
三、积极分子群体 …… 65
（一）积极分子的发现与培养情况 …… 65
（二）积极分子的不同类别 …… 67

第三章　下沉落地：帮扶村庄治理内容

一、帮扶村庄治理的内部结构与规范统合 …… 73
（一）帮扶型村庄治理 …… 74
（二）建强基层组织，抓班子转作风 …… 77
（三）推动精准扶贫，抓项目重整改 …… 79
（四）落实基础制度，规范权力运行 …… 80
（五）办好惠民实事，扩大群众参与 …… 81
二、“精准”帮扶 …… 83
（一）因村制宜 …… 84
（二）因户制宜（养殖、种植户帮扶） …… 90
（三）因人、因户制宜的“三保障” …… 95
三、关爱老人，推动家庭养老 …… 105
（一）李村村民年龄结构数据 …… 105
（二）李村家庭赡养情况的访谈 …… 106
（三）李村家庭养老现状分析 …… 124

（四）乡村孝道失衡的原因 …… 136

（五）当代农村养老问题的发展取向 …… 141

第四章 吹糠见米：“帮扶”治理实践的督查与评价

一、政策项目的落地与督查反馈 …… 147

（一）村庄层面的项目政策反馈 …… 147

（二）个人层面的项目政策反馈 …… 151

二、村民的反映 …… 152

（一）村庄的显著变化 …… 152

（二）受帮扶户的心声 …… 158

（三）非建档立卡村民的评价 …… 160

（四）新乡贤的评价 …… 162

第五章 事故与故事：典型事件的治理效应

一、本可以避免的事故：以村庄一件惨案为叙事 …… 166

二、从“校长”到“看门人”：村小复学的艰难之路 …… 170

三、大棚风波：基层治理中的“塔西佗陷阱” …… 187

四、书记先行：“抱煤气罐”的第一书记 …… 193

第六章 帮扶反思：李村的“悬崖效应”与“福利陷阱”

一、“争”当贫困户的普通村民 …… 204

二、“安”于贫困的贫困户 …… 208

三、难“断”的家务事 …… 212

代结语　外力介入下村落旧平衡的打破与新平衡的形成

一、李村的“旧貌”与“新颜” …… 218

二、经济分化不明显而思想观念分化的村庄 …… 220

三、李村模式的“近虑”与“远忧” …… 223

四、如何共建美好家园 …… 225

附　录 …… 231

参考文献 …… 244

后　记 …… 251

绪 论

2018 年 9 月中共中央、国务院印发的《乡村振兴战略规划（2018—2022 年）》指出，“以习近平总书记关于‘三农’工作的重要论述为指导，按照产业兴旺、生态宜居、乡风文明、治理有效、生活富裕的总要求，对实施乡村振兴战略作出阶段性谋划，分别明确至 2020 年全面建成小康社会和 2022 年召开党的二十大时的目标任务，细化实化工作重点和政策措施，部署重大工程、重大计划、重大行动，确保乡村振兴战略落实落地，是指导各地区各部门分类有序推进乡村振兴的重要依据。”在乡村振兴战略的总要求中，产业兴旺是根本，生态宜居是基础，乡风文明是关键，生活富裕是目标，而治理有效则是上述目标要求的保障。

1. 治理有效方能振兴乡村

2006 年农业税废除，标志着我国进入改革开放转型新时期，十几年间，国家已经出台一系列的惠民政策，有大量惠农资金下乡。以 2018 年为例，对农民直接补贴就有耕地地力保护补贴、农机购置补贴、生产者补贴、棉花目标价格补贴等，此外，还有培训新型职业农民 100 万人次，农民合作社和家庭农场能力建设，农业生产社会化服务，农业信贷担保体系建设，支持农业结构调整，支持优势特色主导产业发展，支持农村产业融合发展，创建国家现代农业产业园，深化农村一二三产业融合发展，选择5省（市）开展信息进村入户示范，支持绿色高效技术推广服务，在基层实施农技推广，对牧区养殖户进行补贴，支持农业资源生态保护和面源污染防治，开展土壤培肥改良和科学施肥服务，开展农作物秸秆综合利用试点，推进畜禽粪污资源化处理，推广地膜清洁生产技术，支持农业防灾救灾，大县奖励等项目、政策[①]。在国家资源下乡的背景下，如果村庄没有对接国家资源的能力，资源下乡项目就很难有效落地，国家资源下乡必须与直面矛盾的农村基层组织能力提升结合起来。

乡村治理曾是“三农”问题研究热点。乡村振兴战略提出后，乡村治理中以往的资金（项目）、建设规划与目标、科技下乡与金融下乡等问题，均以政策形式得以解决或保障。然而，始终隐藏在乡村治理中的难题，却得以凸显甚至越发严重。“当前的乡村治理能力面对的是一个巨变的乡村社会，乡村社会正处于一个快速解体和重构的阶段，城镇化对农村家庭带来的影响至关重要。”[②]

分化的农村带来复杂的治理难题，乡村振兴战略面临的困境是乡村治理结构不科学、公共服务供给效率低下、村民参与程度低等[③]。一般来讲，只有当村庄具有公共性，有能力形成公共意志，这个村庄才有能力真正利用各种资源最有效地建设自己的美好生活，达到善治。而形成村庄公共性的基本办法就是动员群众，让村民参与到公共事务上来，提升乡村的治理能力。

因而，乡村欲振兴，治理必先行。从有效治理的视角，如何使“有形之手”“无形之手”与乡村有效衔接，如何平衡市场比较利益的诱导和个人追求比较利益的理性与村庄公共性的关系，即能人离村与能人回村留村、资源离村与资本下乡、青壮年离村（村庄缺乏主体）与乡村振兴的人才需

① 人民日报社：《2018年财政重点强农惠农政策定了！》https://baijiahao.baidu.com/said=1597325998371252342&wfr=spider&for=pc，2019年9月11日。
② 印子：《乡村治理能力建设研究》，陕西人民出版社2021年版，第261-262页。
③ 石伟伟：《乡村振兴战略：理论与可行性路径探究》，《改革与开放》2018年第15期。

求以及乡村教育萎缩、学龄儿童离村求学与建设美丽乡村的矛盾等，凡此种种，不但需要理论的深入探讨，更需要实践的探索。

2. 李村帮扶治理实践的探索

子曰："我欲载之空言，不如见之于行事之深切著明也。"[①]——伟大工程必然来自具体而微的实践，空谈何如实干。

中原传统农区李村是周口师范学院的定点帮扶村[②]。2012年学院派出工作队进驻李村，开展帮扶工作；2015年起，学院党委根据省委、省政府安排，抽调选拔优秀年轻干部担任驻村第一书记，派驻李村开展帮扶工作[③]。

"马骇舆则君子不安舆，庶人骇政则君子不安位。马骇舆则莫若静之，庶人骇政则莫若惠之。选贤良，举笃敬，兴孝弟，收孤寡，补贫穷，如是，则庶人安政矣。"[④]随着惠民政策以及驻村工作队的介入，李村的道路、水、电、气、网以及小学校舍、村室、医疗卫生室、小广场、健身设施等基础设施及便民设施大大改善、从无到有，加上精准扶贫、结对帮扶等政策资金支持，李村的生活环境、社会治安、社会风气等大为好转，群众的生活方式普遍改善，生活质量大大提高，村民幸福感越来越强，村貌日新月异。

不仅可见的村庄外观和村民个人日常生活实现了显著变化，更为重要的是，工作队在驻村期间，还对村庄治理模式进行了积极探索：在基层党建活动、村庄内部积极分子的发现与培养、信教群众转化、推进良风美俗建设以及乡村环境治理美化等方面做了大量奠基性工作；在产业发展、智力帮扶、科技扶贫等方面实施了多项具有创新性的措施，取得了显著成效；与此同时，在治理的过程中，国家政策、项目资金落地等环节产生了不少问题，村庄长远发展似乎遇到了瓶颈，村庄内生动力的产生与增强问题也有待进一步解决……

---

① [清]吴楚材、吴调侯：《古文观止》，沈阳出版社2017年版，第104页。

② 按学术惯例，所涉及村名人名做一定学术处理。

③ 周口师范学院派出干部在李村工作时间：苏明忠（2012—2013）、王新社（2013—2015）、顾磊（2015—2017）、李霄（2017—2020）、雷杰（2020— ）。

④ [清]王先谦：《荀子集解》（上），陈啸寰、王星贤点校，中华书局1988年版，第152页。

3. 李村治理实践的意义

根据《乡村振兴战略规划（2018—2022 年）》第九章《分类推进乡村发展》的要求，李村应该属于“集聚提升类村庄”。“现有规模较大的中心村和其他仍将存续的一般村庄，占乡村类型的大多数，是乡村振兴的重点。科学确定村庄发展方向，在原有规模基础上有序推进改造提升，激活产业、优化环境、提振人气、增添活力，保护保留乡村风貌，建设宜居宜业的美丽村庄。鼓励发挥自身比较优势，强化主导产业支撑，支持农业、工贸、休闲服务等专业化村庄发展。”①

小地域凸显大学术。“村庄非常小，中国社会非常大，中国社会科学也非常大。从村庄调研迈向中国社会科学的主体性，要解决‘以小为大’的问题。一个村庄不能代表中国，这是必然的……开弦弓村自身并不深刻，研究对象的深刻意义来自于研究者本身的深刻思考……做村庄调研，既要深入经验现象，又要超越这些现象，同时还不能脱离现象太远，努力在具体现象之间建立整体性认识……无数的偏颇和片面认识，才能汇集成整体和全面认识。中国社会科学也是如此。当前阶段的中国社会科学研究，应当鼓励很多人提出偏颇和片面的认识，允许各种不同的‘一家之言’，大力发展中层理论。”② 具体对象的独特性与实践的情境性总是不可避免地与简约、笼罩性的理论产生落差，正如有些人总是埋怨“国家政策是好的，都让下面的干部弄坏了”一样，眼见的后果似乎一样，但中间的过程、实际的操作以及背后的原因，却可能是千差万别的。

李村治理实践除了呈现的学术意义之外，现实意义恐怕更为独特。面对乡村振兴的复杂艰巨任务，基层干部党员的理论水平、专业知识难以匹配，帮扶型治理不啻为一种村庄治理模式的探索；高校与行政村结对帮扶，把高校富于理论知识的干部派到社会实践的第一线去，以超然村落（庄）历

---

① 中共中央、国务院：《乡村振兴战略规划（2018—2022 年）》，2018 年 9 月 26 日，http://www.gov.cn/zhengce/2018-09/26/content_5325534.html，2019 年 9 月 11 日。

② 桂华：《村庄里的中国社会科学》，2019 年 9 月 13 日。2019 年 1 月 28 日 .http://www.gmw.cn/xueshu/2019-01/28/content_32422817.html，2019 年 9 月 13 日。

史与利益的“第三方”开展工作，本身就是一张信任品牌，就是一种天然优势，更是上述矛盾的互补性、结构性的根本解决。当然，高校会付出一定的乡村“治理成本”，但这为本单位相关的科研工作与科研成果转化、干部教育与干部队伍历练、人才的教育培养等，提供了独特的机遇——往事已矣，社会主义大学替代了梁漱溟的乡农学校。

4. 调研与考察的思路

通过对党支部工作机制、工作实践的考察，通过上级政府的检查、反馈，以及对村民和相关农户的调研、访谈、观察，对李村的治理效果作出评价性解读与规律性认识。在此过程中，重点关注五重关系的变化：

（1）上级政府—“第三方力量”（第一书记、帮扶单位）—支部（村干部）的关系；（2）第一书记—支部（村干部）以及积极分子—村民的关系；（3）市场—政府—农户的关系；（4）新理（政策、法律以及新的规矩、理念）—老理（村落风俗、老规矩、旧理念）的关系；（5）干部的公私理念关系，即管理、服务、引领—挣钱的关系。

思考乡村治理困境的突破：

（1）能人离村—能人回村、留村的矛盾；（2）资源离村—资本下乡的矛盾；（3）市场的诱导、个人逐利—公共利益维护、公益活动参与的矛盾；（4）青壮年离村（村庄缺乏主体）—乡村振兴的矛盾；（5）乡村教育萎缩、学龄儿童离村求学—建设美丽乡村的矛盾；等等。

5. 概念解释与界定

（1）“帮扶”型村庄、“第三方力量”的“帮扶治理”

“帮扶”型村庄是指根据上级政府相关文件，由企事业、党政单位与具体村庄结对帮扶的村庄。相对于其他村庄，“帮扶”型村庄由结对单位下派第一书记（有一定任期与制度、前后相继），并且结对单位有一定的资源注入村庄。与此相对应，摆脱村落（庄）传统与利益纠葛的帮扶单位及其代表第一书记，便可以在工作中摆脱个人因素，理性处理上下级关系、干群关系。随着乡村振兴战略的实施，各地、各级政府相继探索下派第一书记的工作方式，因而“帮扶”型村庄与“第三方力量”的“帮扶治理”逐渐具有常态化概念性质。

（2）积极主义的治理理念

《乡村振兴战略规划（2018—2022年）》强调，健全现代乡村治理体系，加强农村基层党组织带头人队伍建设；促进自治法治德治有机结合，动员社会参与。河南省《关于推进乡村振兴战略的实施意见》提出，夯实农村基层基础，完善乡村治理体系，深化村民自治实践，提升乡村德治水平，激发内生动力①。结合党的十九届四中全会精神——“中国之治”的五大特征②：政治性、人民性、整体性、创新性、系统性，可知发挥主观能动性、积极主动性以及创新性对于乡村振兴、乡村治理的基础性意义——既要求党员干部积极行动，又要求村民、农户积极参与和积极配合。

（3）村庄精英（能人）、积极分子

村庄精英是指村庄里那些比一般村民拥有更多社会资源并且通过此类资源获得、进行权威性价值分配的村庄里的经济能人、政治能人及社会能人，对村庄的经济、政治、文化、社会等方面的发展起到重要的带动和促进作用。一般都有思想，有头脑，人际交往广泛，社会资源丰富，个人综合能力、应对市场能力强，在村民中有一定的威望，有一定的社会影响力，在村庄权力结构中居于承上启下地位。村庄精英在村庄治理过程中与国家、村民的互动及对村落（庄）社区建设有重要意义。但村庄精英是一个相对概念、动态概念——自身有其不足：譬如利己行为、权力偏向、阻碍民主进程等，也可能会影响乡村振兴的绩效。

积极分子与村庄精英是一个部分重合的概念，主要指乡村治理中积极响应与配合党员干部工作，愿意为村落（庄）公益事业牺牲自己部分利益的人。一般认为，积极分子是不占有专职政治职位，但对公共事务具有特

① 中共河南省委、河南省人民政府：《关于推进乡村振兴战略的实施意见》，2018年3月28日，https://www.henan.gov.cn/2018/03-28/389214.html，2019年9月11日。

② 《准确把握“中国之治”的五大特征》，2019年11月24日，https://news.sina.com.cn/c/2019-11-24/doc-iihnzhfz1373721.html，2019年11月24日。

殊兴趣、积极性或责任的普通公民[1]。不过，其背后有一个村庄治理的内在运行机制、参与及录用问题，而且总是与具体的历史背景、事件相联系；当然，积极分子[2]是一个动态概念，有一个生成与淘汰机制。

（4）治理的困境、发展瓶颈

乡村治理中的基础性与结构性问题，需要长期建设筑基，甚至需要外部力量介入才能逐渐解决的根本性问题、基本矛盾被称为“治理的困境”。

村庄发展瓶颈指受结构性问题制约，难以找到新的生长点与发展方向，缺乏比较优势，难以产生比较利益，重复建设导致边际效应递减，投入产出比更小；或者非突破治理困境不能解决的问题。

（5）集体行动困境

集体行动与集体利益相关联。涉及集体行动的集体利益有两种：相容性利益与排他性利益。前者指利益主体在追求这种利益时是相互包容的，利益主体之间是正和博弈；后者指零和博弈。相容性集团是欢迎具有共同利益追求的行为主体加入其中的，可谓“众人拾柴火焰高”。因此，相容性集团就有可能实现集体的共同利益——但也仅仅是可能而已，因为还是绕不开集团成员的“搭便车”行为倾向问题，还是要解决集体与个人之间的利益关系问题。在一个集团范围内，集团收益是公共性的，即集团中的每一个成员都能共同且均等地分享收益，而不管他是否为之付出了成本。集团收益的这种性质促使集团的每个成员想“搭便车”而坐享其成。在严格坚持经济学关于人及其行为的假定条件下，经济人或理性人都不会为集团的共同利益采取行动——集体行动的困境是一种客观存在的社会现象，在中国传统语境中，“一个和尚挑水吃，两个和尚抬水吃，三个和尚没水吃”，即是集体行动困境的形象揭示。

---

① [美] 詹姆斯·R. 汤森、布兰特利·沃马克：《中国政治》，顾速、董方译，江苏人民出版社2005年版，第180–182页。

② 其他关于积极分子的论述，可参见青年出版社编审部辑：《依靠积极分子联系群众，推动工作》，青年出版社1952年版。

集体行动困境的克服既仰赖于制度安排，又有赖于行动个体行为的自主性[①]。组织、权威、意识形态、具有某种偏好的“积极分子”、有选择性激励及强制等制度与非制度性因素的综合运用，为大型集团的集体行动之达成所必需。

① [美]奥尔森：《集体行动的逻辑》，陈郁、郭宇峰、李崇新译，上海人民出版社1995年版；陈潭：《集体行动的困境：理论阐释与实证分析——非合作博弈下的公共管理危机及其克服》，《中国软科学》2003年第9期。

第一章

李村概况以及周口师范学院的定点帮扶历程

2016 年度资料显示，全国第三次农业普查共登记了 2.3 亿农户、60 万个村级单位、4 万个乡级单位、200 多万个农业经营单位[①]。而本课题组调研的李村，并无特色，与中原传统农区千千万万个村相比，是一个偏僻而普通的行政村。

“中国的李村与李村的中国”——李村正是以其非典型性，才可称之为是中国 60 万个基层行政村中占大多数“集聚提升类村庄”的缩影，更是传统农区与粮食主产区的缩影、欠发达地区的缩影；而李村虽小，却也是个“大世界”，中华人民共和国的建设历程，乃至中国近代乡村的衰败与混乱，都在李村留下了印记：从晚清李姓的移民、民国土匪的祸害、土改运动的划阶级成分到“文化大革命”村落内的派别斗争，以及村落与村落的矛盾、改革开放后行政村的调整，税费改革前干群矛盾、计划生育罚款、村民纠纷，一直到今天的帮扶与精准扶贫、乡村建设，或以物化呈现在眼前，或以记忆留存于心底，过往总会对当下产生影响。

---

① 国务院第三次全国农业普查领导小组办公室　中华人民共和国国家统计局：《第三次全国农业普查主要数据公报（第一号）》，2017 年 12 月 14 日。http://www.stats.gov.cn/tjsj/tjgb/nypcgb/qgnypcgb/201712/t20171214_1562740.html，2019 年 9 月 13 日。

一、李村概况

（一）D 县以及楼乡

李村是河南省中部 D 县一个行政村——该行政村以其村室所在自然村命名。D 县位于豫皖两省三县交界处，距离郑州 240 千米左右。据记载，该地最早设县于隋开皇六年（586），此后县名屡经更改，但辖地基本沿袭，少有变动。

新中国成立后，1951 年 5 月析三县部分区、乡置 D 县。D 县发展一直相对滞后，2001 年被定为河南省扶贫开发重点县，2011 年被确定为国家连片特殊困难地区重点县，列入大别山集中连片特困县。2019 年 5 月，经省级专项评估检查，D 县达到脱贫摘帽标准，正式退出贫困县序列。就交通而言，D 县与其他邻近几个县差距明显，距离北、西、南三个方向最近之高速出口均在 30 千米左右（目前穿境而过的阳新高速尚未通车）。

D 县位于东经 115° 10′ ~ 115° 46′、北纬 33° 38′ ~ 33° 65′之间，县境东西长 58.9 千米、南北宽 43.5 千米，县域面积 1471 平方千米，属黄淮平原，地处黄河冲积扇南缘，海拔在 35.6 米至 43.8 米之间，坡降为七千分之一，由西北向东南稍呈倾斜，境内南、北部较高，中、东部稍低，略呈一片东南开口的簸箕形浅平洼地，地势较为平坦。境内主要河流有黑茨河、洺河、皇姑河、新蔡河、油河等，属于淮河水系。境内土层深厚，土质良好，土地利用率高，以冬小麦、玉米、红薯、烟叶和花生为主要作物，近年来，随着外出务工人员的增加，像烟叶这样需投入大量劳动力的作物渐渐被淘汰。

D 县属暖温带半湿润性气候区，四季分明，具有“冬长寒燥雨雪少，夏季热湿雨集中，春季多风常干旱，秋季晴丽日照多”的气候特征。春秋两个季节较短，而冬夏两个季节较长。春季天气复杂多变，大风频繁，3—5 月平均降水量 171.8 毫米，占全年雨量的 23.2%，年际间降水分布不均，易出现春旱和春涝。夏季炎热多雨，6—8 月份平均降水量 361.7 毫米，占全年雨量的 48.9%，其中 7 月降水 170.6 毫米，占夏季雨量的 47.2%。大致雨热同期，对夏季农作物生产有利。但 6 月中、上旬和 8 月易出现干旱，而 7 月易出现雨涝。秋季气温下降较快，能明显感受到“交了寒露节，夜凉白天热”“一场秋雨一场寒”。9—11 月平均降水量 158.9 毫米，占全年雨量的 21.5%，其中主要集中在 9 月，平均降水量 86.2 毫米，占秋季雨水量的 54.3%，易出现秋涝，而进入 10 月后则降水明显减少，常有秋旱发生。冬季是当地四季中最长的季节，冬季降水量平均 47.2 毫米，占全年雨量的 6.4%，冷而干燥，常有寒潮伴随大风天气，这也是农村一年中难得的清闲季节。

李村隶属于 D 县楼乡，位于 D 县西北部。楼乡乡政府所在地距离县城 14.3 千米，西、北分别接两个临县，辖区面积 64.65 平方千米，2017 年人口达 43981 人，全乡下辖 25 个行政村，李村乃其中之一。

乡政府所在地楼村，是该县较大的一个集镇，农历“逢双”为集日，方圆十余里之群众都会到此进行交易。从某些方面来看，楼集可以认为是四周农民都依附于它的“标准集镇”。不同的地方的集镇有所不同。因 D 县人口稠密，集镇分布相对密集，全县共有 70 个左右的集市[①]，平均约 21 平方千米即有 1 个集市。仅楼乡除楼集外还有丁集、魏庄、孔集、砖寺、邓鱼池 5 个集市，以楼集为中心散布在周围[②]。楼乡相对于全县来讲集市分布更为密集，不足 11 平方千米即有 1 个集市。平原地区农产品的同质化也带来了集市交易内容的同质化，一般来说，除了少数商家之外，很少有农民愿意舍近求远到距离自家较远的集市去交易。大集市之外的一些小集市或稳定性较差之集市，甚至是一些村庄的代销点都已承担了部分传统大集市的交易内容，分流了一些“标准集市”的交易份额。近些年随着外出人

① 像楼乡乡政府所在地之楼集因聚集一乡之行政等其他机关、行业，为大集，在当地有 19 个（1 个乡镇 1 个，不含县城），其余为小集或稳定性较差之集。

② 除楼集为双日集外，其余皆为单日集。

口增多，以及交通工具、道路的改善，许多乡村集市呈现衰退现象，个别小集市的存在只是聊胜于无，只有农忙或春节等少数时间交易量有所增加，像楼集这样的乡政府所在地的集市在当地交易的中心地位越发难以代替。

（二）李行政村的村落组成及其概况

李村位于楼乡政府东北方向约 2.5 千米，从楼乡政府由南北横穿楼集之县道向行北约 2 千米至砖寺村，再右转向东行约 0.5 千米即到。李行政村下辖李村、丁庄、英庄、马庄 4 个自然村落。全村耕地约 1680 亩，村民 431 户、1750 人。老黑河把李村的 4 个自然村分为两部分：河南 3 个村庄（英庄、李村和丁庄）；河北 1 个村庄（马庄）。老黑河与李贯河在马庄的东南交汇后叫“黑河”。

老黑河南 3 个村子中，李村位置居中。从治理成本上看，李村作为 4 个自然村的政治中心是最合适的。事实上，李村作为该行政村的村部所在地也是一个偶然。1984 年与砖寺村委分开后，需要建设新的村委办公用房，丁庄是 4 个村庄里人口最多的（现有人口约 700 人），但无地可以提供，而在李村与英庄村之间有原大队农场，可以用来建学校及办公用房，李村又位于中心地带，自然就成了村委所在地，至今，该村小学仍在原址，村委办公室已移往李村西。

老黑河南 3 个村庄之间来往较为便利。李村村室西侧不足 50 米的地方有一条向南的水泥路连接到丁庄村，直线距离不超过 300 米；村室前的水泥路向东穿过李村后大约 500 米，修有一条水泥路向北通往英庄，交通颇为便利，相比之下，位于老黑河以北的马庄与位于老黑河南 3 个自然村来往较为不便。

英庄村后有座小桥通往河北，该桥低于河堤约 2 米，且狭窄异常，目测家用轿车勉强可以通行——但似乎没有人做过这个尝试。据村里老人讲，这座桥在建造的时候，老黑河治理已经完成，本来可以把桥架设得高一些、宽一些，但后因种种原因相关部门决定将村南老黑河上的桥建得低一些、窄一些。之后再想建造一座可以通行机动车的桥似乎难以实现，因为根据国家有关规定在主干道上的桥梁才会由政府出资，这条小路显然不是主干道。而且经过预算，重新修建桥梁的话耗资在300万至400万元之间，没有政府的支持，单纯依靠李村的力量显然是无法实现的。如果从村室驾车去马庄需向西经004县道向北、再向东经吴楼村方可，因村道狭窄，耗时约20分钟。

马庄村隔李贯河与大马庄相望，大马庄本来是从马庄迁出的新庄子，但人口繁衍远超马庄，现有2000多人口、4个村民组。原来李贯河很浅、很窄，两村来往频繁。但李贯河因排水不畅夏季汛期时常有内涝，1987年上级决定治理李贯河，将其加宽、加深，占用马庄土地100余亩。加宽、加深后的李贯河中断了两个自然村的直接来往，现在两村群众走亲戚需要向西北绕至赵桥或者是向南过老黑河再向东从袁张桥渡过黑河方可至大马庄（大马庄现属袁张桥村委会管辖）。

从治理成本的角度来看，马庄与黑河北其他自然村组成一个村委似乎更为合理。其实，马庄在集体经济时代最初归属于黑河北的小郭庄大队，与吴楼地界相邻，以道路为界。集体经济时代，村民经济状况较差，马庄与吴楼两村常有村民到对方田里偷庄稼，或者村民散养的猪羊等跑至对方村田里啃吃庄稼等现象，两个村落为此时常发生摩擦，有时甚至将对方越界的猪、羊打死。因此，马庄与吴楼村关系紧张，两村多次发生冲突、械斗，而械斗均以马庄失败而告终。上级政府无奈下将马庄从郭庄大队调出，划归砖寺大队（后改称砖寺村委）。1984年砖寺村委一分为二，砖寺自然村单列为砖寺村委，另设李村村委，马庄同时划归李村。由于地理位置和历史归属，马庄在整个行政村中处于相对边缘化的位置（当然也与其人口基数少有一定的关系），至今也未能改变“寄人篱下”的境地。李村委从设立至今已有八任村支书，无一任来自马庄，历任村主任也没有来自马庄的。随着村民生活水平的提高，马庄与吴楼村的纠纷现在也很少发生，两村之间的关系得到一定的修复，近些年，两村之间通婚现象增多。

英庄村位于李村东北约1000米，现有村民380人左右。该村两大姓，东头为李姓，西头为郑姓，两姓人口相当，自解放以来为争取村庄的主导权时有纠纷。东头李姓人家一部分人在年轻时逞勇好强，西头郑姓人家较为平和。但矛盾主要限于李姓和郑姓中的少数几个门头较大的家族之间（李姓、郑姓均有人担任过村支书，纠纷也主要是在村支书家族之间发生）。多年来该村虽无较大的纠纷发生，但两姓村民之间的隔阂依然存在。近几年，李村各个自然村开始流行跳广场舞，但该村李姓、郑姓之家属各自组队，互不来往，猜想与该村由来已久的两姓隔阂有一定关系。

丁庄位于李村南，人口也是几个村子里最多的，有700人左右。据村主任丁某明介绍，全村均为丁姓，来自鹿邑县白羊铺之前丁铺、后丁铺一带。其十九世祖逃荒至此落户，后来娶妻生子，繁衍较快。从家谱上推算，自从其十九世祖至此已有十一代，估计在此落户有150年以上的历史。该村村民较为重视教育，历年来均有学生考入较好大学，其重视教育的风气在附近一带是少有的。由于靠近楼集，丁庄历来有种植蔬菜的传统。据前村支书李某中介绍，该村村民思想较为开明，重视教育，对上级政策、要求能及时领悟，村庄经济发展相对也较好一些[①]。

村室所在地为李村自然村，有50余户300余口人，除一家入赘女婿为周姓外，其余皆姓李。该村李姓有三个来源：

一是本地土著，该村原名为“小李庄”，相传清代时有一名李月（音）者发家，在该村盖了数栋楼房，改村名为“李村”（该村不远处为楼乡政府所在地，有村曰李大楼，疑为同宗）。后来李月家道中落，大量出卖田地，引得外地人前来置业落户。现在李村已无李月后人，居于李村东北一角之李姓乃李月同时代之李姓后人，共3户[②]。

---

① 胡现岭2019年8月7日在李村对前村支书李×中的访谈，录音编号：LXZ20190807-C01。

② 据村民李某林讲，该李姓家族经常是一代人丁兴旺，然后下一代必然缺少人丁，如此反复，现存之3户土著李姓，眼看要绝掉，又分出了几家。他讲了这样一个传说：闯王李自成在家乡与一马姓武举人结怨，然后在起义之后逢到马姓人便大开杀戒。其队伍至郸城亦然，现在李村东小学南面蔬菜大棚所在地当年乃马庄，人基本杀净，残余几个马姓人改姓李方逃过一劫，时至当地仍有几个村子名叫“马庄无”，意为被马庄已无。到底该几户李姓本是姓马还是姓李现在已经说不清了。

二是来自太康县格针园村李姓，何时来此地已不可考，人数不多，亦为 3 户，居于村庄中东部。

三是来自鹿邑县生铁冢乡余楼村的李姓（余楼村距李村约 50 华里），占据村内户数之 90%。据《李氏族谱》记载，其十五世祖来龙、来凤兄弟来李村购置土地，在此落户，至今已有百年左右的历史，查其家谱现在该村辈数最高者为十九世、最低者为二十三世。过去人结婚较早，以 20 年为一辈来计算，迁来此地最少当在 150 年以上。李村附近尚有数个李姓村庄，最为接近者即为李大楼村。为在当地能顺利发展，余楼李姓主动与李大楼村李姓攀亲，叙为同宗，余楼李姓得到李大楼李姓的支持，其人虽少，但几乎辈辈均有人取得功名，李大楼李姓亦引以为荣，双方各得其所，倒也相处融洽。从访谈中没有听说有人中过举以上者，大概都是秀才级别的低级功名，但在清代的河南已经难能可贵[①]。

余楼李氏兄弟到李村落户时，其父母尚在。后父母逝于鹿邑县城，余楼村与李村之兄弟均希望父母葬于自己所在的村庄。发丧时李村李姓去的人多，将父亲的棺木抢至李村下葬。

但余楼李姓与迁至李村之同宗之间一直保持联系，定期相互走访、共同修订家谱等。在走访中已经发现该村余楼李姓保存有两部修订于不同年份的家谱，第一部家谱稍嫌简朴，最近修订之新家谱卷帙浩繁，印刷精美，装订考究。新中国成立后，李村之余楼李姓因家境富裕，大多被划为富农或地主[②]。迫于当时政治局势的压力，余楼村老家人不敢再与李村同宗公开来往，双方一度断绝联系。改革开放后，双方恢复联系，第一次修订家谱时将李村三支不同的李姓均纳入家谱，三支合为一支，且逐渐形成规定：余楼村李姓逢 5 的年份到李村省亲、李村之李氏则逢 10 的年份到余楼省亲。省亲时，村民自愿参加，参加者每人凑 50 元（现在改为 100 元）作为经费，

① 同为周口市下属的商水县，有清一代中进士者不过区区 6 人，中举者在乡间已近乎最高功名。

② 据该村支书记李某中讲，新中国成立后该村三分之二的户被划为地主或富农，且均来自余楼李姓。见胡现岭 2019 年 8 月 7 日在李村对前支书李某中的访谈，录音编号：LXZ 20190807-001。

集体购买礼条（猪肉）一块（上供用）、烧纸一部分至祖坟祭奠，然后双方相互介绍近几年来本宗的发展情况，如人口增减、孩子升学及发展状况、老人健康状况等。中午吃饭时并不在一处聚餐，而是由接待方李姓中选取经济条件较好之数个家庭将来访之同宗分别领至自家款待，其乐融融，尽欢而散（现在是接待方李姓募集资金用来招待来客）。令人颇感有趣的是，余楼村李姓与李村李姓均称到对方处省亲为“回去”。余楼一方认为男性先祖葬于李村，来省亲是回到祖先处；李村李姓一方则认为自己是从余楼迁出，那里是自己的“老家”。

李村自然村布局东西较长、南北较短，一条东西向水泥路将村庄分为两部分，路南人家要少于路北。村部位于村西路北，村东头路北建有文化广场。近几年美丽乡村建设在该村已初见成效，该道路整洁，村庄环境良好。

李村很有一些游民习气。过去许多人对占卜、看相有所了解，但未听说有谁名头较大，估计“二把刀子”较多。至今村民的日常生活、婚丧嫁娶、生产劳动、出行等活动中依然可以感受到这种传统的存在——喜欢择日子。在前些年，该村很多村民到南方一些地方“送财神”（在春节前手持廉价批发的财神画，到居民家口诵吉祥的语言，对方为讨个吉利，也就拿钱购买）。当地人说“送财神”就是“刁要钱”（类似比较巧妙的乞讨），这种生意只有那些能说会道、心理素质好、抗挫折能力强的人才能做。至今该村李某林还评价自己村的人“刁滑刁滑的，有好处就干，没好处就跑”。前党支部书记李某中也认为本村人“缺少实干精神”“能人多”（在当地方言中“能人”是指“精明但不实在”，是个带有贬义色彩的词）。

实际上这是李村村民长期以来受过去经历的影响，更在意短期效益的实现，很少关注和思考如何获得长期效益的问题。当然，这也不仅仅是一个村庄的现象，应该说是多灾区域、艰苦环境下成长起来的社会个体面对生活不确定性的环境适应性的体现。

（三）经济结构与村庄经济水平

与中原地区其他地方的农业型村庄相仿，李村的农民经济收入主要由两大块构成：一是传统的农业种植（个别户经营有蔬菜大棚）；二是打工。

李村的农业种植一般分为两季：每年秋收完毕，待国庆节后气温适宜时播种冬小麦，如气温过高易造成春节前小麦生长过旺，偶遇气温骤降则易遭霜灾造成减产甚至绝收。除冬小麦外还会在一些边角碎地撒播部分油菜；来年初夏（一般端午节前后）收割小麦，然后迅速完成秋季作物的播种。秋季作物种类主要由玉米、花生和红薯组成。原来D县的名特产之一的烟叶由于需要投入大量的人力，种植面积日趋减少，在李村未发现有种植现象。大豆、芝麻等传统作物的种植面积均呈现萎缩，红薯则由于近年来D县大力发展红薯深加工，经济效益强于其他作物，种植面积逐年增加，如丁庄一户村民通过承包其他村民的土地种植红薯50余亩。

由于靠近集镇，丁庄和李村两村素有种植蔬菜之传统，但均为露天种植，只能随季节种植一些常见蔬菜，效益不高。20世纪80年代，继任李某中担任村支书的丁某田，在村内开始对传统的蔬菜种植模式进行改造，推广简易大棚——“小弓棚”，后来又改良成二代棚——“水泥骨架棚”。

2011年，由楼乡政府牵头贷款建造蔬菜大棚41个（李村21个、丁庄20个），改变了这两个村的蔬菜种植习惯，开始以种植反季节蔬菜为主。大多数大棚承包户每年只种一季黄瓜和番茄供春节前后销售，每个大棚（棚内面积1亩，加上附属空地及其他用地，实际每个大棚需占地3亩）年可收入3万元左右。种植蔬菜大棚的便利之处在于大棚的经营者们可以照顾家庭，尤其是有些需要赡养老人或者替子女抚养孩子的五六十岁的中老年劳力，且大棚种植也分闲忙季节，闲时在附近打零工也略可增加收入。但近年来，外出打工薪酬增长幅度较大，种植大棚蔬菜的收益反倒无明显增长，且单打独斗式的经营方式需要每一个种植户独自承担生产和销售过程中的风险。一些大棚经营户在权衡劳动投入与收益以及风险后决定放弃种植，选择外

图 1-1　正在“搂地”的李村村民（张洪新摄于 2019 年 9 月 29 日）

出务工，导致一些大棚被废弃或空置。长远看来，组织大棚经营户成立蔬菜种植合作社，降低经营成本和风险，提升种植效益势在必行，也是未来发展的方向。2019 年在该村驻村第一书记的推动下，李村组织部分村干部和种植户去内乡县参观河南牧原集团与以色列合作的大棚种植，这种大棚收益一年可达 20 万元，给该村大棚种植户带来了巨大的心理冲击。

村民大规模外出务工始于 20 世纪 90 年代。务工地点分散，最初的务工者大多有在多个城市的务工经历。对于农村很多的家庭来说，务工收入是其最主要的经济来源，一个家庭如果纯靠传统农业种植一年的收益是相当有限的，在收成良好的情况下一亩地一年（夏秋两季）大概的收入在 1000~1200 元之间，这还不扣除人工费。用当地人的话说，一年下来几亩地的收入还不如外出打工一个月的收入。所以许多年轻人在辍学之后几乎毫无例外地选择了打工，土地交给年纪较大的父母或转租于他人耕种（也有一些村民选择了种一季麦子而将秋季无偿让给他人耕种的方式），学者将这种家庭生产模式称为“半耕半工的过密型生产”[①]。一些在家种植传统作物的村民对农业生产积极性并不高，2019年7月下旬干旱问题比较严重时，D县召开乡镇干部会议要求组织抗旱，但李村大多数村民却无动于衷，只有少数几家主动浇地（所幸一场大雨及时缓解了旱情）。现在看来，“工”所占的比重远大于“耕”。如果一个家庭无人能外出打工，在家又无人从事其他行业，那么这个家庭基本上可以断定经济水平不高。

2018年，村里依靠上级扶持，先后建立了两个扶贫车间，经过招租，一个曾经在义乌开办多年的生产大型球类的工厂落户于此——“力搏体育文化用品有限公司”。按该厂一年生产球类大约50万只，每只留在李村的劳务费约为1.2元，一年下来可以为当地增加60万元的收入，再加上向村集体支付的每年6万元的车间租金，经济效益可观。

由于工厂处于初办阶段，需要添置不少的设备，且货物销售后资金回笼不够及时造成工资有时不能按时发放，再加上闲散惯了的村民不习惯于在自家门口接受外人的约束，务工积极性不高。该公司可以稳定提供50个左右的就业机会，目前工人构成，本村与外村基本是1∶1，较为固定的工人在30人左右。如果一个技术好、能干的工人，一天可收入200元左右，一年生产时间至少250天，算下来比外出打工要更划算。可是这种“离农不离村”的理想模式却在现实中难以实现，许多务工人员经常被琐碎的家庭事务所拖累，真正能拿到比较理想薪酬的工人几乎没有。

坦率地说，李村整体看来并不贫困。其经济水平并不比其他村庄差。在访谈中，该村第一书记李霄说：“在豫东一带的村庄，很难区划出谁更贫困、谁更富裕。几乎每个村庄的情况都差不多，无非是房子建造得美观一些、村里设施齐全一些。反倒是有些更为破落的村庄倒不见得是经济水平低，这样的情况绝大多数是因为户主在县城甚至在更大一些的城市里买

① 夏柱智、贺雪峰：《半工半耕与中国渐进城镇化模式》，《中国社会科学》2017年第12期。

了房子。”① 这个说法在其他地方得到了印证，如同位于周口市的扶沟县崔桥镇毛寨村，该村自1978年起全村2000余人中有260多人考取为大学生（含早期包分配的中专生），其中绝大多数在外拥有较稳定的工作，但该村庄之破败令外人难以相信。同样，在这样的平原村庄里，户与户之间的差异也不大。所谓的贫困绝大多数是先天性原因，如丁庄丁某良父子，一盲人、一聋哑，且年逾古稀（注：2019年，丁某良91岁，其子70岁）。更多是一些结构性的问题，如子女众多且须上学，家庭劳动力不足，这种家庭到了一定的阶段，贫困问题便会迎刃而解。另有少部分家庭因病而陷入暂时困顿。一般而言，三四口之家如有1人外出打工，基本可维持家庭正常运转，如有2人以上务工其经济收入已属可观。

村民房屋以楼房为主，以英庄为例，目前全村已有楼房59栋。楼房一般为二层（一层4间者居多），内部多不装修，仅以水泥地坪及白色涂料粉刷墙壁。近几年开始出现三层楼房，且开始讲究装修，但不甚实用，一般家庭人口较少，父母与成年子女分家后一般不居住在一栋房子里，一家

图 1-2 李村的“土房”与楼房（张洪新摄于2019年9月29日）

① 胡现岭2019年7月31日在李村对该村第一书记李霄的访谈，录音编号：LX20190731-001。

一般不超过5口人，往往两层楼房已经空出几间房子，第三层很难发挥作用，三层楼房更多的功能是象征一个家庭的财富。各家各户在院子的东侧还建有厨房或杂物间之类的附属房间。

在村庄内也能看到一些低矮、简陋的老房子。要么是老年人单独居住的房屋，没必要也无财力盖相对华丽的楼房；要么是长期无人居住的房子。在走访中发现一户门前长满了荒草，有一人来深。陪同的女村干部说，自从她结婚到这个村庄，就没见过这家人。但门上贴的门画和对联显然系当年所张贴，带有一丝生气，这是由该户人家近门亲戚在春节时代为张贴。

户与户之间以院墙相隔，一般是居于后面者多借用前户之后墙充作院墙的一部分，一个院子就是一个家庭[①]。传统上，每家在建造房屋的时候都不能把房子紧贴宅基地的边缘，要留出一尺左右的“滴水”，意为不侵犯别家的空间。也有一些人家自私，建房时紧贴宅基地边缘，倘若侵占公地（如道路等），虽招人嫌弃但不至与人发生大的纠纷，倘若“滴水”伸至他人家院内，往往是导致邻里纠纷的一个重要导火索，但此类事件近些年来在农村普遍减少。近几年村庄道路基本已完成全面硬化，传统上相邻两家之间的路归两家所有的观念得到改变，村庄内的路传统上是相邻两户协商各自留出相等的宽度而形成的，经过村庄统一硬化后，“路乃公有”观念逐渐形成，一般人家建房时不留滴水也慢慢为村民所接受。但如果相邻两家之间无道路隔开的话，还是要留出滴水。

正房的一楼开门处往往是客厅，客人来访在此接待。客厅贴后墙一般摆设与房间宽度相等的矮柜，代替传统的条几与八仙桌，后墙上一般贴有中堂画及对联，多以伟人画像和福禄寿神仙为主，传统的单纯供奉祖先灵位的家堂已不多见，只有个别家庭还坚持这一传统。室内家具一般为沙发东西向摆放，中间摆放一茶几。个别农户家还在室内摆放一些如绿萝、吊兰之类的绿植，许多家庭已经装上了空调。院内多为水泥地面（一些建造

① 村庄内大规模修建院墙始于21世纪初。在20世纪90年代，许多家庭尚无财力建起院墙，村落内就是一栋栋各色的房子矗立，邻里之间串门抬腿即到，各家少有隐私可言。

较早的平房院内多以砖铺地），一般入户大门均建得较为高大，装饰华丽。

访谈中发现，绝大多数家庭盖房子存在攀比心理。在当地房子的好坏标志着这家的经济水平，尤其是家里有男孩子到了适婚年龄的时候，房子首先要建好。很多家庭把一生的积蓄物化成一栋看起来颇为豪华的房屋，实际上利用率非常低。对此现象一些村民一方面表示浪费，另一方面也表示理解，别人都这么盖咱也得这样，孩子寻亲事也需要，否则人家看不起。

村民衣着明显带有年龄特色，老年人衣着颜色以蓝、灰、白等比较朴素的颜色为主，但普遍整洁大方；年轻人衣着时尚，与城市青年几乎没有区别。访谈中见到几位四十来岁女性村民，各自穿着旗袍、短裙或某品牌的运动服装，与陌生人交流落落大方，能感觉到她们的经济条件不错。随着乡村道路网的日益完善，小汽车也成了很多家庭的必备大件。英庄村现在有小轿车 25 辆、挖掘机 1 台，另有运输车 4 辆。该村一个村民认为自己应该是贫困户，理由是“我们家没小轿车”。[①] 这一想法令人难以接受。这家虽然男主人有慢性病，实际上他们家两个儿子两栋楼房早已建好，大儿子儿媳、未结婚的二儿子均在外打工，远谈不上贫困。

据课题组的访谈与观察，豫东一带大多数村庄是否贫困的区别主要在于这个村庄的公共设施是否齐全，除此之外，大同小异。河南省平舆县东和店镇某村是远近闻名的富裕村庄，“有本事的人多”。这个村许多人外出经营防水生意，在当地被人叫作“沥青工头儿”。这个行业获利颇丰，村子里楼房鳞次栉比，宝马、奥迪等名车随处可见，在一户人家还见到桌子上摆放着茅台、五粮液，但该村的道路状况却极其糟糕，课题组 2016 年春节期间曾驾车到此村，提前被告知须开越野车，但仍然在过路上一个凹坑时前保险杠被撞断。李村原来也是如此，前任第一书记来赴任时，从 004 县道往村里拐，因是雨后，见到通往该村室的路上一群鹅正在“白毛浮绿水”

① 胡现岭 2019 年 7 月 31 日在英庄村对村民郑某军的访谈，录音编号：ZXJZ20190807-001。

而不得不放弃开车进村的打算。

周口师范学院在几年帮扶过程中，在改变村庄公共设施方面下了很大的功夫，李村4个自然村水泥路基本全覆盖，村村装有路灯，安放有健身器材，建有篮球场等。

（四）家庭结构与村民日常生活

李村的家庭结构主要是核心家庭。经过40多年计划生育政策的实行，村中多子女家庭明显减少，一些多子女家庭在儿子结婚后不久就会分家别居。兄弟较多的分家的时机主要有以下几种情况：一是在长子的孩子3岁左右，能送往幼儿园；二是弟弟们需要结婚之际。也有兄弟几人成家后暂不分家，形成联合家庭的现象，但往往维持不长。父母需要为新结婚的孩子付出更多，在经济上扶持，为其照顾孩子，等等，时间长了之后往往妯娌乃至父子、婆媳之间会出现矛盾，得不偿失。所以很多家庭到了一定的阶段会非常平和地选择分家，这样反倒会使整个家族相处更为融洽。

传统上，多子家庭的父母一般在最小的儿子结婚后不再分家，这样一方面可以为小儿子带带孩子，帮助其从事一些力所能及的劳动；另一方面是小儿子需要承担为父母养老的责任。近些年，这一传统开始逐渐被改变。在父母身体良好能为儿子小家庭提供帮助时尚能相安无事，否则儿子就会主动提出与老人分家。而此时老人已无劳动能力，也就断了经济来源，生活迅速陷入困顿之中①。非但如此，即便是一些传统上不分家的独子家庭，现在也开始有分家的现象。原因不言而喻。有学者将这一现象称为“直系家庭的核心化”②。最近几年，李村人口无明显增长，但户数却从328户增至431户，其中大部分属于“增户不增人”的分家行为。

① 2019年9月29日，课题组在英庄村见到一个80岁老汉，老伴儿已去世多年，自己独居，正屋两间、厨房1间。房屋破旧不堪，屋内极其简陋。课题组经过他家门前，见老人在整理从河里抢割回来的芦苇，准备编制席子。老人说不能等到芦苇成熟再去，会被别人抢割了。一领席子大概能卖十几元。实际上，课题组村见到的第一、第二栋外观豪华的别墅即为老人儿子所有。

② 董磊明：《宋村的调解——巨变时代的权威与秩序》，法律出版社2008年版，第44页。

不过，还有一些随小儿子生活的老人主动提出分家的情况。老人如随小儿子生活，责任田、种粮补贴以及老人的其他零星收入都归小儿子，其他子女往往在父母养老的问题上不积极，甚至认为老人的养老与己无关，逐渐在兄弟姐妹间也会产生矛盾。老人则认为自己年纪大了，养老问题不能光靠小儿子，与小儿子商量分家独居，借此机会让子女共同承担养老义务。实际上，分家后很多老人还得继续为子女看管孩子、照顾门户等。

村民之间来往较为松散。在实行家庭联产承包责任制之初，群众经济条件尚差，单独一户无力饲养足够的牲口以满足农业生产，在兄弟之间、近门之间乃至一般村民之间“搁伙计”现象比较常见。但是在生产过程中也经常会出现矛盾，谁家的农活先做，干自家的活对方不“掏劲”，等等，但受限于经济条件，也只能是勉强维持下去。后来许多村民自己有能力购买手扶拖拉机、四轮车等农业机械时，相互之间的合作便日益减少。现在，收割、犁地、播种等一些主要农活均使用大型机械完成，各家各户购买的拖拉机、三轮车等实际上并无大用。

过去盖房子时一般村民皆有“帮工”的习惯，现在农村建房均是承包给建筑队，即便是一些小的活，比如建院墙之类的，也是选择承包给他人。从主人方面来说，这样可以不再招待帮忙者，有时招待帮忙者比雇工还要贵一些，更重要的是不想欠人情；从施工方来说，利用闲暇时间挣些零用钱，倒也皆大欢喜。这一方面反映了商品经济时代等价交换在农村逐渐被广泛接受，另一方面也说明了村民之间的互助减少。课题组在与该村主任交谈时特意问了一个问题：现在你觉得村民间的纠纷是多了还是少了？他肯定地回答：少多了。在分析原因时他说：“主要是村民现在条件也都好了，一些小事儿也不怎么计较了，纠纷也就少了许多。”[①]

① 胡现岭2019年9月29日在李村村部对村主任丁某明的访谈，录音编号：DXM20190929-001。

（五）村庄记忆

1. 改革开放后村庄发展

改革开放后不久，1984 年李村自然村从某砖寺行政村分离出来，新组成李村支部委员会，砖寺某村委原治保主任丁某体（丁庄人）担任首任支部书记，砖寺村委原会计马某伦（马庄人，据说是李村委成立以来马庄人担任的最重要的职务）任会计。丁某体在砖寺村任职期间，曾协助公安机关破获几起影响较大的案件，有较高的威望。大概在 1986 年，支部书记一职由退伍军人李某中（李村人）担任。1988 年，李某中向上级建议丁某田（丁庄人）担任村支书，自己改任村主任、村文书。李某中坦陈："丁某田的应变能力比我强，有才。"

在当地，丁某田是一个带有传奇色彩的人物，当选过两届河南省人大代表。1962 年，20 岁的丁某田在李村任秘书，认为当时中国搞集体化存在很多问题，向毛泽东写信提出自己的思考，从根本上否定了集体化道路，结果被划成右派，开除公职。"文革"后平反、入党。此人极有能力，担任支书后首先在本村推广大棚蔬菜，刚开始发展简易的"小弓棚"，用竹竿弯曲插入土地的"一代棚"，种植反季节蔬菜（主要种植西红柿、黄瓜、芹菜等），让村民尝到科学种田的甜头。后来又发展到"骨架棚"，这是用水泥预制的骨架建成的"二代棚"，所产蔬菜在春节前后远销至上海、广州、武汉等地，行情好时，每亩可收入上万元，行情差时也有三四千元，远高于种植粮食之收入。丁某田本人开有酱菜厂，获利甚丰。

至 20 世纪 80 年代后期，农村提留款的征收大幅上升，加上计划生育政策执行较为严格，村干部工作压力大，干群关系恶化，这一段时间李村主要干部更换频繁。1997 年前后，在群众中威信较高的丁某田萌生退意，年轻气盛的英庄村民李某星担任支部书记。据悉，李某星本人还是很有能力的，能说会道，有一定的学历，工作热情比较高，很多村干部认为不好完成的任务（主要是征收提留、抓计划生育），此人均能完成，但在工作中也得罪了不少村民。前支部书记李某某评论说，“某星和上级走得近些，跟群众走得远些”[①]。由于李某星个人工作态度粗暴加之作风张扬，很快被群众抓住把柄，在原支部书记的带领下该村500余人到乡政府集体上访，李某星被罢免，只干了2年多的时间。课题组问李某某：“原支部书记带头把李某星轰下来，是不是带有个人恩怨在内？”李某某说：“那个（因素）基本不存在，如果有，这个原因也很小……当时丁某田把支书让给某星，实际上是想让他知道知道村支书不是好干的。”[②]

李某星被轰下台后，李村进入了一个混乱期，该村居然找不到一个愿意当支部书记的人，村委会、村支部基本瘫痪，乡里派来李某强、李某福、姚某等人先后兼任该村支部书记，每人均半年左右，丁某田充当“救火队长”又干了大约1年，丁庄的丁某行担任村支部书记。现任村支部书记李某祥笑称：“我们两年换了5任书记，这个村彻底烂掉了。”丁某行任职期间农民负担持续加重，干群关系也进一步恶化，为人还算本分的丁某行为了完成上级交付的任务采取了许多非常规的措施，令群众对其极为不满，加之村民认为其在账目上存在一些问题，2005年，丁某行卸任，[③]英庄的郑某玉担任村支部书记。

经历了数次不愉快的干部更迭，新的领导班子希望能够重塑形象，让在外打工多年的丁某明进入村领导班子，李某祥亦从外地返乡担任村支部书记。

① 这一现象在当时并非李村一村独有，为了完成上级压下的任务，乡村干部有“黑恶化”趋势，一些村镇干部为了完成上级压下来的各项任务，在乡村内部选择一些“强人”充任村干部。村干部的角色由“保护型经济人”迅速向“盈利型经济人”转变，干群关系严重恶化。黄海曾在湘北某县红镇进行过较为系统的田野调查，对此问题有着较为深入的研究。参见黄海：《灰地：红镇“混混”研究（1981—2007）》，三联书店2010年版。

② 胡现岭2019年8月7日在李村对前村支部书记李某中的访谈，录音编号：LXZ20190807-001。

③ 事实上丁某行卸任后的确遗有一些账目问题，用村民的话说是自己吃喝浪费，恐怕也未必是。自从2005年停止征收农业税后村集体几乎没有任何的公共资产。丁某行卸任村支部书记时上级采取了一个非常规的方式。当时丁某行兄弟5人都面临着计划生育问题，村民反映强烈，正好这个时候丁某行脚受伤，乡领导告诉他：脚有伤，你歇几天。此后一直没有人再来找他，等他到乡里询问此事的时候方知道自己已经被免职了，接任者是郑某玉。

郑某玉为人性格较为温和——当时村里的党员只有十来个人，除了郑某玉外似乎没有更合适的人选。郑某玉的温和性格令他在工作中缩手缩脚，计划生育罚款等任务难以完成，乡里对其也不甚满意。未过多久，乡里调来一个副乡长，曾与郑某玉的表兄在工作中交恶，强烈要求撤换郑某玉，“谁干也不能让郑某玉干”。郑某玉干了两年多后卸任。

2007年年底，在外地打工的李某祥被乡政府召回，任村支部书记。李某祥本人有一定的文化，也有过在村委会工作的经验，他在外地打工时，下过煤窑、当过建筑工、收过破烂、卖过菜，据说“送财神”的生意他也做过——经历丰富，能吃苦，头脑灵活。他干村支部书记，上级支持，李姓家族人也支持。这是在农村基层当干部的一个非常重要的条件。

从被公认的有能力的村支书丁某田第一次卸任到李某祥上任，10年间李村经历了一段干部更迭较为频繁的时期，也是干群关系极其紧张的一段时间①。20世纪80年代末、90年代初乡村基层组织由20世纪50年代以来动员型体制向压力型体制转变，当时农业税以及伴随农业税征收而附加的各项提留使许多农民不堪重负，为了完成上级布置的任务，要粮、要钱、要命的“三要干部”开始出现②，这也意味着作为乡村干部由传统的“乡村道德精英”向“乡村强人”转化，有着较高威望的丁某田的退出和李某星、丁某行的脱颖而出，正是反映了这一乡村社会的巨大转变。李某星、丁某行在卸任十几年后仍不时成为村民们闲聊时的话题，其中绝大多数对他们是一些非正面评价。③也许直到现在很多村民也没意识到，即便没有李某星、丁某行，还会有其他类似的干部出现。

2. 结对帮扶后的村庄发展

李某祥担任支书后度过了两年难熬的日子，村“两委”只有他一个人，

① 1998年6月，在丁庄发生一起灭门惨案。因小孩发生纠纷，村干部多次调解无效，矛盾激化，丁某Y持刀将丁某河南之妻、子、岳母3人杀死，后丁某Y伏法，丁某河南出门打工。二十年后村干部反思，此事发生的原因主要是干部责任感跟不上，群众缺教育，干群关系紧张。如放在今天，这个悲剧完全可以避免。对此事件的详细分析，参见本书第五章第一节。

② 肖唐镖：《转型中的中国乡村建设》，西北大学出版社2003年版，第92页。

③ 在访谈中村民反映丁某行日常生活中倒也与人为善。

没有村室，各项工作开展基本由其一人独自完成。所幸的是，在他任上，赶上了其他历任村支部书记所未遇到的机遇：2011 年，在当时乡党委书记的牵头下，李村建起 41 座蔬菜大棚；2012 年国家开始对李村进行定点扶贫，周口师范学院苏明忠、刘明珠成为第一批“扶贫队员”，周口师范学院拨出专款，给李村小学修了约 2 公里通往村庄的水泥路，解决了孩子们雨天上学难的问题。

2012 年，周口师范学院生物学院教师帮助李村蔬菜种植户准确诊断病虫害，挽回了不小的经济损失。为了开阔种植户的眼界，学校出资租大巴组织蔬菜种植户到山东寿光市参观学习；临近春节又出资 1 万余元给 7 户五保户以及一些困难群众送去米面油等慰问品。

2014 年 3 月，周口师范学院工会副主席王新社接替苏明忠、刘明珠任扶贫队员，为期一年半。在此期间，学校协调市教委申请危房改造资金 120 万元，将李村的破旧教室建成二层教学楼，并配齐桌椅板凳及其他教学器材。

2015 年 9 月，应中央“全面打赢脱贫攻坚战”的要求，原来的“定点扶贫”转为“精准扶贫”，周口师范学院向李村派驻村第一书记顾磊（周口师范学院图书馆党总支副书记）。周口师范学院开始向李村大量注入资金并积极争取上级的扶持，修村路、文化广场、线路改造，给贫困户发放湖羊发展养殖。此时在外打工的丁某明返乡配合工作，村组织得到初步加强。

2017 年 11 月，李霄（周口师范学院计算机科学学院副书记）接替顾磊担任第一书记，郑某玉重新进入村委工作，村委班子由李某祥就任时的 1 人发展到 5 人，各项工作开始逐步走向正轨。

2020 年年底，周口师范学院外国语学院党委副书记雷杰接替李霄担任省派驻李村第一书记，李霄回周口师范学院任党委组织部副部长、党校校长，直接负责结对帮扶、扶贫工作。雷杰在抓组织促提升、抓产业促发展、抓设施促改善、抓人才促支撑、抓活动促文明等方面持续努力帮扶李村。

李村先后争取资金建立光伏发电站 2 个、扶贫车间 2 个，村集体年固定收入达 15 万元左右。在周口师范学院继续资助下，李村进一步完善村庄基本设施，目前整个李村水泥路覆盖户数已达到 100%，居整个 D 县前列。

前第一书记李霄坦言：“经过多年的帮扶，李村整个行政村目前已经进入了一个相对稳定的发展时期。即便终止外界的帮扶，按照目前的模式也能维持基本的运转，但村庄的下一步发展还需要在土地上做文章、在大棚上做文章。”2019 年开始，来自周口师范学院的一个土壤改良专家团队与部分大棚经营户签订协议，计划用 3 年的时间完成土壤的改良，然后通过国家相关的无公害认证，把李村的蔬菜大棚产业做大、做强。

回顾李村自 1984 年以来的发展历程，给我们认识中国乡村提供了一个较为完整的观察样本。

二、周口师范学院的定点帮扶历程

自党的十八大以来，扶贫力度进一步加大，精准脱贫政策陆续出台，尤其是脱贫攻坚战大力推进，贫困人口脱贫步伐明显加快。据 2018 年年末统计，“过去 6 年共减少（贫困人口）8239 万人；农村贫困发生率下降至 1.7%，过去 6 年下降 8.5%。我国农村从普遍贫困走向整体消灭绝对贫困，成为首个实现联合国减贫目标的发展中国家，对全球减贫贡献超过 70%”[①]。这些数字说明了我国在扶贫工作方面作出的卓越贡献。李村治理与国家对农村贫困治理历程同步相向，是国家宏观政策在具体微观层面的落实及其成效显现。

（一）新中国成立以来农村贫困治理模式演变

新中国成立以来，农村贫困治理经历了 70 年历程。在不同时期农村贫

① 《沧桑巨变七十载 民族复兴铸辉煌——新中国成立 70 周年经济社会发展成就系列报告之一》，2019 年 7 月 1 日。http://www.stats.gov.cn/tjsj/zxfb/201907/t20190701_1673407. html.[2022-10-13].

困治理模式各不相同，表现为明显的阶段性特征，但不同治理模式又前后相接，不断演进，反映了农村贫困治理的基本历史样貌。

1. **单一性救济式贫困治理模式**（1949—1977 年）

美国著名政治学者亨廷顿指出，在现代化进程中，农村扮演着关键性的“钟摆”角色，“得农村者得天下”[①]。新中国成立以前，土地分配极其不均匀，主要集中在地主手里，经过土地改革，至 1952 年年底农民得到了土地。伴随着土地改革的完成，农村贫困状况也发生了微妙变化。对此，毛泽东曾作出如下论断：“农村是有一些苦，但是要有恰当的分析。其实，农村并不是那样苦，也不过百分之十左右的缺粮户，其中有一半是很困难的，鳏寡孤独，没有劳动力，但是互助组、合作社可以给他们帮点忙。”[②]《1956 年到 1967 年全国农业发展纲要》明确提出：“农业合作社对于社内缺乏劳动力、生活没有依靠的鳏寡孤独的社员，应当统一筹划，指定生产队或者生产小组在生产上给以适当的安排，使他们能够参加力能胜任的劳动；在生活上给予适当照顾，做到保吃、保穿、保烧（燃料）、保教（儿童和少年）、保葬，使他们生养死葬都有指靠。”对因老弱病残、丧失或缺少劳动能力而不能保障基本生活的农民进行社会救济，建立了“五保”制度，救济形式主要表现为政府提供的社会救济、自然灾害救济、优抚安置等，以实物的生活救济为主[③]。

然而，人民公社体制下的集体经济是低效益，“它的体制背离了农业生物学特性，使公民疏远土地，无从建立起持久不衰的劳动兴趣和责任感，从而影响他们的生产积极性……到了 1971 年，城市职工突破 5000 万，全国贫困地区扩大到 2.5 亿人口，粮食市场供应日趋紧张（突破 4000 万吨）……政社合一、公民皆社员的人民公社，又不允许自由进出，堵塞了社员自求谋生的道路，限制了农户发展经济的自由。在历史上，农民从来拥有从事

① [美] 塞缪尔·P. 亨廷顿：《变化社会中的政治秩序》，王冠华等译，上海世纪出版集团 2008 年版，第 241 页。

② 《毛泽东文集》第六卷，人民出版社 1999 年版，第 303-304 页。

③ 王瑞芳：《告别贫困：新中国成立以来的扶贫工作》，《党的文献》2009 年第 5 期。

多种经营、配置自有资源的自由。但是在人民公社时期，农民的这种自由权利却受到剥夺。其结果不仅加重了农村的贫困程度，还加重了城市的消费品短缺”[①]。从1958年到1978年的20年里，我国农民人均年收入增长不到3元，到1978年，全国年收入不足200元的贫困人口竟然多达2.5亿人，贫困人口占总人口的比例达30.7%[②]。但中国人并没有退缩，而是走向了一条与贫困进行顽强斗争的光荣之路。

2. 体制改革与救济式治理模式（1978—1985年）

1978年，也称改革开放元年。1978年9月16—27日全国民政工作会议召开，明确其主要任务是优抚、复员退伍安置、救灾和农村社会救济、城市社会救济和社会福利等4项，首次把扶贫从农村救济中分离，专门划定了农村以满足温饱的贫困标准，贫困线为100元。1980年后，国家先后设立7笔“老、少、边、穷”扶贫专项资金，每年资金总额高达40亿元左右，由财政部分配，占国家财政支出总额的2%，有75%为低息或贴息的信贷资金，旨为解决老少边穷地区的落后贫困面貌[③]。

1982年民政部、财政部等9部委联合发布《关于认真做好扶助农村贫困户工作的通知》，要求在安排使用支援贫穷地区的各项资金和农业税减免上，财政部门对贫困户要给以适当照顾，对贫困地区从1985年起分情况减免农业税，最困难的免征农业税5年，困难较轻的酌量减征1~3年，鼓励外地到贫困地区兴办开发性企业，5年内免交所得税；商业、粮食、供销部门适当减免贫困户粮食征购任务；优先供应化肥、良种、牲畜、饲料，以及其他生产、生活急需的物资，部分缺衣少被的严重困难户，可由商业部门赊销给适量的布匹和絮棉，需要蚊帐的赊销给蚊帐，赊销贷款免息；物资部门在供应农用和修建房屋的物资时，要优先照顾贫困户等[④]。

① 杜润生：《杜润生自述：中国农村体制变革重大决策纪实》，人民出版社2005年版，第98页。
② 纪红建：《乡村国是》，湖南人民出版社2017年版，第4页。
③ 张琦、冯丹萌：《我国减贫实践探索及其理论创新：1978—2016年》，《改革》2014年第4期。
④ 王曙光、王丹莉：《中国扶贫开发政策框架的历史演进与制度创新（1949—2019）》，《社会科学战线》2019年第5期。

除了以上常规扶贫方式以外，该时期还孕育了一种新的扶贫方式，即试点区域减贫模式，实现易地脱贫。1982 年 12 月 10 日，国务院决定对以甘肃省定西为代表的中部干旱地区、河西地区和宁夏西海固地区，划拨 20 亿元，实施建设期为 10 年“三西”农业建设计划。“三西”建设通过兴修水利工程、开展科技服务和人员培训，解决了自然条件恶劣地区的区域性贫困问题，在我国扶贫开发进程中具有重要意义，为之后大规模有组织、有计划全国性区域扶贫开发积累了经验。

3. 政府主导的开发式贫困治理模式（1986—1993 年）

1986 年，国家成立了由农业、教育、财政、民政、交通、水电等 14 个相关部门构成的国务院贫困地区经济开发领导小组，首次确定了国定贫困县标准为 1985 年人均收入低于 150 元的县（少数民族自治县为 200 元，革命老区县为 300 元），共确定了 331 个国定贫困县、333 个省定贫困县，共计 664 个贫困县。以县为基础单位作为扶贫对象，更好地考虑不同县市的区域性差异，使贫困地区政府将解决农户贫困问题与区域开发相结合，综合治理贫困。随后，国家大规模减贫计划启动，对重点 18 个连片贫困地区①，采取更灵活、更开放的政策，对贫困县制定了“对口帮扶”和“定点扶贫”的政策，让政府部门、企事业单位和社会团体利用自己的资源和专业力量参与扶贫工作，定点支持国家扶贫重点县。正式确立了针对重点贫困地区开发式扶贫的方针。

经过 1986—1993 年的扶贫攻坚，我国农村贫困人口由 1.25 亿人减少到 8000 万人，平均每年减少 640 万人左右，贫困县农民人均纯收入从 1985 年的 208 元增加到 1993 年的 483 元，贫困发生率从 1985 年的 14.8% 下降到 1993 年的 8.72%，连片贫困地区的贫困人口逐步走出贫困②。

① 18 个集中连片贫困地区是：沂蒙山区、大别山地区、太行山地区、吕梁山地区、陕甘黄土高原地区、陇西高原地区、西海固地区、秦巴山区、武陵山地区、乌蒙山地区、横断山地区、滇东南山地区、桂西山地区、九万大山地区、井冈山地区、武夷山地区、努鲁尔虎山地区、西藏地区。

② 国风：《中国农村反贫困历程历史的壮举》，《瞭望新闻周刊》2003 年第 15 期。

4. 项目推动下参与式贫困治理模式（1994—2000 年）

1994 年国家进行了税收和财政体制改革，通过财权与事权的划分，分税制使中央与地方财政关系得以规范化。分税制后农村贫困治理体现为一种项目推动下参与式治理模式，农村贫困治理体系逐渐走向完善。在国家层面，1994 年 3 月，中共中央、国务院制定了《国家八七扶贫攻坚计划（1994—2000 年）》（国发〔1994〕40 号），该计划是首个有明确目标、明确对象、明确措施和明确期限的扶贫纲领性文件，提出集中人力、财力和物力，力争用 7 年时间，到 2000 年年底解决农村 8000 万贫困人口的温饱问题。

依据《国家八七扶贫攻坚计划（1994—2000 年）》（国发〔1994〕40 号），以县为单位，凡是 1992 年人均纯收入低于 400 元的县全部纳入国家贫困县扶持范围，凡是 1992 年人均纯收入高于 700 元的原国定贫困县，一律退出国家扶持范围。此时期开发式扶贫更多地通过项目的方式，让贫困地区参与到扶贫项目中，实现农村内生性的发展。1994—2000 年，国家分别增加 10 亿元的以工代赈资金和专项贴息贷款，投入也从 1994 年的 97.85 亿元增加到 2000 年的 248.15 亿元，累计投入 1127 亿元，主要以种植业、养殖业和农产品的原料加工业为重要扶贫产业①。在产业扶贫的过程中，培育了大量有效率、内生的经济组织，对扶贫效果的巩固和农村可持续发展有着重要作用。

为有效完成扶贫目标，自 1997 年开始，国家确立了扶贫开发省（区、市）负责制，党政一把手负总责，明确了“责任到省、任务到省、资金到省、权力到省”的“四到省”原则②，所有到省的扶贫资金一律由省级人民政府统一安排使用，扶贫项目审批权原则上下放到县，省市履行监管责任。经过国家、社会、贫困地区的共同努力，该阶段农村贫困治理取得了显著成效，

① 唐超、罗明忠、张苇锟：《70 年来中国扶贫政策演变及其优化路径》，《农林经济管理学报》2019 年第 3 期。

② 财政部农业司扶贫处：《从“四到省”到“四到县”——扶贫开发工作责任制的探索及完善》，《当代农村财经》2008 年第 7 期。

全国农村未解决温饱的贫困人口从8000万减少到3209万，农村贫困人口比例从8.7%下降到3.4%，国定贫困县农业增加值增长54%，地方财政收入增加近1倍，粮食产量增长12.3%，

农民人均纯年收入从1994年的648元增加到2000年的1337元，增速快于全国平均水平[①]。“八七扶贫攻坚计划”战略目标基本实现。

5. **开发与保护式双重贫困治理模式**（2001—2012年）

为巩固先前扶贫成效，2001年6月13日中共中央、国务院印发了《中国农村扶贫开发纲要（2001—2010年）》（国发〔2001〕23号），该纲要系首次以农村为名的国家扶贫纲要。农村扶贫进入以开发与保护相结合的治理阶段，农村贫困治理体系越发完善与成熟。

《中国农村扶贫开发纲要（2001—2010）》（国发〔2001〕23号）对扶贫工作重点与瞄准对象做了重大调整，即以少数民族地区、革命老区、边疆地区和特困地区作为扶贫开发重点，在上述四类地区确定扶贫开发工作重点县，东部以及中西部其他地区的贫困乡、村为扶贫对象，确立了以贫困村为对象的村级瞄准机制。2004年中央一号文件《关于促进农民增加收入若干政策的意见》明确提出要“切实做到扶贫到村到户”[②]。在识别贫困村方面，将识别权限下放给地方政府，主要由县一级政府根据实际情况来具体承担贫困村的识别工作。经过全国范围内的贫困村识别，此时期共识别出148131个贫困村。按照区域分块看，中部地区约占30%，西南地区约占29%，西北地区约占21%，沿海地区约占14%，东北地区约占6%[③]。

实践中，在总结提炼甘肃省麻安村的农村扶贫经验基础上，此时期开发式贫困治理模式体现为“参与式整村推进”扶贫[④]。它以村级社会、经济、

① 王曙光、王丹莉：《中国扶贫开发政策框架的历史演进与制度创新（1949—2019）》，《社会科学战线》2019年第5期。

② 《中共中央国务院关于“三农”工作的一号文件汇编（1982—2014）》，人民出版社2014年版，第92页。

③ 汪三贵、Albert Park、Shubham Chaudhuri、Gaurav Datt：《中国新时期农村扶贫与村级贫困瞄准》，《管理世界》2007年第1期。

④ 张永丽、黄祖辉：《西部地区新农村建设的机制、内容与政策——来自“参与式整村推进”扶贫模式的启示》，《甘肃社会科学》2006年第6期。

文化的全面发展为目标，坚持开发与发展并举，将农民建房、土地整理、宅基地整理复垦、基础设施配套、土地流转和农业产业化经营等农村发展项目进行统一谋划、统一推进。就保护式贫困治理方式而言，此时期主要举措是探索并建立了农村医疗救助、养老、最低生活保障重要制度。对农村贫困家庭，在合作医疗之外另通过其他渠道给予救助，救助对象“主要是农村五保户和贫困农民家庭”，救助形式或是对患大病者直接给予费用补助，或资助其参加合作医疗。在农村最低生活保障方面，2007年国务院出台了《关于在全国建立农村最低生活保障制度的通知》（国发〔2007〕19号），提出建立农村最低生活保障制度，明确了农村最低生活保障标准和对象，以确保农村贫困人口生活保障。农村低保补助标准逐渐提高，2008年按每人每月10元的标准提高农村低保对象补助水平，月人均财政补助标准由30元提高到50元，之后连年增长，2010年年底，全国农村低保月人均补助水平74元，农村低保对象2528.7万户、5214万人①。2002—2012年，农村居民家庭恩格尔系数从46.2%降至39.3%，下降6.9%，农民生活由温饱向富裕转变。

6.瞄准贫困户的精准扶贫模式（2013年至今）

2013年11月，在湖南湘西调研时，习近平总书记首次提出“要精准扶贫，切忌喊口号，也不要定好高骛远的目标”②。习近平总书记在党的十九大再次强调：“要动员全党全国全社会力量，坚持精准扶贫、精准脱贫，坚持中央统筹，省负总责市县抓落实的工作机制，强化党政一把手负总责的责任制，坚持大扶贫格局，注重扶贫同扶志、扶智相结合，深入实施东西部扶贫协作，重点攻克深度贫困地区脱贫任务，确保到2020年我国现行标准下农村贫困人口实现脱贫，贫困县全部摘帽，解决区域性整体贫困，做到脱真贫、真脱贫。”③

---

① 康金莉：《改革开放以来中国农民权利：变迁与重构》，《武汉大学学报》（人文科学版）2017年第4期。

② 《脱贫攻坚战吹响集结号》，《人民日报》2016年3月10日。

③ 习近平：《决胜全面建成小康社会　夺取新时代中国特色社会主义伟大胜利——在中国共产党第十九次全国代表大会上的报告》，http://politics.gmw.cn/2017-10/27/content_26628091.html，2017年10月28日。

精准扶贫成为国家行动，成为解决扶贫问题“最后一公里”。

为了打通脱贫攻坚“最后一公里”，为解决基层组织软弱涣散问题，“驻村帮扶”制度应运而生。在“驻村帮扶”制度下，创造性地实行“五个一”结对子帮扶行动，即对每一个贫困村安排一个驻村工作组、一个联系领导（县级）、一个第一书记、一个帮扶部门、一个驻村农技员，对贫困村的贫困户实施全面帮扶；对非贫困村的贫困户可以减少结对子人员，但必须有帮扶责任人。通过驻村帮扶制度，层层落实责任制，签订脱贫攻坚责任书、立下军令状，构建了责任清晰、各负其责、合力攻坚的责任体系，实现了省、市、县、乡、村五级书记一起抓扶贫的治理格局。

为了保障精准扶贫取得实效，根据2017年12月24日中共中央办公厅、国务院办公厅印发的《关于加强贫困村驻村工作队选派管理工作的指导意见》，县级党委和政府根据贫困村的实际情况选派驻村工作队和第一书记，把精准扶贫、精准脱贫成效作为驻村工作队和第一书记的考核依据。对以第一书记为主的驻村帮扶人员严格管理，要求每个驻村工作队一般不少于3人，每期驻村时间不少于2年。干部驻村期间不承担原单位工作，党员组织关系转接到所驻贫困村，县级党委和政府每年对驻村工作队进行考核检查，任期考核结果作为驻村干部综合评价、评优评先、提拔使用的重要依据。

在精准扶贫阶段，大量的国家扶贫资源通过驻村帮扶制度直接输入贫困户，国家财政专项资金投入年均增长了22.7%，减贫规模由2012年的9899万人减少到2017年的3046万人，累计减贫6853万人，年均减贫达到1370万人次，贫困发生率从10.2%下降到了3.1%，累计下降了7.1%[①]。截至2018年年末，农村居民人均可支配收入达14617元，城乡居民收入比由2005年的3.22∶1下降为2.69∶1[②]。依照当前扶贫进程，以贫困户为瞄准对象的精准脱贫，农村贫困人口将“如期脱贫、贫困县全部摘帽，解决区

① 陈标平、胡传明：《建国60年中国农村反贫困模式演进与基本经验》，《求实》2009年第7期。
② 邢祖礼、陈杨林、邓朝春：《新中国70年城乡关系演变及其启示》，《改革》2019年第6期。

域性整体贫困”[①]。

（二）周口师范学院的帮扶历程

通过周口师范学院党委会会议记录的相关内容，可以梳理出周口师范学院根据上级相关文件、通知要求，从派出工作队到选派第一书记对李村进行定点帮扶的历程。

1. 扶贫工作队

2012 年 1 月，河南省人民政府公布文件，D 县被列为扶贫开发工作重点县[②]。2012 年 7 月，根据河南省委、省政府相关要求[③]，周口师范学院党委安排苏明忠作为扶贫“工作队员”，参与到 D 县的结对帮扶中。周口师范学院原定帮扶“工作队员”有两名，另外一人因突发疾病未去，扶贫“工作队员”只有苏明忠书记。后经 D 县扶贫办决定，周口师范学院的定点扶贫村确定为李村。

2012 年 11 月，周口师范学院党委研究了扶贫工作。党委会会议听取了正处级纪检员苏明忠关于开展扶贫工作的汇报。按照省委统一安排，周口师范学院扶贫工作联系点为 D 县李村乡李村，扶贫时间为 10 年，扶贫工作人员已于 2012 年 10 月 29 日到 D 县扶贫办报到并开展工作。会议指出，我校要利用自身科研和人才优势以及学校实际情况做好扶贫工作，选择合适的项目和切入点为扶贫点提供智力和技术支持。会议同时要求，要按照有关政策，认真落实扶贫队员生活待遇，使他们能够下得去、稳得住、做得好[④]。

① 在主持中共中央政治局第三十九次集体学习时，习近平总书记指出：“农村贫困人口如期脱贫、贫困县全部摘帽、解决区域性整体贫困，是全面建成小康社会的底线任务，是我们作出的庄严承诺。”参见《习近平在中共中央政治局第三十九次集体学习时强调 更好推进精准扶贫精准脱贫 确保如期实现脱贫攻坚目标》，《人民日报》2017 年 2 月 23 日。

②《河南省人民政府办公厅关于公布扶贫开发工作重点县名单的通知（豫政办〔2012〕8 号）》，2012 年 01 月 30 日，https://www.henan.gov.cn/2012/02-03/244482.html，2019 年 11 月 15 日。

③《中共河南省委、省人民政府关于贯彻落实〈中国农村扶贫开发纲要（2011—2020 年）〉的实施意见》（豫发〔2011〕21 号）。

④ 周口师范学院党委会会议纪要，2012 年 11 月 6 日。

第二任扶贫工作队员王新社，参与扶贫时间2014年3月到2015年9月。王新社在周口师范学院曾任基建处处长，参与扶贫时任校工会副主席。经由周口师范学院党委决定，王新社任扶贫工作队员，要求王新社代表学校，为李村多办些实事。

2014年5月，在党委会上，“工会副主席王新社汇报了学校扶贫工作。2013年4月，学校与省扶贫办签订了扶贫工作协议，定点扶贫D县李村。两年来，学校先后派出两批人员进驻李村，发挥学校技术优势，给予该村西红柿种植等农业技术方面有力支持。同时积极组织种植户外出考察，多渠道为村民办实事，取得良好效果，受到广泛好评。目前，省扶贫办要对学校扶贫工作进行考核。按照考核标准，建议学校成立扶贫工作领导小组。会议充分肯定了学校两年来的扶贫工作。会议决定：俞海洛同志任学校扶贫工作领导小组组长，王云彪、毛健民任副组长，成员为相关职能部门负责人”①。

2. 派出第一书记

周口师范学院派出的第一位驻村“第一书记”顾磊，1974年生，为周口师范学院副处级干部，于2015年8月底正式入村，2018年1月任期结束。

《关于做好选派机关优秀干部到村任第一书记工作的通知》（组通字〔2015〕24号）规定，选派第一书记“在乡镇党委领导和指导下，紧紧依靠村党组织，带领村‘两委’成员开展工作，注意从派驻村实际出发，抓住主要矛盾、解决突出问题”。该通知规定了第一书记的四项主要职责任务，即建强基础组织、推动精准扶贫、为民办事服务、提升治理水平，并对第一书记的管理考核、组织领导方面做出了规定。2015年7月2日，中共河南省委组织部、农村工作办公室以及省扶贫开发办公室三部门印发的《关于全面开展选派机关优秀干部到村任第一书记工作的实施意见》（豫组通〔2015〕18号）进一步细化了驻村第一书记的驻村范围、人选条件、职责任务、

① 周口师范学院党委会会议纪要，2014年5月28日。

管理考核、组织领导等规定。2015 年 7 月 20 日，中共河南省委组织部印发了《省派机关优秀干部到村任第一书记工作实施方案》的通知，确定了 190 家省直机关、省管高校、企业和中央驻豫单位，每个单位至少选派 1 名干部到村任第一书记。第一书记任期一般为 2 至 3 年，不占村“两委”班子职数，不参加换届选举，在村工作时间不得低于全年工作日总数的 2/3，原则上不承担派出单位工作，原人事关系、工资和福利待遇不变，党组织关系转到村。驻村任职时间视作基层工作经历。

在如此背景下，周口师范学院作为省管高校，作为李村的定点帮扶单位，选派第一书记的工作迫在眉睫。由于时间紧、任务重，经学校通知、宣传、个人报名，周口师范学院党委组织部决定派顾磊作为驻村“第一书记”。担任驻村“第一书记”前，顾磊曾在校图书馆担任副书记。

2016 年 4 月 12 日下午，校党委书记刘湘玉在党委会议室主持召开了党委会。校长、党委副书记李义凡，党委副书记、纪委书记王云彪，副校长苏宇、毛健民、周立华，工会主席吴征出席会议。党委副书记李军法、副校长马金岭因公外出缺席会议。党办主任王剑、校办主任许述敏列席会议。会议研究了精准扶贫工作，听取了关于公务用车自查情况的汇报，研究了基建工作。纪要如下：

“精准扶贫工作。组织部部长李永春汇报了定点扶贫点李村的基本情况、李村帮扶对象基本情况和拟印发的《关于强力推进李村精准化扶贫工作的实施意见》，并就如何做好 2016 年精准扶贫工作提出相关建议。会议研究通过了《实施意见》，要求学校各级党组进一步提高认识，把扶贫攻坚作为一项重要的政治任务强力推进，按《实施意见》分解落实好工作任务，落实好专项资金。要求各党总支、直属支部近期落实好结对帮扶的党员干部到贫困户家中走访看望工作，并建议预算 50 万元作为扶贫资金统筹使用。”[①]

“D 县李村党支部第一书记、图书馆党总支副书记顾磊汇报 2016 年 8

① 周口师范学院党委会会议纪要，2016 年 4 月 12 日。

月以来自己在李村的工作情况，以及扶贫工作的成绩和不足，面临的困难等。会议认为，精准扶贫工作时间紧迫、任务艰巨，顾磊同志工作扎实、认真，卓有成效。给顾磊同志配备两个帮手，帮助顾磊同志完善贫困户建档立卡工作，以后工作有需要，随时驻村帮忙。校领导班子排班，每个月到李村看一看，帮助解决实际问题，切实落实好省委、省政府精准扶贫工作要求。”①

第二任驻村“第一书记”李霄，1977年生，为周口师范学院副处级干部。依据2017年9月26日中共河南省委组织部、农村工作办公室以及省扶贫开发办公室《关于做好驻村第一书记轮换工作的通知》（豫组通〔2017〕35号），2017年10月启动新一轮第一书记选派工作，11月新任第一书记入村，现任第一书记继续留任到2018年2月，用3个月左右时间以老带新，实现新老第一书记的有序轮换和顺利交接。依据豫组通〔2017〕35号通知，在3个月交接期间内，现任第一书记对驻村工作负责，新任第一书记做好工作配合。现任第一书记要站好“最后一班岗”，着力做好“三件事”：一是尽职尽责做好村里工作，继续推进各项任务落实；二是搞好“传帮带”，指导新任第一书记了解村情，熟悉工作；三是认真梳理任期内的工作任务、资金经费、项目建设、债权债务、资料档案、物资物品等，做好工作总结与交接。

在此背景下，经个人报名，周口师范学院组织部派出李霄为驻李村第一书记。依据2017年10月31日周口师范学院党委会议纪要，组织部部长王剑汇报：“我校驻D县李村第一书记顾磊同志驻村即将到期，按照省委组织部要求，第二轮驻村干部要选派副处级以上青年优秀干部，经个人报名，党委集体研究，报省委组织部批准。组织部从新提拔的副处级干部中间进行了遴选，经个别谈话，拟确定计算机学院党总支副书记李霄作为第二轮驻村干部人选，请党委审议。会议研究同意李霄同志作为第二轮驻村干部人选，报请省委组织部批准。”② 随后，第一书记李霄于2017年11月6日正式驻村，

① 周口师范学院党委会会议纪要，2017年5月24日。
② 周口师范学院党委会会议纪要，2017年10月31日。

并持续工作到 2020 年 4 月 9 日。这段时间正好是国家脱贫攻坚战进入最后决胜阶段，李霄书记顺利地承接了前任书记顾磊的工作，并取得脱贫攻坚的决定性胜利。

2020 年年底，在脱贫攻坚这一全国性的中心工作取得胜利后，根据国家相关政策，要求结对帮扶单位继续派驻第一书记以巩固脱贫攻坚成果，防止贫困户大面积返贫，并在帮扶实践中不断摸索实现脱贫攻坚与乡村振兴的顺畅对接的机制和路径。经组织程序，周口师范学院外国语学院党委副书记雷杰接替李霄担任驻村第一书记，周口师范学院继续定点帮扶李村，雷杰书记已于 2020 年 3 月 9 日驻村。

第二章
李村的治理力量

中央农村工作领导小组办公室主任、农业农村部部长韩长赋说，把乡村振兴摆上优先位置……做到乡村振兴事事有规可循、层层有人负责，一张蓝图绘到底，久久为功搞建设，系统解决乡村振兴“人、地、钱”难题，“乡村振兴要真刀真枪地干，就离不开真金白银地投。补上乡村建设发展的多年欠账，光靠农村农民自身力量远远不够”①。毫无疑问，乡村振兴战略开始实施后，大量的“真金白银”下乡，村庄内党员干部的领导能力与领导水平，村庄的公共性问题与群众动员、村落（庄）能人、积极分子、新乡贤的参与等，村庄与国家高效互动的问题将越发突出。帮扶治理在李村的实践历程表明了提升乡村治理能力需要在国家政策、规章制度的大背景下对乡村社会的基本信息有着精准的掌握，厘清村庄内部各种已有的治理力量，规范以及实现不同治理力量之间的有效互动。

一、“驻村帮扶”在李村的实践历程

2012年7月，周口师范学院与李村形成定点结对帮扶关系，迄今为止，

① 董峻、安蓓：《推进乡村振兴的行动指南——解读乡村振兴战略首个五年规划亮点》，2018年9月26日，http://www.gov.cn/zhengce/2018-09/26/content_5325546.html，2019年9月11日。

先后向李村选派了5批驻村帮扶人员。虽职务不同、称谓有别，但他们实实在在的帮扶都为李村带来了显著变化。

（一）扶贫工作队员苏书记的帮扶

周口师范学院选派的首位帮扶人员是苏明忠，帮扶时间为2012年7月至2013年7月。苏明忠，1954年生，先后担任周口师范学院体育学院书记、纪委副书记，在此以苏书记相称。2012年7月底，苏书记进入李村。由于当时如何开展定点扶贫并没有具体政策，苏书记对自身的工作定位是：走村串户，了解情况，在单位条件允许的情况下做一些实事。作为扶贫“工作队员”，苏书记受县扶贫办领导，其日常吃住在乡里，由乡里骑自行车到李村办公，周口师范学院每天补贴20元生活费用。除每周抽出几天时间到李村工作外，他仍然在周口师范学院从事原工作。

经由几个月的走访与了解，在乡办公室通过与行政村党支部书记李某祥、楼乡党委书记、乡长反复协商和讨论，结合李村与周口师范学院实际情况，在工作任期内，苏书记主要做了以下四件实事：

一是改善村小附近的基础设施。李村小学办学条件非常差，校舍破烂，没有窗户，个别墙体劈裂，属于危房。苏书记刚到李村后就提出修学校、盖学校的想法，后因周口师范学院、D县扶贫办没有充足资金，未果。但苏书记从所在单位争取了4万元资金，加上D县农建办部分资金，将李村到小学的一段路修好，同时发给村小学大约150名学生每人一套书包与文具。

二是提供技术帮扶蔬菜种植户。李村有种植蔬菜的老传统，但也时常面临种植技术和管理难题。苏书记驻村之后，正赶上该村大棚西红柿出现大面积病虫害，当时种植户束手无策。苏书记及时与周口师范学院生物系取得联系，采集标本确定病因，使蔬菜病虫害全部治愈，挽回经济损失10多万元。

三是组织培训农民学习新技术。考虑到种植蔬菜户经验与技术缺乏，苏书记组织了41户大棚种植户到山东寿光考察学习，帮助群众开阔视野、打开思路，科学掌握大棚种植与管理技术。

四是帮助困难群众解决实际生活困难。在节日期间，苏书记与周口师范学院领导、乡干部与村支书，为贫困家庭送去大米、面粉和食用油等物品，并为部分特困家庭、五保户和特困教师送去300至500元不等慰问金，解决他们的实际生活困难。

由于没有正式职务，除在扶贫范围内做了以上四件实事外，苏书记并未参与李村其他事务，并没有列席有关村务的各种会议。他在村庄内部事务的治理过程中是缺席的，或者说无法参与。治理的缺席也体现在苏书记与行政村“两委”干部的日常称呼中，在日常交往中，苏书记直接以“官职”称呼“两委”干部，而村“两委”干部则以其在周口师范学院的职务称呼为苏书记或苏老师。

一年多的扶贫工作结束后，县扶贫办、帮扶单位周口师范学院并没有对苏书记的扶贫工作予以正式任期评价，但他提交了一份扶贫工作总结。对此，苏书记感受颇多：“扶贫工作让我有一个学习与锻炼的机会，学到了书本上和学校里没有的知识，人民群众是最朴实、最善良、最知道感恩的人。”①2013年7月扶贫工作结束后，苏书记曾多次返回村里，受到村民热情招待。他也于当年年底在周口师范学院退休。

（二）扶贫工作队员王主席的帮扶

第二任扶贫工作队员王新社，参与扶贫时间为2014年3月到2015年9月。王新社参与帮扶时任周口师范学院工会副主席，在此称其为王主席。王主席与苏书记的工作定位一样：在力所能及的范围内多办些实事②。王主席在扶贫期间吃住也在乡里，从乡里骑自行车到村里办公。他大概每周抽出两天时间到李村参与扶贫，其余时间仍然在周口师范学院继续原工作，扶贫与学校工作两者同时进行。

① 课题组对苏明忠的访谈，周口师范学院行政楼三楼接待室，2019年9月2日。
② 课题组对王新社的访谈，周口师范学院行政楼三楼接待室，2019年9月27日。

虽然王主席接替苏书记成为第二任扶贫工作队员，但王主席与苏书记在扶贫工作上并无具体交接，也没有工作方法与技巧方面的“传”“帮”“带”。这并不代表两者在具体扶贫工作过程中没有重叠、继续之处。在“多办些实事”的工作思路引领下，结合自身先前工作经验，王主席为李村做了以下五件实事：

一是村小学危房改造，建设新校舍。王主席曾担任过基建处处长，对基础设施的建设有着丰富经验，在周口师范学院党委副书记王云彪的努力下，在周口市教育局协调120万元的项目专款专用建设资金。为使此建设资金顺利、足额落地李村（楼乡中心小学校长曾说该资金不一定落到李村），王主席曾带领行政村党支部书记李某祥，多次到D县教育局、楼乡协调与奔跑，最终使资金于2015年6月足额顺利落地李村。行政村党支部书记李某祥多次讲：“我们村祖祖辈辈没有见过如此多的钱，以前是想也不敢想。但现在周口师范学院做到了。”①

二是继续改造村庄的基础设施，提升扶贫政策受益的普及面。王主席积极主动地到D县扶贫办争取建设资金，修建丁庄到李村自然村之间的道路，约1500米水泥路。

三是继续组织培训农民学习新技术。2014年12月部分大棚种植户所种蔬菜再次遭受病虫害，利用周口师范学院生命科学与农学院的技术优势，帮助每户大棚种植户挽回2万元左右损失。考虑到大棚多次遭受病虫害，王主席决定再次组织大棚种植户到外地考察与学习。

四是提升村干部的政治素养。邀请周口师范学院“思政课”胡现领博士到楼乡开设乡村干部培训课，主要就党的十八届三中全会涉农政策，尤其是土地流转，如何遵循群众路线、进行群众教育等问题予以专题培训。

五是帮助贫困家庭解决实际生活困难。与苏书记将米面油生活必需品直接送到困难家庭不同，王主席将节日慰问品送到行政村村部，具体分发

① 课题组对村支部书记李某祥的访谈，李村村室，2019年12月24日。

由行政村党支部书记李某祥决定。

与第一任扶贫工作队员苏书记一样，除扶贫工作以外，王主席也没有参与村庄其他事务，与村“两委”干部日常交往中，直接以“官职”称呼对方，“两委”干部则称呼其为“王主席”或“王老师”。扶贫工作结束后，帮扶单位周口师范学院、县扶贫办对王主席也没有正式考核，只是进行了扶贫工作总结。王主席扶贫工作时间本为一年，即从 2014 年 3 月到 2015 年 3 月，由于期间并没有合适人选予以接任，王主席在李村的扶贫时间又延续了 6 个月。6 个月后，随着有着正式职务的驻村“第一书记”顾磊的到来，王主席的扶贫工作才得以结束。2016 年 6 月，他正式从周口师范学院退休。

（三）驻村第一书记顾书记的帮扶

2015 年 8 月 20 日，经省委组织部短暂培训，顾磊于 2015 年 8 月 31 日正式入村，成为首任“第一书记”。驻村之后，顾书记仍然有一年时间吃住在乡里，持续到 2016 年 8 月。吃住在乡里的原因是，李村作为“国定贫困村”，根本不存在用以办公的村室，村室里面堆放着化肥、种子等各种杂物，无法居住；虽然村“两委”名义上由 5 名人员组成，但大部分事务都是村支部书记与村主任两人在村头、田间决定。

有着正式官称与职责，顾书记的驻村工作定位与工作思路截然不同于先前扶贫工作队员苏书记与王主席。虽然相关政策文件规定“第一书记”加强基础组织、推动精准扶贫、落实基础制度、办好惠民实事四项职责任务，也明确第一书记带领村“两委”成员开展工作，但顾书记驻村后真正操作的第一件事是精准识别贫困户，时间发生在 2016 年 1 月。依据课题组对顾书记的访谈，他坦言：“虽然名义上第一书记带领村‘两委’开展工作，但我们内部之间也有分工。在分工和磨合未完成之前，村里所有事务仍然由村‘两委’决定，我只观察，不做决定。”[①]

① 课题组对顾磊的访谈，周口师范学院网络中心办公室，2019 年 8 月 25 日。

实际上，在取得信任之前，顾书记也面临着结构性困境，不仅村干部在观望，包括部分村民也在私下说："这小伙就是下来玩的，镀镀金就回去了。"顾书记驻村后，曾多次提出到贫困家庭中走访，村干部的配合意识并不强，有意无意地说："他们都不在家，都有事忙；贫困家庭有什么好看的？"对类似行动困境，顾书记的应对是"既然他们不领着我去，我自己去"[①]。在驻村后的前 5 个月，顾书记每天都在村里面"走访""游玩"，与村里面德高望重的老人们"谈天说地""说村庄聊家常"，他一直未参与到村务的治理中，整天看起来好像"无所事事"。

与扶贫"工作队员"不同，作为行动者，由于驻村"第一书记"不得不在既定结构中行动，受结构性因素约束，因而"第一书记"不得不首先依赖村"两委"干部。与扶贫工作队员的"做实事"逻辑不同，包括精准扶贫职责在内的"第一书记"，所遵循的行事逻辑是"做成事"。

对村里各种事务熟悉、有一定掌握之后，2016 年 1 月，顾书记开始"带领"村干部开展工作，即精准识别贫困户。严格按照"四议两公开"工作法，经党支部会提议、"两委"会商议、党员大会审议、村民代表会议决议，从 149 户建档立卡的贫困户中初步选出 40 户精准扶贫对象，最终经公示确定为 28 户。对于当时贫困户如何精确识别这一问题，顾书记坦言，国家与地方层面并无具体政策。顾书记的做法是与村干部对接，摸着石头过河。最终确定的 28 户精准扶贫对象与先前 40 户存在一定差异，在这差异背后，则经过了顾书记与村"两委"干部、村民代表、全体村民反复协商的过程。如果没有先前 5 个月走访，28 与 40 的差距不会如此明显。当然，如此精准识别的 28 户贫困户也并非完全没有问题，依据 2016 年 6 月 12 日中共河南省委办公厅、省人民政府办公厅《河南省扶贫对象精准识别及管理办法》（豫办〔2016〕28 号）识别标准，即严格执行农民人均纯收入标准，统筹考虑"两不愁三保障"因素，"一进二看三算四比五议六定"工作法，回看这 28 户

① 课题组对顾磊的访谈，周口师范学院网络中心办公室，2019 年 8 月 25 日。

贫困户总是存在这样那样的问题。实际上，对顾书记精准识别的28户贫困户，依据D县贫困发生率，县乡政府都认为过低，应该予以增加。对此，顾书记的回答是："28户精准扶贫户是村民举手投票通过的，谁增加名额谁来帮扶。"①

有了贫困户的精准识别，顾书记其他各项工作也得以顺利展开，为精准扶贫提供了抓手与平台：

一是健全日常工作制度，建强基础组织。一方面，抓党员队伍建设，坚持"三会一课"制度，结合"两学一做"学习教育活动，协调学校组织部捐赠了"两学一做"学习教育资料30套，给党员发放《党章》和《党规学习材料》，组织党员学习，抄党章，撰写读书笔记，给党员上了《学习党章，增强看齐意识》的专题党课；另一方面，在落实支委会、党员大会、村民代表会等制度的基础上，建立了《干部值班制度》《工作例会制度》等，形成了每天有值班、要事有记录、工作有安排、问题有反馈的工作秩序。

二是严格复核，推动精准扶贫。针对28户贫困户制定符合具体帮扶台账，因户施策精准帮扶，落实扶贫政策。通过和各户沟通，在贫困户意愿的基础上，制定帮扶计划，其中，养殖帮扶19户（养羊17户，养鸡1户，养鸭子1户），种植帮扶3户，教育帮扶4户，危房改造5户，经营帮扶1户，政策兜底帮扶7户。经过帮扶取得了一定的成效，2016年各贫困户共添小羊142只，年收益可达到9万余元。对贫困户"输血"与"造血"项目相结合，当年可产生近20万元的直接经济效益。

三是落实基础制度，坚持"四议两公开"，认真落实基层民主科学决策制度，如复核贫困户让群众全程参与，增加群众的认同和信任度，减少一些不必要的麻烦，达到群众满意；要事大事等决议"上墙"公开12次，接受村民监督；花费2000多元购置了广播设施，就群众关心的精准扶贫与养老保障等民生问题进行讲解、解读，大力宣传党在农村的各项政策，增

① 课题组对顾磊的访谈，周口师范学院网络中心办公室，2019年8月25日。

强广大农民贯彻执行党的路线方针政策的自觉性、坚定性；建立起由村“两委”干部担任成员的矛盾调解化解组织，化解矛盾10余个，其任期内没有发生一起上访事件。

四是利用第一书记专项扶贫资金，协调各种资金，办好惠民实事。利用55万专项扶贫资金建设扶贫车间，并争取D县扶贫办在李村又建设了一座扶贫车间；争取D县教委专项资金，对村小学进行两期升级改造工程，学校内地面硬化，安装体育设施；争取县扶贫办资金，修建9.4公里道路，4个行政村的主干道、到村委会和村小学的道路全部修通；协调D县国网电力公司对行政村进行农村电网改造；加强文化设施的硬件建设，协调学校出资10万元，建设1700平方米的文化广场，并安装了12件体育器材，村民的文化生活基地有了保障；协调周口师范学院图书馆、设计学院等有关部门，为村小学捐建20余万元的图书室，对李村进行全面村庄形象提升以及长远发展规划；等等。

由于有正式官职，顾书记与村“两委”干部之间称呼也发生了微妙变化。与先前两任扶贫工作队员与村“两委”干部互相以对方原官职称呼不同，村“两委”干部直接称呼“顾书记”，顾书记则刚开始以官职称呼村“两委”干部，熟悉、磨合并取得信任之后，在“早九晚五”的工作时间称呼官职，其他时间有时则以兄弟称呼。

顾书记于2018年1月完成与新任第一书记李霄的交接后，向D县委组织部与周口师范学院提交了任期工作总结报告，并接受了两者共同考核，考核结果为优秀。2017年12月，他被周口师范学院提拔为正处级干部。

（四）驻村第一书记李书记的帮扶

顾磊书记之后，周口师范学院派出的第二任第一书记是李霄，驻村时间为2017年11月6日到2020年4月9日。驻村之前，李霄曾担任周口师范学院计算机学院的副书记。值得指出的是，首任第一书记顾磊与李霄私下关系非常不错，先前有过同一学院共同工作的经历，两人虽然性格截然不同，但沟通起来无障碍。为使李书记尽快融入工作，将“接力棒”顺利交接，除站好“最后一班岗”，做好“三件事”外，顾书记将以下五项驻村工作的经验与体会，“交棒”给李书记。

一是对第一书记、精准扶贫、乡村治理等关键概念，结合自己工作经历予以解释和说明，帮助李书记找准工作定位，即省派第一书记虽有官职，但代表的是派出单位，而不是个人，一定要尽快取得群众认同。在这里，顾书记犹如导演，李书记是演员，与群众接触时拿什么、说什么、以什么样的姿态，全按照事先准备好的剧本。如李书记入村后，进行第一次全村入户走访时，所带东西、所需要讲的话都事先由顾书记准备好，李书记一人直接入户走访，顾书记则在门口等候，并不进入。

二是农村工作的技巧。顾书记对李书记强调，做群众工作，以了解情况为主，不表态，“只点头不摇头”“只点头不说话”①。依据顾书记的工作经历，贫困群众普遍希望有更大的国家政策倾斜，但有些诉求却与当前政策相左。如果相关政策尚不明朗，在没有取得干部群众的信任，特别是没有树立起权威之前，那么，贸然、轻易地许诺而后又实现不了，反而会人为地造成干部群众关系的紧张与恶化，再开展群众工作就会非常被动，非常困难。

三是县乡人脉资源的移交。两年多的驻村扶贫，让顾书记在县乡积累了一系列人脉资源与关系。在李书记入村时，虽然村室已具备吃住的条件，在3个月交接期内，顾书记仍然要求李书记与其先回乡居住。由于第一书记要受乡镇党委的领导，与县乡领导搞好关系，便于第一书记未来工作有序推进。

四是工作方法，关键在于两个字“不急”。依据顾书记的感受，农村问题看似琐碎、平常，但有些矛盾、问题却是积累已久，难以解决。第一书记虽然有正式官职，是行政村的“一把手”，但仍然是“外来者”，对此问

---

① 课题组对李霄的访谈，周口师范学院编辑部办公室，2019年9月22日。

题与矛盾应不深入，更不处理。对于农村祖祖辈辈都习以为常的现象与做法，如婚丧嫁娶中“铺张浪费”、民间信仰学，依据外来者标准，可能成为“问题”，是需要“改造”的对象；但对当地村民来说，这是生活的内容。对此，应加以引导逐步整改，不可操之过急。

五是工作体会。顾书记强调农村普遍接受的观念是不患寡而患不均，依此理念展开各种工作才能让群众接受和满意。课题组对李霄书记进行访谈时，李书记提出：“‘不患寡而患不均’的现象在农村是存在的，但这不应该成为扶贫工作的束缚。精准扶贫本身就是为了打破‘大锅饭’‘平均’。但此观念仍然具有警示作用，提醒扶贫工作要有序推进，不急于做成。在任期内，我一定会将该做的事做尽。无论（部分）群众接不接受，都要推进。实际上，符合政策的事情不存在‘硬推’的问题，政策都可以解释得通，群众需要的是一种说辞、一种台阶。”①

以修路为例，作为公益事业，没有人利益受损，而部分人或所有人利益得以提升，从政策学角度，很容易推进。在资金有限的情况下，应该修走得多、破坏程度高的路。然而，只修部分路的政策在农村却无法顺利推行，普通农村人都希望将路修到自己家门口，如果我家门口的路不修，其他的路也不能修。在修丁庄、马庄自然村胡同的路时，考虑到贫困户 M 已受到国家政策的多种帮扶，村干部出于平衡考虑没有修 M 家胡同。贫困户 M 找到李书记“告状”。对此，李书记解释说：“路是分批次修的。这次不修你家的，可以留在下批次修。如果以后不再修，也可以从村集体拿出部分资金修。再说你家胡同已是 10 米的红砖路，不影响出行，而现在修的那些胡同都是走得多、破坏程度非常高。”② 李书记解释之后，贫困户 M 欣然接受，没有怨言。

有了顾书记的“传帮带”，李书记在李村各项工作得以顺利、有序推进。

一是强班子、带党员，以规范基础工作为抓手，夯实基层党组织。2018年，

① 课题组对李霄的访谈，周口师范学院编辑部办公室，2019 年 8 月 27 日。
② 课题组对李霄的访谈，周口师范学院编辑部办公室，2019 年 8 月 27 日。

先后组织村支部委员和全体党员参与各类学习教育活动31次，开展特色党日活动4次，召开1次支部民主生活会，培养入党积极分子2人，发展党员1人，1名预备党员如期转正，发展了后备队伍，提高了战斗力、凝聚力；认真落实“三会一课”等基础制度重要抓手，全年共向全体党员和群众代表讲了12期党课，其中包括《从中共一大代表的迥异人生谈中国革命的艰辛和必然》系列党课9期。“先讲半小时党课”，已经成为李村党员群众的自发要求和村党群联席会的固定做法，党组织思想得到统一，党员能力得到夯实。

二是坚持“扶志”与“扶智”相结合，注重“输血与造血”相统一，扎实推进精准脱贫。除继续落实顾书记制定的精准扶贫政策外，李书记利用2018年“第一书记”扶贫专项资金建设光伏电站1个，并积极协调D县发改委另外一项光伏电站项目，现李村共有54千瓦和70千瓦2个村级光伏电站。2个电站均已并网发电，每年向28家贫困户每户发放670元带贫资金；利用2座扶贫车间提供的50个就业岗位，优先向有一定劳动能力的贫困人口和未稳定脱贫的村民提供工作机会，实现就业帮扶，带贫17个建档立卡户，带贫率达到30%。

三是继续办好惠民实事，提升帮扶满意度。利用2019年“第一书记”专项资金50万元，将4个自然村内的所有胡同基本修完，水泥硬化率达98%；协调周口师范学院20余万元，为村室更新办公桌4张、会议桌1套、文件柜4套，安装空调4台，对村室进行升级改造；按照美丽乡村建设的要求，投入资金70余万元，依托周口师范学院设计学院，以“水墨乡愁”为主题，对李村、丁庄2个自然村进行设计改造，美化人居环境；为村民购置便携式音箱2个，安装体育器材17套，播放电影4场次，开展文艺演出5场次，支持村民自发组织腰鼓队、舞蹈队，支持村民开展形式多样的文化活动；开展了7轮覆盖全村431户的工作走访，采用赠送生活用品、发放普惠政策宣传单、张贴扶贫政策明白卡等方式，在村委会、村文化广场竖立17块宣传栏、公示公告栏，并为每个自然村安装扶贫专题宣传板，将贫困户的识别和退出标准、不能识别为贫困户的9种情况和享受国家有关政策的各类名单向全村公开，接受群众监督，提升群众扶贫政策知晓率和满意度。

最后，虽然李书记作为省派第一书记，与顾书记一样有正式官职，但与村“两委”干部之间称呼却与顾书记有所不同，村“两委”干部一如既往地称呼其为“李书记”。无论是驻村工作的“五天四夜”“早九晚五”工作时间，还是其他非工作时间，李书记对村“两委”干部的称呼都是一样的，都直呼其名。在李书记看来，基层工作尤其是农村工作不存在工作时间与非工作时间之分，“我不可能与村‘两委’干部存在兄弟般的情谊，虽然在工作中我要依赖他们，但作为第一书记，我更要制约他们。”①

在驻村期间，第一书记李霄的年度考核均为优秀。李书记的驻村于2020年4月9日结束，回到帮扶单位后的当年9月，李霄被学院党委组织部任命为干部培训中心主任、党委组织部副部长，为维持学院帮扶政策稳定性和可持续性，学院党委决定继续由李霄部长负责学院在李村帮扶的协调和组织工作。

（五）驻村第一书记雷书记的帮扶

李霄之后，周口师范学院派出的第三任驻村第一书记是雷杰，雷书记于2020年3月9日入住李村，并持续至今。在李霄和雷杰的交接期内，为使雷书记尽快适应在李村的帮扶工作，前任第一书记李霄主要在以下三个方面对雷书记进行了“传帮带”，逐渐地将其在李村驻村期间所积累的各种人脉资源转交，从而将“接力棒”顺利地交接到第三任第一书记雷杰手中。

一是有些工作“故意”留纰漏、卖破绽、留抓手，好让新任第一书记及时上任，因势利导，顺势而为，通过办实事让新任第一书记快速取得干部、群众的信任。如健身广场虽已建好，但没有安装路灯，路灯安装这一工作交由新任第一书记接着做。

① 课题组对李霄的访谈，周口师范学院学报编辑部办公室，2019年9月22日。

二是与干部、群众的工作与日常交往中，以尊重人为前提，在一些小事上不再是春风化雨式的温柔，而是说话声很大，态度“不友好”，表现为各种“不积极”，甚至“冷淡”。对此李书记的考虑是，群众包括干部习惯对前后工作队员、第一书记做对比，如果某人将工作做得太好、太充分，反而使得“接力棒”无法有效交接。

三是对村未来发展需要着力地方予以规划，如党建深化，尤其是引导和培养有发展潜力、有致富能力、群众信任的年轻村民向组织靠拢，不断壮大入党积极分子队伍和村后备干部队伍；大棚蔬菜产业发展的转型，尤其是土壤肥力的修复、有机蔬菜的认证、高附加值农产品的深加工；农村宜居环境的继续改造，尤其要缩短4个自然村在村容村貌、公共服务设施和基础设施的差距等。

有了前两任驻村第一书记打下的良好基础，尤其是在李书记的“传帮带”之下，在过渡期内，雷书记在驻村后，对李村的帮扶工作主要体现在以下几个方面：

一是应对风险挑战，扎实开展疫情防控和复工复产工作。2020年春节，面对突如其来的新冠肺炎疫情，驻村工作队迅速反应，担当起了防疫工作“排头兵”和“信息员”。在过渡期内，雷书记和仍然在村的李霄书记一起亲自带领村“两委”班子深入全村各家各户开展了三轮逐户排查，广泛宣传，深入动员，科学设卡，迅速形成了以管控为重点、以卡点为中心、以党员为先锋、以干部为骨干、以群众为基础的群防群治防控工作机制。科学设立路障和卡点，并安排专人把守，对外来人员和车辆进行检查与劝离。巡查过程中一旦发现可疑情况立即控制好人员及车辆，第一时间报告、隔离，并做好消杀工作。同时，积极协调县乡党委政府和当地企业，获得了3批约3000元的防疫物资捐赠。在省直工委、市县组织部门的支持帮助下，为李村订购了2万元的防疫物资，为学校提供价值2.2万元的防疫物资，使防控物资紧缺问题得到有效缓解。

在开展新冠肺炎疫情防控工作同时，雷书记为首的驻村工作队还尽责当好复工复产的“助推器”。一方面通过微信、无线广播系统等向全体村民宣传疫情防控知识和有关复工复产的政策，另一方面利用在农户家走访的时机鼓励村民按照有关要求积极外出务工，驻村工作队为外出乘车务工的村民免费提供口罩等防疫物资。同时，为扶贫车间提供消毒液、口罩、测温枪等防疫物资，助力扶贫车间开足马力复工复产。

二是建牢支部阵地。继续增加对李村党支部的资金投入，为村党支部新购 SONY 投影仪 1 部，新增无线广播设备 3 套，新增办公座椅 4 套，对村部旱厕进行了整体改造，向村小学和村文化站捐赠桌子 20 张。申请“掌上李村”微信公众号，先后推出 24 篇文章，利用新媒体进一步加强宣传报道。组建了李村流动党员微信群，定期开展专题学习活动，加强了对支部流动党员的教育和管理。继续开展会前第一书记讲党课活动，全年讲党课 12 次，把“三会一课”要求落到实处。组织村“两委”成员和党员代表到有“小延安”之称的原中原局所在地竹沟，参观了革命纪念馆，聆听了刘少奇、彭雪枫等老一辈革命家可歌可泣的故事，开展了重温入党誓词等活动；赴新县、光山，跟随习近平总书记 2019 年的考察路线，到鄂豫皖苏区首府烈士陵园、鄂豫皖苏区首府革命博物馆、田铺大塆、文殊东岳村等地参观学习，通过积极组织开展各类培训，不断提升干部群众能力。

三是巩固脱贫成效。一方面，积极争取县级有关帮扶政策，为 74 名建档立卡贫困劳动力申报就业奖补 14.8 万元，为 88 户申报产业结构调整增收奖补 16.9 万余元，为 2 名建档立卡人员申报雨露计划短期培训补助 4000 元。2020 年，经过驻村工作队的积极宣传和帮扶，维修损坏日光温室大棚 1 个，新增日光温室大棚种植户 1 户，新增肉羊养殖户 3 户。另一方面，广开渠道，积极增加村集体经济收入。管护运行好 2 个光伏发电站和两个扶贫车间，确保光伏发电收益和车间租赁收入不减少，保持村集体经济每年收入的稳定和可持续。目前，雷书记正在探索采取“支部 + 专合社 + 农户”的方式发展村集体经济。依托蔬菜大棚土壤有机质改造提升的契机，统一规划，统一种植，农户与专合社签订协议，专合社与村委签订协议，统一收购、统一销售，行政村按销售额的差额累进比例提取一定费用作为集体经济收入。此外，还通过整合村集体池塘、已故五保户的承包地租金和宅基地转让费等其他资源租赁来提高村集体经济收入。

四是组织群众参加高素质农民培训和实用技术培训。为激发高素质农民创业兴业能力，充分发挥示范带动作用，为乡村振兴提供更多人才支撑，依托周口师范学院举办的全省高素质农民培育培训班，组织李村 13 名群众参加了为期半个月的培训，组织 17 人参加了县人社部门举办的实用技术培训班、雨露计划短期技能培训，组织有关专家深入李村举办了肉羊养殖技术培训、菌肥代替化肥减量增效专题培训，培训人员 140 多名，为李村的长远发展储备了人才，进一步提升了村民发展的“内生动力”。

经过周口师范学院近 10 年的帮扶，在 2 任扶贫工作队员和 3 位驻村第一书记前后相继的“接棒治理”，村“两委”抢抓发展机遇，使李村呈现了新的面貌。2017 年实现整村脱贫，2020 年全村最后 4 户 12 人顺利脱贫，所有建档立卡户全部脱贫，村“两委”现有干部 5 人，党支部共有党员 37 名，2018 年、2021 年被当地市委、市政府授予“市级文明村镇”，连续 7 年被评为 D 县先进基层党组织，4 个自然村实现自来水、有线电视、无线网络全覆盖，有标准化村室、卫生室、文化室、文化广场等，村内道路硬化率达到 100%，各村建成了环村道路，实现了村村通、户户通，2 条 4 米宽的水泥路通往村外县道……

二、村干部与党员群体

（一）支部书记与“两委”干部

1984 年李村从砖寺行政村分离出来成为独立行政村之后，李村历届村支部书记（以下简称村支书）的名单如下：丁某体（已故）、李某中、丁某田（已故）、李某星、李某强、李某富、姚某、丁某田（与前面为同一人）、丁某行、郑某玉、李某祥。这中间，李某强、李某富、姚某 3 人，为当时乡政府派驻的村支书（由于当时村委工作基本处于混乱和瘫痪状态，曾经在 1995 年至 1998 年换了六任村支书，村民选举亦未能选出合适的干部），其余人员皆为李村本村人。现任村支书为李某祥，自 2007 年年底开始担任李村村支书，一直干到现在，是历任村支书中任职时间最长的一位。

当事人的回忆与讲述，与当时整个农村社会的大历史是相吻合的。李村村支书更换频繁，也是“三农”问题产生和激化的侧面反映。2006 年取消农业税之后，国家不催粮催款要人了，还给各种补贴。就计划生育工作来说，这么多年老百姓的觉悟也提高了，对计划生育工作比较配合，村干部工作相比以前要好做得多。现在国家鼓励生二孩，即将放开三胎生育，还给提供免费的孕检项目。老百姓生活水平提高了，干群关系也缓和了，过去是村干部主动找群众，现在是群众主动找村干部。

当前村干部的工作要说好做也好做，没有硬性任务压力了；要说不好做也不好做，很多涉及公共利益的事，诸如修路铺桥、水电改造、治安维护等都因为集体资源匮乏、村委会又没有有效的手段制裁个别人“搭便车”的行为而无法实现。实际上，这种变化也反映了当前乡村社会治理中的困境。农业税费改革后，中央政府不再向农村索取资源，反而向农村输入资源，但这种改革只是暂时拆除了激化矛盾的引线，在一定程度上缓和了“三农”问题在农村社会的表现，并没有从根本上解决“三农”问题，农业落后、农村衰退、农民收入低的问题仍然存在。干群关系是缓和了，但实际上也是疏远了。村委会没有资源，也没有能制约“搭便车”村民的有效手段，最终使得整个乡村社会陷入集体行动的困境①。这不仅不利于乡村社会自身的发展，对于整个社会的发展也是极为不利的。

以乡村社会治安为例，现在留守在乡村的多是老弱妇孺，乡村社会远离县城，公共设施不完备，一旦出现治安问题即使第一时间报警，民警亦不能在短时间内到达现场，于是有些犯罪分子就专挑留守在农村的老幼妇

① 贺雪峰：《农民组织化与再造村社集体》，《开放时代》2019 年第 3 期；贺雪峰：《如何再造村社集体》，《南京农业大学学报》（社科版），2019 年第 3 期。

孺下手，实施违法犯罪行为，给农村社会治安造成一定的威胁。针对此问题，李村村委会曾经也想过办法，因为没有集体资源，便采取每户收取 10 元，大家集资来解决经费问题。但因少数户拒绝缴费，最终这个事情不了了之。这样的事情，在既无区位优势亦无特色产业的绝大多数的中西部普通型村庄是一种常态。究其原因，农业税费改革后的各种惠农补贴绕过村委会直补到户，实际反映出各级政府对村委会的不信任。但在当前的现实情况下，很多工作还需要借助村委会才能开展，没有了资源和制约村民的手段，村委会要想有所作为也只是空谈。即使是当前乡村振兴中的各项资源的输入，没有了村委会的有效运作和积极配合，也不能达到预期的成效。在农民原子化和乡村社会离散化的现实情况下，像村委会这类基层组织的功能和地位不仅不能弱化，反而应该加强。鉴于税费改革前的乡村社会权力内卷化情况，可以通过驻村第一书记的示范引领，加强上级部门、社会第三方和村民对村委会工作的监督来实现。乡村振兴首先要解决的是当下的村委会在乡村社会现实生活中的地位和作用问题，需要这些基层组织发挥什么样的功能和作用，就必须赋予其相应的权力和资源并做好监督，否则村委会基层组织不可能有所作为。以李村为例，如果驻村第一书记没有省委专项资金的支持、帮扶单位大量的资金投入，驻村第一书记再怎么努力恐怕也不会有今天的成效。但现实情况下，很多农村不可能有李村这种力度的人财物外部帮扶，它们在当下的乡村振兴中该如何发展？另外，像李村这样的村一旦撤除外部帮扶，还能不能维持现在的势头并发展下去？这都是有待继续深入研究的。

根据对现任村支书李某祥，曾任村支书李某中、李某星的访谈，村委班子建设一直不是很健全。以前很长一段时间内，村委班子只有村支书（总揽全局）、妇联主任（主管计划生育）、会计（主管财务），另外还有一两个人作为辅助人员。以往村委开展工作时，主要由村委班子人员和各村组组长（也叫生产队队长）共同配合完成上级各项工作。村委会干部基本上在下辖的 4 个自然村中均衡遴选（每村 1 人）。2006 年农业税费改革后，村委班子建设虽然进展比较缓慢，但开始逐渐完善。2007 年至 2008 年，是村支书兼任村主任；2008年年底至2009年年初，增加了村主任，但同时兼任副支书。目前村委班子人员情况如下：村支书李某祥、村主任丁某明、村务监督委员会主任郑某玉、村妇联主任王某娟、扶贫信息员刘某丽。社会保障信息员张某纪和卫生健康信息员徐某花，则协助村委开展日常工作。加上驻村第一书记，共计8人。

根据对驻村第一书记李霄同志的访谈，了解到其工作开展具体模式如下：在日常工作开展中，主要由驻村第一书记领导村委班子处理村务，实行5（村委班子核心成员）+2（协理员）+2（后备干部）+10（村民代表）模式。凡是涉及村庄集体利益的重大决策，由第一书记带领的村委班子组织召开包括村内党员群体、积极分子群体和村民代表（村民代表由村民选举产生，每15~18户推选1人，目前全村431户，共推选出来村民代表19人）参与的集体会议，集中讨论后举手表决形成集体决策，坚持“四议两公开”[①]。在两任驻村第一书记的带领下，李村的村委工作模式开始逐步走上正轨。同时村务定期公开、自觉接受村民的监督，也有效提升了农村基层党组织的公信力。2018年6月，李村基层党组织先后被中共楼乡委员会和中共D县县委评为“先进基层党组织”。

无论是对村委会干部还是帮扶单位几任帮扶干部（包括驻村第一书记[②]）的访谈，课题组发现李村村委会建设和工作运行是在帮扶单位特别是驻村第一书记派驻后才开始逐渐步入正轨。无论是日常工作推行、规章制度建设，还是党建工作开展，在驻村第一书记的示范带头作用和日常监督下，村委会干部对村委工作的认识和态度有了很大的转变，随着党员觉悟和党性修养一起提升的还有工作的积极性和主动性，村委会工作的日常开展也得到了党委政府和广大村民的认可与支持。

---

① “四议”指的是党支部会议提议、“两委”会商议、党员大会审议、村民代表会议或村民会议决议；“两公开”指的是决议公开、实施结果公开。

② 王明哲、蔡淑熙、卢丽羽、薛钰洁：《干部驻村制度作用研究——以农村基层党组织建设为例》，《当代农村财经》2019年第5期；贾姝宁：《乡村振兴战略视角下“第一书记”引导乡村治理新模式》，《改革与开放》2018年第2期。

李村村委会的转变证明，有了外部强有力的党建引领和精神扶持，农村基层干部的工作积极性就能被调动起来，并成为在乡村社会推进农村社会治理工作中的主体力量。如毛泽东同志所言：“一切我们领导的地方，无疑有不少的积极干部，群众中涌现出来的很好的工作同志。这些同志负担着一种责任，就是应该帮助那些工作薄弱的地方，帮助那些还不善于工作的同志们作好工作。”[①] 因此，在乡村振兴为乡村输入人财物各种资源的同时，更应该花气力、下功夫，为乡村社会培养一支高素质、有担当、有能力的农村社会基层组织队伍。这支队伍必须由对乡村社会发展有清楚认识、能力强、愿意深入农村做基层工作的人领头，广泛吸纳乡村社会的积极力量，如此才能真正贯彻落实乡村振兴。

（二）党员群体

党员群体，一直是村庄治理中的核心领导力量。李村的情况也不外如此。目前李村包括驻村第一书记在内，全村共有党员 30 人。其中，大概有 10 人是大中专院校的毕业生，他们属于村庄里党员群体中的流动群体，只是因为毕业后暂时未能就业，而将党组织关系转回到村内。这些人的党组织关系虽然在村里，但他们基本上没留在村里，对村里的事情也没有太多的关注，更没有参与热情和积极主动性。这个群体中一旦有考研或者考公务员成功者，就会把自己的党组织关系转出。因此，实际上能在李村日常工作中发挥稳定作用的党员群体，大概只有不到 20 人。除去村委干部中的党员和在外务工不常回家的党员，能参与并协助村委日常治理工作开展的大概只有 10 人，而且这 10 人年龄普遍偏大，在 60 岁到 80 岁之间。在这 10 人中，有五六名都是年轻时在部队入的党，他们复员回到村里后，大部分都曾先后进入村委会担任过村干部，剩下的是村委会从村庄内的积极分子中发展入党的。这些人相比普通村民，政治素质比较高一些，他们对村务比较热

① 《毛泽东选集》第一卷，人民出版社 1991 年版，第 140 页。

心热情，也能理解村委会日常治理中所遇到的难处，一定程度上能协助和监督村委会的日常治理工作开展，必要时也能表现出舍弃小我利益顾全大局的牺牲精神、起到榜样示范的作用①，但毕竟年老体弱，在原子化和离散化的农村社会，他们更多的时候是处于一种心有余而力不足的状态。

不论是现任村委会干部，还是村庄中年老党员，他们对村委会后备队伍建设面临青黄不接的状况（目前的村委会干部中，村支书、村主任和村监委主任的年龄分别为54岁、55岁、55岁，最年轻的党员只有1人，年龄40岁，入党积极分子1人）都感到忧心忡忡。为此，现任村支书也在培养发展党员的党建工作上花费了比较大的精力，但收效并不是很显著。在村委会培养发展党员工作方面，首先得号召村里面积极有为的年轻人写入党申请书，经村委会集体讨论、民主决策后从中选取3人作为入党积极分子的候选人上报乡政府，由乡政府组织集中进行为期一周的学习培训，待学习培训结束后，由乡里面从这3人中择优遴选1人为预备党员。以前是每年每行政村发展1人，现在是每两年每行政村发展1人。在最近5年时间内，李村委会共培养发展党员4人，但3人选择外出打工，还有1人（女性，1979年出生）目前是预备党员（也是村委会干部中最年轻的党员），现在担任村委会妇联主任（日常与丈夫在砖寺街上经营超市，照顾孩子，一女两子目前都在本地小学和中学就读）。另有1人在去年通过村民选举进入村委会，女性，30岁，现在还是入党积极分子，虽然第一书记做了很多思想工作，但该同志因孩子上学、家庭经济压力大，多次向第一书记提出辞职，准备外出打工。另外，在当前的村委会工作中女性的村干部数量增加（4人），这种现象一方面体现了农村女性社会地位的提高，另一方面也反映出当前农村更多的是老弱妇孺留守的事实。女性村干部，往往在工作之余还承担着照顾老人和孩子的重任，在村委会工作中投入的时间和精力都受到很大

① 如曾任李村支部书记的李某中，老党员，2015年村委会修建文化广场时占用了他家部分耕地，他主动收割庄稼腾地，也没有到村委会要补偿。他家耕地因为修建村庄公共设施先后被4次占用，他都积极主动地配合支持村委工作。

的限制，而且因为家庭的需要她们可能随时会退出村委会工作，增加了村委会工作的开展和队伍建设的不稳定性。

在 2015 年之前，即第一书记没有常驻村委会开展工作之前，由于村委会办公场所缺乏和村委会干部整体认识不够等因素制约，包括党员教育、党员培养、党员民主生活会等在内的党建工作，很多的时候流于形式，党员群体基本上一年才开一次集体会议。在 2015 年第一书记常驻村委会办公以后，党建工作有了很大的进步和提升，党员群体基本上一月能召开一次专题会议，并由第一书记集中上党课。据李村现任第一书记李霄介绍，自他 2018 年 1 月上任到 2019 年 7 月 31 日课题组成员对李村进行实地调研之前的这一段时间内，他已经为李村的党员群体集中上了 19 次党课。这 19 次党课一般都是在村委会集体会议后的党群联席会上讲，时间控制在半小时内，内容主要围绕中国共产党第一次全国代表大会上的 13 个代表生活的时代背景和个人的人生经历来讲，注重党性教育，参与者不只限于村庄内的党员群体，村民代表和积极分子都可以参与到党课中来，跟着党员群体一起学习提高。通过集中上党课，党员群体普遍认识提高，能认识到村干部工作更多的是一种使命和责任，调动了他们的工作积极性；参与学习的群众代表和积极分子也收获较大，对村委会工作的开展有了一定的理解和支持，群众对包括村委会在内的党员群体的信任度也有了较大幅度的提升。现在的李村，党群联席会前先上党课，已经成为日常工作的固定安排。

党员群体，是群众的引路人。党员群体发展，既影响到乡村社会的基层党组织建设，又关系到整个乡村社会的稳定。村委会党建工作中，针对党员群体，必须加强党员教育，提升党性修养，让党员群体在群众中发挥正向作用；非党员群体，要做好党员发展工作，虽然青壮年劳力大量外出，但只要农村社会还有人群，就应该优先在这些人群中发展入党积极分子。乡村社会的党员群体教育中，在强调党员奉献精神的同时，也可适当地根据情况给予党员群体中的困难党员各种帮扶。只要做好了乡村社会的党员群体工作，可以说乡村社会的治理就有了最为坚实可靠的支持力量。

这里以李村的一些党员为例，就能看出党员群体在乡村社会中的作用。

【案例 2–1：乡村“包桌”的党员】

李某言，1979 年生，1995—1998 年当兵，因父亲是厨师，他在部队也学过厨师，复员后承包过乡政府食堂、跑过船、开过车、在饭店当过厨师，几经周折后开始做农村包桌生意，可以上门服务，亦可承办宴席，是村里面最早开始干这行的，也是坚持到现在生意还不错的——现在一年平均能做 6000 桌左右，一桌的纯利润在 30~40 元，年收入在 20 万元左右，属于村里面的富裕户。盖了五六百平方米的大院子，可以一次承办五六十桌宴席，同时为孩子在县城买了房子、在村里盖了房子，个人对自己的生活现状还是很满意的。虽然文化程度不高，但鉴于在部队受的教育和个人的努力，比较正直，责任心比较强。因为一直生活在村里面，他对各家各户的情况也比较了解，在闲暇时间会主动配合村委的工作，文化广场就在他家旁边，每次村委会在文化广场举办集体活动他都积极配合做好后勤保障工作，所用水电也都从来没有找村委会要过补偿。其低保户的老岳母因为没有分到春节慰问品而去找村委会时，他自掏腰包购买米面油送到老岳母家却谎称是村委会给发的。他对村里组织的捐款捐物也是只多不少，还协助村委会义务改造低保户的安全饮用水。在他的带动下，他的妻子也成为乡村社会活动中的积极分子，只要村委会工作开展有协助需要，她都会支持丈夫并积极参与，曾义务参与为贫困户马存平家安装自来水。

【案例 2–2：主动“捐羊”的老党员】

马某九，1931 年生，老党员，人民公社时期曾担任过生产小组组长，两个儿子，大儿子结婚后分家，与没有结婚的小儿子生活在一起。因为妻子常年有病并需要人照顾，家中经济状况较差。2016 年年初成为建档立卡贫困户，村委会对其进行了多项帮扶。在 2017 年上半年的养殖帮扶中，他家获得 5 头母羊和 1 头公羊（价值约 5000 元）的帮扶，但当时他家因为缺乏劳动力（妻子病重需要儿子照顾，马某九本人年事已高），马某九主动找到村委会，让村委会协调把羊捐给其他的贫困户来养殖。或许这并不是什么大事，但是与之形成鲜明对比的是一些贫困户即使自己没有能力养殖也非得要羊来养，把羊拉回家里后却又私下偷偷卖掉。在现在的乡村社会，对于贫困家庭来讲，5000元也不是个小数目，甚至有些人家里有房有车有存款还眼红贫困户得到帮扶，到村委会找村干部吵着闹着要当贫困户，而这位老党员却用自己的行动再一次证明了党员无私奉献的精神。在妻子过世后，他在能照顾自己生活的情况下，让儿子外出打工，并在2016年年底成为脱贫户。在对他的访谈中，他也多次提到党员就得要有一定的觉悟，他现在年事已高，虽然不能为村委会干什么具体的工作，但会尽最大的能力去支持配合村委会的工作。历经新中国成立以后的各个时期，他对今天的生活格外有感触，对自己的党员身份也非常骄傲。从他身上，我们看到了共产党员高尚的品格，也看到了党员群体在乡村社会发展中的积极作用。

在对党员群体的访谈中，他们对驻村第一书记派驻后李村的党建工作也给予了高度评价，党建工作大大加强、党员素质和党性修养得到提升，党员群体在乡村社会中的引领作用得到加强，但他们对乡村社会的党员发展和基层组织的队伍建设也流露出青黄不接的担心。不能说每一位党员的素质都很高，但从整个群体来讲，党员群体的整体素质还是比一般的村民要强。无论是正值壮年的李某言还是年事已高的马某九，作为党员，他们都表现出了党性修养和高尚品格，在农村社会起到了一定的榜样示范和精神引领作用。李某言现在被作为李村的后备干部在培养，马某九也曾经干过村民小组组长。由此可以看到，乡村社会的党员群体，过去是、现在是、未来还仍然是乡村社会治理的骨干力量。

三、积极分子群体

（一）积极分子的发现与培养情况

积极分子群体，是农村社会发展与治理的中坚力量，正因为有了他们的主动参与和积极配合，农村社会各项工作的开展才能得以顺利推进，政策才能得以贯彻落实，他们是农村社会发展的源源不断的内生力量。对于长期从事农村基层工作的村干部来讲，在农村这个熟人社会中，积极分子的发现并不是难事。在各项农村工作的推进中，那些有能力、责任心强、做事公道的人，会积极主动地配合村委会的工作，在集体利益与个人利益有冲突的时候，有些人甚至愿意牺牲一定的个人利益来顾全大局，他们在普通群众中会有一定的威信和影响力，为群众所信服。

当然，积极分子群体也是在不断变化的。有的人在有利益企图时可能表现非常积极，一旦没有利益企图时可能表现不积极甚至对村委会工作有抵触情绪或心理；也有些人可能因为思想认识问题而会表现消极，但一旦思想认识得到转变也可能会成为村庄中的积极分子；有些人有公心、责任心强，有成为积极分子的潜质，但也可能会因为种种因素，诸如时间精力有限、与村委会干部不对付而对村庄事务敬而远之。由此就可以看到，积极分子的认定更多的是倾向其积极主动参与的“态度”和奉献精神。“积极分子是那些在村庄公共生活中投入比普通人更多热情的村庄精英，他们可能是不在乎经济利益的村干部，也可能是拥有特定文化资本的其他精英。”[①] 以上种种，存在多种现实原因，积极分子个体虽然会不断变动，但作为群体，在乡村社会治理中还是有着非常重要的影响和示范作用的，也是在乡村基层治理中必须要借助的正向力量。

在农村社会，任何一项政策的推进和落实，总有些群众可能会因为种

① 张世勇：《积极分子治村》，山东人民出版社2009年版，第166页。

种因素而采取观望态度或会有从众心理，即“不落后但也不出头，最保险的是随大流”。这时候，积极分子的作用就显得尤为重要，他们的积极示范就是一种正向助力，实际起到了对这些观望的群众在精神上或心理上拉一把的作用，以推动各项政策的贯彻落实。在农村熟人社会中，人们会不由自主地进行不同程度的攀比，正是这种攀比（积极向上的攀比），一定程度上也推动了各项工作的贯彻落实和整个社会的发展前进。在农村有句话叫：村看村、户看户，老百姓看村干部。如果是群众威信比较高的人担任村干部，绝大部分村民都会支持和配合他们的工作，村干部的各项工作自然就好推进了，所以在农村社会中绝大部分的村干部往往来自积极分子。

这样的情况在李村，也不例外。如现在的村支书李某祥在 20 世纪 90 年代，就是最早走出农村社会走南闯北、有过很多社会阅历、眼界视野都比较开阔、个人能力比较突出的村民积极分子之一。正因为这样，当时的村委会干部主动上门做工作，将他纳入农村基层干部队伍中来。从生产小组组长到文书，从村主任到村支书，在农村基层干了 20 多年。李某祥书记的工作能力非常强、在村民中的威望非常高，也得到帮扶单位周口师范学院的历任驻村干部的肯定和赞赏。同时，李某祥书记也非常注重自我学习提高，在干好村干部工作之余，他还通过自修的方式拿到了市委党校的本科学历证书，这在当前的绝大部分土生土长的农村基层干部队伍中并不多见。

李村的积极分子培养，一般都是借助以下途径来实现。

一是让积极分子协助处理一些辅助性村务，诸如村民残疾证、慢性病卡办理，需要逐一通知到有关个人，并指导填表；协助村医务室对全村公共绿化带进行防蚊防蝇的药物喷洒；协助村委会清理村庄卫生死角等。在这个过程中，积极分子对村庄整体基本情况加深了解，也得到展示个人能力的机会，让村民对积极分子有所了解，促进村民与积极分子的双向交流，以便形成良性互动。

二是借助村民婚丧嫁娶的场合，发现并培养积极分子。李村的白事有让村干部和村民参与的传统，白事的组织安排也是农村社会的大事，以往基本上由村干部出面，但现在村干部都主动退出，向主家推荐合适村民人选，借此机会使村民积极分子得以发现或者得到培养锻炼，并树立积极分子的群众威信。这种场合下，即使村民与主家或者村民与安排事的（在李村俗称“大总”）先前存在个人矛盾或纠纷，这时也都会抛掷“昔日恩怨”以白事安排为重。当然，能否安排妥当，让村民和主家都满意，也是对积极分子综合能力的一个极大的考验。

三是发动村民推举村民代表，从村民代表中选取积极分子进行培养。在李村，村委会一直有依靠村民代表群体推进工作的传统。李村目前共431户、1760人，为了有效治理村庄，最大限度地将村民纳入村委会工作中来，平衡村庄发展，村委会干部在4个自然村均衡分布，另外按照自然村的户数推选村民代表，每15~18户推选出1人，村民代表主要负责了解村民信息，反映村民诉求，参与村委会集体会议，宣传动员并协助村委会的各项工作安排。村民代表是配合村委会深入了解群众、做好基层工作的得力助手。经过一段时间的实践检验，那些态度不端正、行动不配合的村民代表会被淘汰出局，村民会重新推选新的村民代表，在这个过程中，最终留下来的村民代表基本上都是村里的积极分子，村委会通过他们可以推进各项工作，也可以通过他们更多更全面深入地了解群众、加强群众教育，并结合他们的评议和推选，将更多优秀的农村积极分子纳入村委会的党建和后备干部队伍建设中来。

（二）积极分子的不同类别

李村大量外出务工的青壮年劳力（据村委会有关数据统计，常年在外务工的青壮年劳力大概400人左右），使得村庄内部存在一定程度的空心化。目前长期生活在村庄的积极分子大概有100多人，根据他们在农村社会中的现实情况大致分为以下几类。

1. 致富能手型积极分子群体

家庭经济条件比较好的人，往往也是村庄精英，但不是所有的村庄精英都是积极分子。家庭经济状况较好的积极分子，在村民中会有一定的威信和影响力，他们参与协助处理村务时，能有效利用各种社会资源发挥正向影响。如李村的村民代表马某文，靠着自己的勤奋踏实，率先开始家庭养殖，在村里起到了很好的示范作用。

【案例 2-3：养鸭致富的村庄能人】

马某文，1966 年生，曾长期在建筑工地干小工，现在在家养鸭，是村里的养殖专业户。他去年才开始养鸭。之所以养鸭，是因为年纪大了，身体不好，建筑工地上的小工干不了，儿媳妇小姨家是养鸭的，在这层关系的帮助下，他也开始投资盖鸭棚准备养鸭，并在事前到村委会进行了咨询和报备。养殖开始一个月后，县土管所检查以鸭棚占用可耕地为由，要求其缴纳 1.6 万元的罚款并限期拆除鸭棚、恢复耕地。他及时向村支书李某祥求助，村支书据理力争，与县土管所进行了协商，解决了问题。马某文进行了整改，最终交了 3000 元罚款保住了鸭棚。因为是公司 + 农户的性质，养鸭并不需要特别的技术，所承担的风险也不是太大，第一年收入 6 万元左右，今年又扩大了养殖规模，保守估计收入将会超过 10 万元。除了养鸭之外，还种着七八亩地，儿子夫妇在邻乡街上一家超市打工，家庭收入在李村算是中上等。自鸭棚事件后，原本就是村民代表的马某文对村委会的工作更是积极支持配合，严格按照村委会要求做好鸭棚周边的清洁卫生工作，村委会的工作安排只要自己有时间就会尽力参加并给予协助，积极做好村民代表的辅助工作。提到农村社会的发展，他认为农民致富不能光靠种地，还要多利用现在政府给予农村的各项惠农政策，幸福的生活是实干出来的，对政府的各项支持农村发展的政策、帮扶单位给予的资助和村委会给予的帮助，在访谈中他多次表示肯定和感谢，并主动向村民分享养殖经验。在他的带动下，同村村民马某升也投资 18 万元，加入了养鸭的行列。在鸭棚建设过程中，他鉴于自家鸭棚差点被拆掉的经历，也给予了马某升很多审批程序上的建议，使其少走了很多弯路。

像马某文这类积极分子，他们长期生活在乡村社会中，对当下村庄中的各种情况比较熟悉，比较正直，又有一定的责任心，关心支持村委会工作，因为接受过村委会的帮助，对村委会在乡村社会的作用有亲身体验，也对当前的社会发展现实和农村社会发展趋势比较了解，思想觉悟比一般农民要高，有一定的威信。这样的积极分子，是当下农村社会内生力量中的中坚力量。如果能将这样的“中坚农民”加以思想引领并吸纳、充实到党组织队伍中来，必然有助于乡村社会的发展。

当然，在对马某文的访谈中，课题组也留下思考，就是在乡村振兴的过程中，政府各职能部门如何协调、同频共振。现在从上到下各级政府都在提倡增加农民收入，但当像马某文这些人找到了比较好的致富门路时，却因为事先不了解相关政策而违规，如果按乡土管所要求限期拆除鸭棚、缴纳罚款，他必然要承受较大的经济损失。虽然这件事最后靠着组织协调，最终鸭棚保住了，但给这类致富积极分子却带来了不小的心理震动，在同村村民马某升建鸭棚的时候，在选址和办相关手续时就按照规范程序办理。当然在这个过程中，据马某升自己讲，办手续花了 2 万元且耗时 2 个月才办下来，以致鸭子进棚也推迟了 2 个月。在这个过程中可以看到现在的农民办点事还是比较难的，且不说农民自身可能缺乏相关的知识，相关部门在农村社会的各项政策宣传过程中，是否真正宣传到位、至少宣传到村委会，让村民在办事之前明了政策，在已成事实的基础上能不能各部门相互协调采取适宜的方式，在尽量降低负面社会效应的同时照顾到农民的利益，而不是以简单粗暴的罚款拆除方式来解决。

2. 文体积极分子群体

李村 4 个自然村的文体积极分子，主要以中老年妇女为主体。文体活动的最先发起人，是老家在李村但现在居住在县城的一位 70 岁左右的老太太（因为她常住在县城，所以未能采访到她本人）。她是干部家属，退休后赋闲在家，也有相关才能，便在节假日回李村组织了大概十三四个中老年妇女打腰鼓，还经常组织联系她们去外地参加演出，一般一场下来能收入 500~800 元。对这些因为各种原因留守在家的中老年妇女来说，休闲时间打打腰，鼓既锻炼了身体，还能增加一部分收入。这些参加打腰鼓的中老年妇女也主要是来自村庄中家庭经济收入比较好，而且有精力、有能力、有时间的村民（一般是孩子上中学，只有周末假日才回家，又不需要看小孩）。

【案例 2-4：打腰鼓的村民郝某丽】

郝某丽，1978 年生，村中相对富裕户，一子（17 岁）一女（4 岁），曾和丈夫在北京卖了十六七年的菜，3 年前回到家承包土地 40 多亩，种红薯．丈夫和儿子在郑州干消防生意，家中经济条件非常好。当腰鼓队刚刚组建时她就是其中的积极分子。谈及为什么参加腰鼓队，她说闲暇时间闲着也是闲着，也没有其他的休闲方式，打打腰鼓锻炼锻炼身体、打发时间。2018 年 6 月，李村的腰鼓队在 D 县第十届职工运动会竞赛中还获得了优秀奖和最佳编排奖。除此之外，李村村民自发组织了广场舞队（有些村民在外打工时学会的，回来教给大家，形成一定的队伍后就自己在网上看视频跟着学）和篮球队，村里出资为他们配备了基本的音响设备，修建了篮球场地，购买了篮球架。

长久以来，由于经济发展的落后和交通条件的限制，乡村社会的文化休闲娱乐生活一直是治理的盲点。乡村社会的文化休闲娱乐也多以自发的打牌、喷空儿（聊天）和看电视为主。课题组通过对富裕户郝某丽的调研，发现她的想法实际也代表了很多文体积极分子的心声，反映了当前农村地区休闲娱乐生活的单调，说明富裕起来的村民对健康的休闲娱乐生活的需要和渴求。在调研中课题组发现李村还有一个能容纳 700 人左右的基督教堂，这也是该县西北部最大的一个教堂，占地面积近两亩。根据我对负责人的访谈，教堂里还可以开伙做饭，以前很多留守老人周末都带着孩子过来，老人听讲教、小孩唱圣歌。后来，在各级政府加强宗教管理、不允许未成年人进入宗教场所的规定出来后，村委会支持各自然村成立了腰鼓队、广场舞队和篮球队，去教堂的人就少很多了。通过教堂信众人数前后对比，可以发现，在乡村社会，如果村民的休闲娱乐需求得不到满足，必然会给其他思想的传播留下空间。“意识形态的阵地，如果我们不去占领，别人就会去占领。”“仓廪实而知礼节”，在经济发展、温饱问题业已得到解决的基础上，如何丰富村民的文化精神生活、倡导建立健康文明的娱乐休闲方式，是当前乡村社会基层组织需要花心思、下气力、亟待解决的现实问题。

3. 热心社会公益积极分子群体

比如协助村务、修桥铺路。这类积极分子，家庭经济收入水平不一，通俗地说，属于有钱出钱、有力出力的群体。有些积极分子，家里经济收入较高，对村委会号召的捐款捐物往往都比较热心，支持力度也比较大，家里经济收入或者劳动能力比较差的积极分子，无法在金钱上支持和配合村委会工作，但在义务劳动帮忙清理公共卫生死角的时候或者帮助其他贫困户时却非常热心。

【案例 2-5：热心村庄公益的村民王某井】

马庄的王某井，1967 年生，两个儿子，大儿子已经结婚并分家单过但需要帮忙照顾小孩子，二儿子尚未成婚，目前在外打工。丈夫先前在外打工，后家中公婆先后病倒并去世，都是自己和丈夫在家照顾，其他兄妹都不管不问，只在老人去世时回家看望并兑付丧葬费。丈夫自家中老人去世后，也因肝硬化、冠心病等丧失劳动能力在家养病，家中现在的经济收入主要靠种地和小儿子务工。因儿子盖房成家，加上丈夫看病吃药，家中经济状况并不是很好，还欠有外债。2018 年，村委会为其丈夫办理了低保和慢性病补助。虽然无法在经济上支持和配合村委会工作，但她却积极协助村委会，帮忙保管和安排自然村广场舞队的音响设备，诸如充电、搬运和维护等，村委会组织义务劳动，去村中贫困户家中打扫卫生她也积极参与。在对她的访谈中，她多次提到这都是力所能及的事情，而且从自身经历中体会到远亲不如近邻，所以愿意用自己的实际行动为大家做些事情以回报所受到的恩惠和关怀。

在乡村社会，有一些家庭收入一般但很朴实的村民，他们或许不是今天世俗的“精明人”，但却守护着乡村社会中的温情。许多人曾感叹曾经守望相助的道义，为何现在只剩下功利主义的盘算。市场经济的驱动，很多人都在匆匆忙忙往前赶、算计着经济上的利弊得失，却忘了自己出来赚钱的初衷；感叹人情的淡漠，却忘了自己何曾热情对待过别人，以致基本的伦理道德才会在乡村社会日渐扭曲、失范①。

从对积极分子的访谈中，可以看到不管是家庭内部的养老还是社会交往中的合作，现在的乡村社会，缺的不是头脑精明的富人和能人，缺的是知恩图报、修身养德的“君子”。只有乡村社会中有一批传播并守护正能量的“君子”群体存在，乡村社会在经济发展的同时才能守住本心，才能真正实现“放得下乡愁”的乡村振兴。

干部、党员、积极分子，这三部分群体历来是我党发动和推进农村社会工作的重要力量。这三者并不能截然分开，可能互相重合或部分重叠，特别是党员和积极分子群体。在党的领导下，农村基层组织的干部必然来自于党员群体，但党员的最初发展基本上都来自积极分子。积极分子的出现或许与个人野心或利益有关，但最后能获得政治承认成为党员并被录用为干部，必然要注重其个人能力、品德和群众威信的综合评价。乡村社会振兴过程中，如果干部、党员和积极分子这三部分群体的积极作用被调动并凸显出来，外界的帮扶和未来发展才能达到预期的成效。

① 在访谈中还有这样一个事情，村民马某升准备在村边荒地上盖鸭棚，需要租用几家的荒地，一说要租用，那些荒地的承包人开价每年 800 元一亩，态度上还不太情愿（实际按照村中的行情，正式的耕地每年 400~500 元一亩的租金），但为了能盖鸭棚养鸭，他还找人从中协调，请这几家荒地的承包人吃了好几回饭才高价承租下来。这实际反映出有些村民的一种负面心理：我得不到的东西也不能让别人轻易得到（由此可见群众教育还有待加强）。

第三章
下沉落地：帮扶村庄治理内容

在当前村庄“人”“财”“物”持续流出，村落日益空心化、老龄化，农业收入在农户家庭收入比重下降的背景下，中西部农村“老人治村”现象突出——由于对网络、计算机等工作中必须运用的新技术或新设备比较陌生，加之对国家政策的领会、解读能力较差，政策宣传与贯彻不到位，群众对基层党支部村委疏离，致使国家政策贯彻不精准、公共产品供给不足，“自治”秩序运转不顺，“他治”衔接不畅……在此情况下，需要外部力量的补足，帮扶治理应运而生。

那么，帮扶型村庄治理的主要内容是什么？何处异于自治型村庄？而且，经过持续帮扶治理，相比自治村庄，帮扶村庄发生了什么变化？进而，帮扶实践是否具有可复制性、帮扶型村庄能否形成一种治理模式？

一、帮扶村庄治理的内部结构与规范统合

如何帮扶？帮扶什么？对此问题的回答，首先需要回答一个前提性的问题，即村庄层面的内部究竟有哪些力量，相比其他类型的村庄，帮扶型的村庄内部结构又有何不同。

（一）帮扶型村庄治理

概念梳理。从概念层面，帮扶型村庄治理是与自治型村庄治理相对而言，是对村庄自治的培育与增强。基层群众自治是我国基本政治制度，2006 年取消农业税后，国家与农民之间的关系发生了根本变化，即由“汲取型”政权向“悬浮型”政权转变，乡村基层组织越来越“悬浮”于农民。① 基层党组织软弱涣散，失去了与国家资源对接的能力，实践中出现“公共资源悲剧”，大量扶贫资源被“精英俘获”，出现乡村治理的内卷化。“帮扶”治理旨在培育村社集体的自治能力，加强基层组织建设，增强与国家资源顺利对接的能力。

在政策与文本层面，帮扶型村庄治理是指依据国家与政府相关政策与文件，由行政、事业单位与具体村庄原有治理力量形成一种结对帮扶关系的治理。相对于其他村庄，帮扶型村庄由结对单位选派优秀干部到村任第一书记，且派出单位通常有一定资源注入村庄，第一书记的选派范围、人选条件、职责任务、专项经费资金使用、日常考勤、管理考核、组织领导等在政策与文本层面都有明确规定。由于第一书记的驻村帮扶有着明确的职责任务、管理考核与任期限制，帮扶型村庄治理虽然会对原有村庄治理格局产生一定影响，甚至对新型权力治理格局予以强力塑造，但帮扶治理本身并不会损害村民自治，更不是村庄自治的权力替代。

帮扶村庄的内部结构。帮扶型村庄打破了村庄原有治理秩序和治理格局，内部存在着驻村第一书记、村“两委”干部、积极分子与村庄能人、普通村民等四重关系。从治理目标有效达成的意义上，四种村治力量如何在包括贫困在内的治理实践中形成良好互动，便成为制约帮扶村庄治理是否有效的关键因素。四种村治力量在治理场域中的影响因素与各自作用，有所不同。

① 周飞舟：《从汲取型政权到“悬浮型”政权——税费改革对国家与农民关系之影响》，《社会学研究》2006 年第 3 期。

首先，驻村第一书记作为外来者，嵌入到村庄原有治理格局中。“嵌入”的意思是第一书记在村庄治理场域中，不能独立行动，必须与村庄原有治理力量特别是村“两委”干部一起，在取得信任的基础之上，进行某种协同一致的行动①。这意味着作为嵌入者，在没有取得村庄原有治理力量的信任之前，驻村第一书记的行动面临着各种结构性障碍。然而，作为外来者，第一书记有着自身的治理优势，在任期任务和考核的压力下，驻村的目的就是工作，携带着大量扶贫资源的第一书记行动时也无需顾虑乡土社会的人情、宗族等因素的羁绊。

其次，村“两委”干部作为村庄的原有治理力量对驻村帮扶本身持有复杂而矛盾的态度。一方面，村“两委”干部对携带着大量公共资源的第一书记持“热烈欢迎”的态度，积极配合第一书记开展工作，因为“两委”干部也想改变村庄的贫困面貌，甚至在配合工作的过程中占有、获取某些公共资源；另一方面，村“两委”干部对第一书记非常戒备，表现为各种不配合、拖延或观望，以各种理由否定第一书记的做法或冷眼旁观，因为第一书记的官员身份代表着较高的行政权威，可能会损害其自身在村庄治理格局的原有权威②。第一书记是临时、外在的，村“两委”干部则是长期、内在的。第一书记如何应对村“两委”干部的这种复杂态度，关系着帮扶村庄治理的成败。

再次，村庄内部存在和潜在的以各种精英与积极分子为代表的治理力量，是帮扶村庄治理成效是否可持续性的关键。村“两委”干部是原先村庄治理力量的主体，然而，基层组织的软弱涣散却在某种程度上表明原有村“两委”干部的能力、知识结构等无法胜任当前脱贫攻坚的治理任务，更不用说新时代乡村振兴的艰巨任务。作为内生治理力量，村庄精英通常比普通村民拥有更多社会资源和一技之长，能对发展起到带动和推动作用；

① 唐兴霖、李文军：《嵌入性制度供给：第一书记帮扶农村基层党组织建设的行动逻辑》，《行政论坛》2021 年第 4 期。
② 刘建生、涂琦瑶、施晨：《“双轨双层”治理：第一书记与村两委的基层贫困治理研究》，《中国行政管理》2019 年第 11 期。

积极分子则更积极响应与配合党员干部开展工作，愿意为村庄事业牺牲自身利益，是未来发展的重要支撑力量。因而，帮扶治理过程如何识别这部分治理力量并将其与纳入村庄正式治理格局，特别是解决对他们的激励问题，是组织再造的重要组成部分。

最后，以普通村民为代表的村庄治理力量，由于信息成本与参与意愿的双重制约，在与第一书记、村“两委”干部为主体的互动过程中，对帮扶村庄治理的态度有着显著不同，既表现为基于信息不充分下的不参与或被动参与，也表现为基于信息充分下的主动参与。

贫困群体本身就是参与能力弱的群体，难以融入村庄，贫困的边缘地位使得贫困群体难以享受到本应作为村集体成员可以享受到的福利，获取的信息有限；而且，乡村治理中政策信息传递并不均衡，主要依靠熟人相传的非正式渠道，如和村干部的私人交谈、熟人间的饭局等，由此形成一个恶性循环：贫困导致边缘化获取信息少，获取信息少又反过来强化了边缘化。[①]在政策信息、扶贫项目、利害关系等基本信息的宣传不到位的情况下，普通村民参与国家扶贫项目执行的主动性很低。帮扶治理过程如何实现普通村民主动充分参与，实现精准帮扶，在帮扶过程中切实地提高贫困群体自身的发展动力和发展能力，是衡量帮扶治理成败的根本所在，是实现由“输血”到“造血”的根本路径。

总之，以集体再造为根本目的的帮扶型村庄治理，在村庄治理场域中需要以规范的方式对村治格局中的各种治理力量实现统合，在良好互动的关系中、在协调一致的行动中对组织软弱涣散的村社集体实现再造，构建一种有效且良好的内在运行机制。依据2015年7月2日中共河南省委组织部、农村工作办公室以及省扶贫开发办公室三部门印发的《关于全面开展选派机关优秀干部到村任第一书记工作的实施意见》（豫组通〔2015〕18号），在驻村帮扶工作中驻村第一书记需要承担四项职责任务，即建强基础组织、

① 谢小芹：《“接点治理”：贫困研究中的一个新视野——基于广西圆村“第一书记”扶贫制度的基层实践》，《公共管理学报》2016年第3期。

推动精准扶贫、落实基础制度与办好惠民实事。在李村的定点帮扶工作中，两任第一书记对集体的再造也是围绕着这四项职责，着力打造一支“永远不走的工作队”。

（二）建强基层组织，抓班子转作风

基层党组织领导下的农村集体所有制是中国革命取得伟大胜利的决定性因素。“村是中国最基层的地方，缺少了集体主义和集体经济，村子就涣散了。巩固农村集体所有制和加强党支部在农村中的领导作用，是农村改革中的两件大事。”[①] 可以说，基层组织软弱涣散、年龄老化是制约李村脱贫致富的首要症结，驻村工作队从村室改造、树立形象、加强教育和转变作风四个方面，由外到内对李村基层组织予以再造与强化。

一是改造村室，建设阵地。李村村委会原来只有 5 间平房，没有围墙，地面杂草乱生，甚至连厕所都没有。为改善村级“两委”班子活动场所和村民娱乐活动场所，驻村第一书记顾磊书记协调派出单位周口师范学院划拨专项资金 12.6 万元对村“两委”班子活动场所进行建设改造，现已全面竣工。此外，顾书记协调周口师范学院为新建村室配备多媒体设备、电脑音响、文件柜、50 多套桌椅；协调周口师范学院组织部捐赠了党建制度匾额 1 套、党建书籍 100 多本和“两学一做”学习教育资料 30 套。通过村室改造，李村的基层阵地建设得到改善，党组织的形象得到稳步提升。

二是正心正身、以身作则，树立党员干部形象。从担任李村第一书记之日起，顾书记就面临着村干部的消极工作状况，遭遇到结构性困境。顾书记驻村后，曾多次提出到贫困家庭中走访，村干部都有意无意地推托了。对类似行动困境，他的应对是坚持每周“5 天 4 夜”驻村工作，融入农村生活，每天深入农户了解情况，主动拜访村里有威望的老者和能人，以实际行动证明自己到李村是想做事、想干事的，不是过来混日子的，让村委班

① 邢小俊：《国家战略：延安脱贫的真正秘密》，陕西师范大学出版社 2021 年版，第 59 页。

子和广大村民看到各级政府对精准扶贫的决心。2018 年 7 月 31 日，村民 M 家发生火灾，第一书记李霄书记带领村支委成员 5 名共产党员冲进救火第一线，李书记还冒着生命危险从火场中抢出液化气罐。以驻村第一书记为代表，党员干部的先锋模范作用在危难险重的紧要关头得到充分彰显。

三是加强教育，讲好系列党课，开展特色党日活动，规范基层组织生活，增强发展的使命感、紧迫感。驻村工作队把讲党课作为认真落实“三会一课”等基础制度重要抓手，2018 年共向全体党员和群众代表讲了 12 期党课，其中包括《从中共一大代表的迥异人生谈中国革命的艰辛和必然》系列党课 9 期。“先讲半小时党课”，已经成为李村党员群众的自发要求和村党群联席会的固定安排。此外，与派出单位周口师范学院进行基层组织共建，开展了一系列特色党日活动，如 2017 年 11 月，顾磊书记组织村党支部委员赴新乡县刘庄村学习史来贺、到辉县学习张荣锁精神；2018 年 5 月 11 日至 13 日，李霄书记带领支委成员到林州学习“自力更生、艰苦创业、团结协作、无私奉献”红旗渠精神；8 月 6 日至 8 日，李书记带领村党支部委员赴全国美丽乡村浙江余村、鲁家村、环溪村开展“李村党支部美丽乡村浙江行”特色党日活动，深入学习美丽乡村的理念、规划和发展经历，亲身感受在习近平总书记“绿水青山就是金山银山”的“两山理论”指导下的中国最美乡村的魅力；9 月 5 日，李书记带领村“两委”班子到郸城县汲家镇谢寨村开展以村集体产业发展为主题的特色党日活动。通过特色党日活动，支委班子开阔了眼界，提升了认识，统一了思想，锤炼了党性，增强了发展的使命感和紧迫感。

四是转变作风，抓村“两委”班子建设，突出党支部的战斗堡垒和党员的先锋模范作用。只有建强村委班子，建强基层组织，解决村委班子“想干不会干，想干不敢干”的问题，才能全面推动李村的发展。为此，一方面，顾磊书记特别注重与村委班子谈心交心，向村委班子宣讲各项新的政策，引导他们转变观念，树立起抢抓发展机遇改变村庄面貌的信心。因势利导，加强对各项制度的遵守和执行，特别是重点推行“四议两公开”工作法，增强村“两委”民主决策意识，以便后续工作开展。如复核贫困户让群众全程参与，增加了群众的认同和信任度，减少一些不必要的麻烦，达到群众的满意。另一方面，顺利完成 2018 年村“两委”干部的换届选举，将 2 名年轻的致富能手和积极分子纳入村“两委”，为村庄治理输入年轻而有活力的新兴力量。2018 年全年，李霄书记先后组织村支部委员和全体党员参与各类学习教育活动 31 次，召开了 1 次支部民主生活会，培养入党积极分子 2 人，发展党员 1 人，1 名预备党员如期转正。

（三）推动精准扶贫，抓项目重整改

推动精准扶贫是帮扶村庄治理的重要内容。“驻村帮扶”制度所以孕育与广泛运用，很大程度上就是为了解决扶贫对象瞄准不精准的问题。实践中，正是精准扶贫才让驻村工作队的其他各项工作有了抓手和平台。在精准识别贫困户基础之上，坚持对建档立卡贫困户实施“规划到户、措施到户、责任到人”的精准帮扶，坚持扶志与扶智相结合，注重“输血与造血”相统一的思路，扎实推动精准扶贫各项工作。

一是通过民主决策精准识别贫困户，落实扶贫政策。顾磊书记经过半年多走访与调查，运用“一进二看三算四比五议六定”的六步工作法，经群众、教师代表、党员评议，经过公示，确定 28 户为精准扶贫户。根据贫困户致贫原因和具体实际，逐户落实教育扶贫、医疗扶贫等有关政策。帮助贫困群众办理养老保险；为 5 户贫困户实施了危房改造，为 7 名贫困户实施了“六改一增”；为 7 名残疾人申办残疾人证书，为 6 名新增贫困残疾人申请残疾人两项补贴，为 5 名残疾人申请医疗器具，实施无障碍改造；为 28 个贫困户申办到户增收和光伏带贫；为 6 个贫困户申办务工奖补；为 28 个贫困家庭办理企业带贫；及时调整低保，为家庭突变困难的陈某英等 17 名群众及时申报低保，做到应保尽保等。

二是落实国家省市县各级扶贫政策，查问题，重整改，不断提升扶贫、脱贫的精准度。李霄书记按照 D 县县委“百日会战”“百日冲刺”工作部署，通过认真开展精准识别“回头看”“五个自查”“五个清零”“五个提升”等工作，对达到脱贫标准的2户贫困户，按照有关要求退出贫困序列。对家中出现重大变故的1户6人进行及时帮扶，按照既定程序及时纳入贫困序列。此外，针对2015年脱贫户马某某不愿享受贫困政策的情况，驻村工作队与村“两委”多次到其家中讲政策、做工作，解除了他心中的顾虑，并于当年10月份回退到贫困序列。

三是着力发展村集体经济。2018年形成以“两站两厂”为主体的集体经济框架。“两站”54千瓦和70千瓦两个村级光伏电站。两个电站均已并网发电，每年向28家贫困户每户发放670元带贫资金，能为村集体增加约5万元经济收入。“两厂”指村里的两座扶贫车间，每年为村集体经济增加6万元收入，提供50个工作岗位，带贫17个建档立卡户，带贫率达到30%。2018年，李村村集体收入达到14.4万元。

（四）落实基础制度，规范权力运行

驻村工作队带领村“两委”在扎实做好农村各项基础制度的执行和落实工作基础上，面对新问题新情况，尤其是如何使用村集体资金、倡导勤劳致富，积极思考，大胆尝试，用制度改进服务，约束权力运行。

一是健全日常工作制度。在落实支委会、党员大会、村民代表会等制度的基础上，建立了《干部值班制度》《工作例会制度》等，形成了每天有值班、要事有记录、工作有安排、问题有反馈的工作秩序。两项制度从2018年3月19日开始执行，至今未曾中断。

二是坚持“四议两公开”，认真落实基层民主科学决策制度。如2018年全年运用“四议两公开”工作法9次，要事大事等决议“上墙”公开12次，接受村民监督，村民信赖感和满意度显著提升，村“两委”和党员群众的参政议政和民主决策意识得到显著增强。

三是认真落实矛盾调解化解制度。建立起由村“两委”干部担任成员的矛盾调解化解组织，形成了驻村工作队监督指导、村干部协调负责、在矛盾各方具有一定威信和话语权的干群具体参与的矛盾调解化解工作方式。如2018年全年调解化解矛盾15个，尤其在李村基础设施建设、处理日光温室遗留问题和门第宗族事务中，发挥了显著作用，没有发生一起上访事件，促进了农村和谐稳定。

四是建立务工激励制度，树立自食其力、勤劳致富的正确导向。驻村工作队经过深入调研，结合两个扶贫车间提供的工作岗位出台了《李村扶贫车间务工奖励办法（试行）》，到扶贫车间务工的贫困村民，除可获得正常务工收入外，村集体还从收益中拿出其收入总额的1%对其进行奖励。针对失去劳动能力的贫困户，为鼓励其直系亲属在扶贫车间务工，李村决定从租金收益中拿出务工收入的0.5%~1%对其父母进行补贴，努力扩大扶贫车间的带贫范围，提升带贫功能。目前，务工奖励金已发放1次，共发放12人517元。

五是设立奖优济困基金。为树立奖优济困的正确导向，为贫困村民提供稳定持续的帮扶支撑，为遭受天灾人祸群众的家庭提供必要的经济保障，经村党支部提议，村“两委”会商议、党员大会审议、村民代表大会决议，决定每年从扶贫车间租金收益中拿出5000元，设立奖优济困专项基金，并制定出台了《李村奖优济困基金使用规定（试行）》。2018年，奖优济困基金已经按照规定启用两次，一次是拿出600元增加2016年脱贫户郑朝灵家庭收入；第二次是使用2000元为贫困户马某某家东屋屋顶进行翻修，并夹隔房间，安装两扇房门等，使其83岁老母亲在冬至之前搬入安全住房。

（五）办好惠民实事，扩大群众参与

按照办实事、惠民生的职责任务，在落实各项脱贫攻坚工作要求基础上，坚持以项目为载体，扎实推进工作环境、生活环境、人文环境的综合治理，扩大群众参与，并取得了显著效果。

一是实施村庄提升工程，改善人居环境。按照美丽乡村建设的要求，投入资金70余万元，实施市级文明村提升工程。依托派出单位的资源优势，

以“水墨乡愁”为主题，对李村、丁庄两个自然村进行设计改造。工程包括村庄形象提升、废旧坑塘整治、主干道路加宽、村庄美化绿化、休闲广场建设、文化氛围营造等内容，着力打造让村民听得见鸟声、看得见碧水、记得住乡愁的美丽宜居乡村。同时，不断加强村庄日常保洁，注重调动享受国家政策的贫困户、低保户等参与公益事业的积极性，对陈年垃圾进行集中清理，注重发挥公益性岗位的作用，建立了17人的村庄卫生监督员、宣传员和保洁员队伍，使李村的村容村貌得到明显改善，广大村民的良好卫生习惯初步养成。

二是让党员和群众代表参与到贫困户识别与退出、扶贫项目实施、扶贫资金的使用、低保动态调整等具体工作之中，充分发扬基层民主，积极向党员和群众代表做好政策宣传，并由他们进一步向村民宣讲党的政策，解答群众的疑惑。毛泽东曾强调：“共产党人无论进行何项工作，有两个方法是必须采用的，一是一般和个别相结合，二是领导和群众相结合。”[①] 通过加强政策宣传和入户走访工作，提升群众扶贫政策知晓率和满意度。在村委会、村文化广场竖立17块宣传栏、公示公告栏，并为每个自然村安装扶贫专题宣传板，将贫困户的识别和退出标准、不能识别为贫困户的9种情况和享受国家有关政策的各类名单向全村公开，接受群众监督。驻村工作队2018年进行了7轮覆盖全村431户的工作走访，采用赠送生活用品、发放普惠政策宣传单、张贴扶贫政策明白卡等方式，深入宣传党的扶贫政策。此外，在全村道路两侧制作文字、图画和标语近百幅，浓厚脱贫攻坚良好氛围，把扶贫政策宣传到家家户户。

三是促进文化事业发展。支持村民开展形式多样的文化活动，为村民购置便携式音箱2个，安装体育器材17套，播放电影4场次，开展文艺演出5场次，支持村民自发组织腰鼓队、舞蹈队，开展积极向上的文化娱乐活动。结成驻村帮扶关系以来，派出单位周口师范学院每年都组织文艺团

① 《毛泽东选集》第三卷，人民出版社1991年版，第897页。

队、书画专家教授为李村送文化送春联，丰富村民的文化生活。暑假期间，李霄书记通过协调，在李村小学开展支教活动的同时，挑选健美操专业优秀大学生帮助村腰鼓队和舞蹈队提升表演水平。2018年5月，丁庄自然村腰鼓队在D县总工会、教体局联合举办的“体彩杯”全面健身月活动暨第十届职工运动会竞赛中荣获“最佳编排奖”和“优秀奖”。

四是以“两建三扶四评”为抓手，坚持党支部引领作用，树立让村风民风好起来的目标，成立红白理事会，完善村规民约，利用闲暇、下雨天，举办讲孝、讲法、讲和、讲政策活动，引导乡风民风不断向善向上。采取“乡贤荐、群众评、支部议、榜上亮”形式，持续开展“一会四评”活动，评选出“孝老爱亲”“清洁卫生”“勤劳致富”等模范群众16户。通过党支部引领和模范农户的带动作用，李村婚事新办、丧事简办已经蔚然成风，隐瞒收入争当贫困户的现象得到有效遏制，“等靠要”不良风气得到根本扭转，村民参与集体公益事业的积极性明显增强，村风、民风得到一定好转。

二、“精准”帮扶

李村的改革发展与中国的改革开放同步，尤其在周口师范学院结对帮扶后，各项经济社会发展指标明显提升。2013年修小学门前道路；2015年争取上级资金120万元重建小学；尤其是2015年第一书记进村到第二任第一书记任满的四年间，伴随国家政策、资金下乡以及帮扶单位投入，共有约2000万元进村——项目和资金的数量都是周边村庄的10倍以上。村庄的道路、广场、文化室、小学、大棚等硬件设施条件实现急速跃升。包括村集体经济也已经是双份（其他贫困村只有一座扶贫车间和一座54千瓦光伏电站），很多方面已经远远超过以往。就村民而言，经过精准识别、脱贫攻坚，符合政策的农户已经得到了帮扶单位和国家政策的帮扶（低保、五保、光伏带贫、企业带贫、养殖、种植、科技扶贫等），基本的生活条件得到保证。对于贫困家庭而言，以“输血”为主的外在干预也已经基本饱和。

（一）因村制宜

1. 基础设施建设

（1）道路

“要想富，先修路”这句谚语深刻地反映了道路在现代经济体系下的重要作用。但是，道路不仅作为交通运输通道，促进经济繁荣，更是一种文化和社会交往通道，甚至是区分等级的一种标志。对于李村这个普通的平原小村落来说，道路不仅是联通外部的通道，更是体现村落在区域社会中地位的一种重要标志。原同属一个大队的砖寺行政村因临近县道——一条比较宽敞的柏油马路，发展比较好。李村则离县道还有五六百米的距离，虽说不是太远，但这个距离已经深刻地影响了村庄的发展。在 2013 年结对帮扶之前，李村不论是通向其他行政村还是四个自然村之间没有一条水泥路，都是土路。一到雨雪天气，道路泥泞，人员车辆通行艰难。一些条件比较好的其他乡镇女性嫁到李村，有的都不愿意回李村居住，一个在县城居住的李村媳妇说：“都不愿意回去，一下雨都进不去，下脚的地方都没有。”

在这种背景下，修路就成为帮扶单位和扶贫村的共同意愿。2013 年，当时国家和河南省的政策是定点扶贫。“当时的扶贫工作思路是省直机关单位包一个扶贫点，这个村子就是定点扶贫村。省直机关有钱，得挤出来点钱帮人家致富。咋致富就是想办法给人家做好事，干几件实事。”[①] 在国家的政策背景下，帮扶单位的主要任务就是为扶贫点干几件实事。由于资金来源是扶贫单位，因此这一时期，干的基本上都是花销不太大但却能明显体现工作业绩的事项。送东西、修路等基本上成为定点扶贫的主要事项。对于帮扶村庄李村来说，只要有外部输入资金，不论干什么事情都是支持的。因此帮扶单位负责解决修路资金来源（对外），李村负责确定修哪条路（对

① 课题组对第二任驻村书记李霄的访谈，周口师范学院学报编辑部办公室，2019 年 9 月 14 日。

内），这种内外比较明显的关系模式成为这一时期的主导，即驻村干部基本不涉及村庄内部治理、家族关系等。

李村普遍比较恶劣的道路系统和李村 4 个自然村的关系结构决定了选择修哪条路成为一个重要的公共问题，既考验支部书记治理村庄能力，也考验着扶贫村和帮扶单位之间的关系。李村内部有 7 条连接不同自然村间的主要道路，先修哪条路意义非凡，这极大地考验了党支部书记李某祥的村庄内部治理能力——只修一条路的背景下，自然村内的道路是不会修的，这会破坏 4 个自然村之间的关系平衡；通向其他村庄的东西主干道也不会修，因为这条路太长，花费的资金太大，这是帮扶单位所不愿意的。具体的修路进程如下所示：

① 2012—2013 年，苏明忠修李村自然村到村小学一段路，800 米，3 米宽 ×0.15 米厚 ×800 米，水泥路，周口师范学院出资 4 万元，资金入 D 县农建办，县招标、乡政府落实，正常需 15 万元左右，其余县农建办解决。

② 2013—2014 年，王新社争取县扶贫办资金，从丁庄到李村自然村，1500 米。2.7 米宽 ×0.15 米厚 ×1500 米，水泥路。项目由县政府招标。

③ 2015 年，顾磊趁省委组织部副部长周滨来调研的机会，争取县支持，修砖寺村到袁张桥村一段路。4 米宽 ×0.18 米厚 ×2000 米。

④ 2016 年，4 个村，村村主干道，带胡同修。3000 米。

⑤ 2017 年，顾磊争取修建小胡同路、英庄去学校路、马庄去学校路、马庄村主干道。

⑥ 2019 年，李霄利用省派第一书记 50 万元专项经费，用于英庄、马庄两个自然村的村内道路修建、绿化美化等项目，缩短与李村和丁庄的总体差距，实现 4 个自然村的均衡发展。修英庄、马庄、丁庄所有胡同。

（2）学校

①苏明忠书记一到李村就打报告要修学校、盖教学楼，周口师范学院、县里没钱，未果；2014 年，周口师范学院党委副书记王书记，替李村小学向市教育局申请了 120 万元危房改造经费，王新社作为周口师范学院派出的

扶贫队长，全程跟进。从经费顺利进入 D 县教育局，到顺利下拨楼乡，再到项目资金稳稳落地李村小学，王新社多次奔波，村支部书记李某祥全程陪同，大约进县城去教育局七八趟，去楼乡中心校七八趟，终于使项目落地、资金顺利到位。

项目由县政府招标。施工队进入后，除了监理部门外，工程质量由李村监管，支出工程款由王新社、支部书记李某祥共同签字支出。王新社原先是周口师范学院的基建处长，对建设项目比较熟悉，多次现场查看、促进，项目进展比较顺利。2015 年 9 月，顾磊作为省派第一书记进入李村时，学校教学楼的主体已经盖好，只剩下门窗和内外粉刷。2015 年 10 月份，趁带队慰问贫困户之机，周口师范学院党委副书记王书记、D 县李县长，共同现场查看了李村新盖的教学楼，在现场，王书记作了教育对于村庄发展、消除贫困代际传递意义的讲话。

② 2016 年秋季开学前，顾磊协调周口师范学院捐赠桌椅板凳图书，价值约 10 万元。

③ 2017 年，D 县教委拨专项资金用于村小学地面硬化、体育设施。

（3）村卫生室

2010 年建成，属于乡卫生院分支机构，由乡卫生院建。2018 年冬，为迎接突击检查，县里督促连夜换设施、粉刷墙壁、铺地面等。目前由丁庄医生丁某印家庭式经营。

（4）自来水

2009 年，上级拨专项资金建设，农户交 180 元，安装水龙头、水表、池子、台子。10 年来运行正常。

（5）村室项目

① 2009 年，全省统一图纸建村室。李某祥用自己 1 亩责任田换 0.46 亩地。2009—2019 年，共 11 年，没给承包费。

② 2015 年年底，周口师范学院捐修通往袁张桥路，先扩建村室，后修路。用了 30 万元项目款的一部分。

③ 2016 年，顾磊书记购置办公用品、桌椅。

④ 2018 年，为实施村室提升工程，建强基层阵地，第一书记李霄协调资金 20 余万元，为村室更新办公桌 4 张、会议桌 1 套、文件柜 4 套，安装空调 4 台。对李村室进行升级改造，使李村的基层阵地建设得到加强，驻村工作队生活条件和村“两委”的办公条件得到改善，党组织的形象得到稳步提升。

⑤ 2018 年，为实施村庄提升工程，改善人居环境。按照美丽乡村建设的要求，投入资金 70 余万元（周口师范学院 40 万元 +D 县 30 万元），实施市级文明村提升工程。包括文化广场、墙体美化、坑塘治理、村室升级改造，修建公示公告栏，村室前的广场，丁庄、李村转角广场并添置健身器材，马路加宽 0.5 米；村标大石头等。

⑥健身广场设施

2018 年，使用李霄书记省派第一书记专项资金 50 万元，用于添置设施。

2. 产业工程建设与养殖业种植业发展情况

（1）扶贫车间

2017 年，顾磊专项资金 45 万元在村西边建设；2018 年县扶贫办拨款约 55 万元在村东边建扶贫车间，约 55 万元。

（2）光伏电站

2018 年，李霄书记专项资金建设 1 个光伏电站，位于学校楼顶及其院内；2018 年县发改委资金建设 1 个光伏电站，扶贫车间东南角地里。

（3）养殖业

丁某、丁某光两家养鸡场，都在丁庄西边。其中丁某光养 5000 只鸡，约 92% 产蛋率，每天 2 两料（3 毛钱），5 成利，投资 50 万元。蛋率到 80% 左右、利润降到 50% 以下就把鸡淘汰。丁某光本人还在为别人开罐车。

马某文养鸭子，马某升，鸭棚已经建好，即将开始进鸭苗；都是 1 亩的棚，可以养鸭子 3000 只左右。

（4）种植业

李某山，承包几十亩地，种辣椒、花菜等；丁某，建简易大棚种菜。

目前，党支部推进李村大棚种植户建立合作社，与周口师范学院生命科学学院张福丽教授团队合作，进行土壤有机改良实验，争取用3~5年时间，取得国家有机认证，从而提高种植业附加值，带动产业发展，增加农民收入。

李村共有41个蔬菜大棚种植户，其中大部分由李村村民承包。关于棚户种植及其收入情况，可以以徐某花家为例说明。

【案例3-1：种植帮扶的徐某花】

徐某花，女，48岁，楼乡孔集村人；丈夫李某47岁，乡卫生院拍片员（接父亲班）。夫妻育1女1子，女儿22岁，婆家已经定好，未婚；儿子在河南牧业经济学院读大二。公婆去世。全家共2.7亩地，种大棚1个，换出去1亩多地，自己剩1亩地，租种马庄3亩地、别人3亩（人家收麦、自己收秋）。闲时在扶贫车间打工、跟着李某伟下乡包桌干活。收入：大棚2万（成本4000元左右），丈夫工资每月3000~5000元不等，麦子、秋作物卖8000~9000元，打工10000元左右，自己工资每月450元，加上其他，估计近10000元。年收入约8万~10万元。

支出：大棚、庄稼成本，吃饭穿衣，估计2万元左右；最大支出：大学生培养，学费9000元，生活费每月2300元左右，女儿给弟弟买衣服，总计大学生每年要支出4万元左右。估计每年结余2万元以上。没有汽车，有电车、三轮车。闺女：在天津一个服装批发市场管仓库，每月工资5000元左右，自己留用。

想再干一个大棚，但不愿意影响丈夫工作，一个女人家，又干不过来，把一个大棚搞好就行了。现在愿意升级改造大棚土壤，与支部书记李某祥等8户一起，在周口师范学院的帮扶下进行改良实验①。

① 贾滕访谈塑料大棚种植户、村卫生管理员徐某花，村室（李某祥办公室），2019年9月29日。

可以看出，相对高附加值的蔬菜大棚种植业，在农户的收入结构中占比例较高，对于农户收入有相当大的意义。

大棚种植户的土壤有机改良升级的背景为：2019 年 6 月份，村党支部带领部分棚户去河南牧业集团内乡基地调研。回来后村支部进行反思，与河南牧业集团现代化的有机大棚种植相比，李村的大棚种植在“管理与技术”“品种”“有机土壤”等 3 个方面存在差距。但是，技术与管理、种子可以通过周口师范学院的帮扶以及与河南牧业集团签订协议得以解决，唯有土壤有机改良、有机农业专业机构认证，是瓶颈，必须下决心通过 3 至 5 年的持续努力得以解决，而且，必须组建农业合作社，实现适度规模经营，降低成本。欣喜的是，周口师范学院主管科研的毛校长、科研处陈处长，已经带着周口师范学院生命科学学院张福丽教授团队进入李村，挂起“周口师范学院科技扶贫基地”牌子。张福丽团队先后 2 次捐献有机菌肥 11 吨，与部分农户签订“合作实验”协议，开启合作之路——将来考虑实行“公司 + 农户”模式运营。这与国家战略是一致的——饭碗必须牢牢端在自己手里，不但要端稳，还要端好，确保粮食安全[①]。

村支部书记李某祥也说：

周口师范学院王俊生博士的周油 589 油菜在村里试验成功后，现在年年种，有几十亩。也有集中土地种植的想法，包括麦子，都想与市农科所签协议，直接种麦种。但是，青壮年都出去了，老头老婆在家，缺劳力、技术，集中地也困难。（李某祥强调）对农民教育很重要——农民思想退化严重，群众会都无法召开，没有集体意识；需要国家政策支持，比如“地补”，就应该改变一下补助方式，目前我们李村一年补 100 多万元，十几年补了 1000 多万元。但是该种地的，不补也种；不种的，补也不种。应该考虑把这些钱用在公益事业、基础设施、村里集中的产业发展上。目前只能村干部、

① 贾滕对驻村第一书记李霄访谈，在从周口师范学院去李村室的车上，2019 年 9 月 29 日。

党员、积极分子、群众代表起示范作用，慢慢由点开始[①]。

一部分理念较为先进的村民，追随现代农业发展潮流，跟随村支部步伐，走向追求产业兴旺之路。

（二）因户制宜（养殖、种植户帮扶）

1. 种植、养殖

（1）大棚种植户：李某亮

据村民李某亮介绍：

2019 年包了一个大棚，准备栽番茄，从种到收要 3~4 个月。番茄从 1 月初开始结果，前后能卖 1 个多月，等到春节的时候，卖得既贵又快。去年番茄的价格挺好，平均每斤 2.7 元，卖了 2 万多块钱。但是由于产量少，番茄成熟后得自己收，收了之后自己拉到县里面，再批发给别人。另外，过了夏天可以种些黄瓜，种植山东嫁接的那种，时间长一些，质量好，一年收入 1 万多块钱。大概 3 个月时间就开始慢慢结果了。家里面吃的菜都从棚里面摘，价格高的时候，把好的卖出去，自己吃剩下的形状不太好的。一个大棚一年收个三四万没问题。

（2）梨树种植户：李某林（种梨）

据村民李某林介绍：

一共种了 10 亩梨树，其中的二三亩地是包丁庄的，其他的地都是自家的责任田。梨树的树苗是 3 年前买的，每枝 15 元，至于卖家从哪买的，就不知道了。这 10 亩地一共栽了 500 多棵果树，树苗总共花了七八千块，树上防鸟的网子每亩要 200 块钱，总共花了 2000 块，再加上有机肥料、农药、土地啥的，投资可不少。当时栽树的时候家里没那么多钱，政府也没有补贴，把外孙、外孙女的压岁钱都借过来了。

① 贾滕访谈村支部书记李某祥，村室（李某祥办公室），2019 年 9 月 29 日。

梨树今年开始慢慢结果子了，正常情况下每亩地平均能收3000~3500公斤。但是今年达不到，一般到第6年或第7年的时候才能达到这种收成。现在就是有点发愁果子将来怎么卖，梨子的价格一般都是1斤1块，由于产量少，只能自己拉到超市或者集市上去卖。

梨树种植技术都是自己慢慢钻研的。因为原来自己种菜，所以知道农药的用法。嫁接也是自学的，非常简单，嫁一棵成活一棵。另外，平常的防病虫害也得注意，得经常打药，不打不行。

（3）养鸭专业户：马某升

据村民马某升介绍：

养鸭总共投资18万元，其中2万元因为土地使用，交给土地管理所了。养鸭所占的土地是村里的荒地，自己通过交换才得到的。土地办的有土地建设使用证书，属于建设用地。

鸭棚是别人搭建好的，自己负责往里面弄东西就可以。鸭棚必须得干净，不然还得经常消毒。鸭棚占地1亩，加上旁边的活动区域一共2亩8分地。第二年夏天打算再建个水池，夏天热，影响鸭子下蛋。

养的鸭子不是本地鸭，是进的外地稻田鸭，这种鸭子产蛋量高。自己不负责找鸭子，老板找好了自己去看，相中了就买，相不中不买。老板全程指导——他们自己配的有药，该喂什么药，他们都知道，自己只管喂，出力就行了。鸭子40天左右开始下蛋，期限一般不会超过1年，大概10个月左右。过了1年产蛋率就开始下降了。淘汰的鸭子，老板按斤收走，每斤12~13元。随后老板卖给自己新的小鸭子，每只26元。

国家没有养殖补贴，规模化养殖有，散养没有。这里养鸭子的都是亲戚套亲戚，自己干肯定不行，跟着大家一起干，心里踏实点，有啥问题可以问别人。

（4）养鸭专业户：马某文

据村民马某文介绍：

养殖场总共投资20多万元，其中有10多万元是从亲戚那里借的。鸭棚是山东的老板来搭建的，每平方米30元。进鸭子、饲料、防疫、老鸭回收都是山东老板负责，自己只负责照顾。至于养殖场的用地，其中有1亩多地是和别人更换的，剩下的都是租自己亲戚的，价格还没商量，先用着，回头再说。之前开始养的鸭子，总共进了2500只鸭子，没敢进太多，害怕养不好赔钱。现在进的稍微多一些，达到3000只，总共花了十几万元。因为选的是大一些的，所以价格贵了一些，每只平均得二三元。

现在进的3000只鸭子都是青年鸭，长到100至150天的时候买过来的。养殖大概10个半月后就会被淘汰，淘汰后的鸭子卖给老板，老板再把新鸭子拉给自己。鸭子一般在10月中旬的时候进入产蛋高峰期，一天最少10多筐。之前养了2500只，一天收10多筐，现在养的多了，产蛋应该会更多吧。两口子一般都是早晨四点钟起床，开始捡鸭蛋，每天得捡两个小时左右吧。鸭蛋都是东北的老板派人来收，价格现在还不知道，应该比之前高，因为现在的鸡蛋就比之前高。

原来也没有养殖过鸭子，是儿媳妇让养的。自己身体不好，不能出去干活，儿媳妇就说在家里找点事干。因为自己亲戚在附近村庄养鸭子，去看了以后，觉得还可以，也跟着干起来了。至于养殖技术，平常喂的饲料、玉米、麸子都是山东老板配好的，1天喂养1000斤左右，每只鸭子每天需要3两饲料。另外鸭子要是有什么毛病了，打电话给老板，他就派人带着药过来了，怎么吃药、怎么打针、怎么配药等等都是他们管。

（5）养羊专业户：丁某良

据村民丁某良介绍：

周口师范学院为丁某良提供了6只羊，其中5只母羊、1只种羊。母羊1年能够生2窝，一窝二三只。每年一共能够新生10~12只小羊。小羊成活率比较高。第一年养的时候因为天冷，冻死了2只，后来就再也没有死过。每只小羊经过10个月的成长，可以长到80~100斤，平均可以卖1000元左右，每斤大概14~15元。现如今羊圈里还有32只羊。每年净收入1.5万~2万元。至于饲料，主要依靠传统方式养殖，喂些树叶、花生秧、草、红薯秧等农作物。

（6）养羊专业户：丁某祥

据村民丁某祥介绍：

周口师范学院当时给了丁某祥 5 只羊。现在棚里有将近 40 只了。到了过年的时候每只成年羊大概能卖 1000 元左右。平常的草料是自己准备的，没事都得去找些草、树叶子、树枝、豌豆秧、花生秧，玉米也得弄一点。割草的时候得注意一些，有些草打了除草剂，羊吃了之后不长肉，最好别割。

原来周口师范学院的老师请了一些养殖专家来给大家讲养殖技术，还发了一些书。买羊的时候，羊场的人也讲了一些养殖需要注意的情况。养羊最害怕拉肚子，羊场的人会提醒大家平常要预备些药和针。如果发现羊出现病情，及时打电话，他们会指导着给羊打针，打完了就好了。

2. 当前养殖、种植户存在的问题

调研团队走访调查发现，村内扶贫养殖、种植户的发展存在着一些不可回避的困难，主要包括以下几个方面。

第一，养殖、种植户经济基础薄弱，设施建设落后，抗风险能力不强。

由于村内基础设施相对薄弱，村中公路原来以土路为主，经过多年扶贫，有很大改观，现主要以水泥路为主。村内养殖产业在近几年才开始出现，主要经营者是当地的农民。受经济因素的影响，他们大多面临资金、人才、技术、设备等生产要素资源匮乏的困难，所养殖的畜种要么依靠周口师范学院捐助（主要是羊），要么依靠亲戚朋友借款购买（养鸡、养鸭）。由于没有坚实的经济基础做后盾，他们不能或不愿在基础设施上投入太多。他们利用自家土地或房前屋后养殖，圈舍简陋，管理粗放，基础设施不科学、不完善，对于自然灾害、疫病防治等没有坚实的防范系统，一旦暴发疫情，发生传染，后果不堪设想。

第二，科技含量低，养殖规模小，结构模式单一。

通过调查发现，李村的特色种植和养殖主要采取家庭种植、养殖模式。其中，特色种植以梨树、蔬菜大棚为主，特色养殖以羊、鸭、鸡为主。就种植、养殖技术而言，绝大部分种植、养殖专业户受文化水平的限制，没有接受过完善、系统的种植、养殖技术培训。他们知识水平低，缺乏科学系统的种植、养殖技术和经验，思想观念陈旧，不易接受新知识、新技能。另外，大部分种植、养殖户不了解市场行情，大多利用当地自然资源，发展以单个农户为主的分散式个体经营。这种分散式养殖规模小、效率低、利润低、质量差、结构模式单一，在市场上也没有足够竞争力，进而导致养殖经济效益不够突出。

第三，防疫及疫情监测意识缺乏，卫生条件差。

受经济条件的限制，李村种植、养殖户对疫情的监控防御几乎没有。个别养殖场所周围环境十分污浊，完全没有意识到病情可能带来的危害和消毒的重要性。即使是在清圈时，他们也只是在地面的粪便上垫些干土、干草，并未采取任何消毒措施。大多种植、养殖户并没有预防措施，只是在病情发生之后，才四处求医，询问亲友，对症下药。一旦处理不当或不及时，将严重威胁到人畜健康及产品质量。

3. 解决养殖、种植户问题的具体举措

第一，发展适合的致富项目吸引外出务工人员回流。

要想从根本上解决贫困户的致富难题，必须采取有效措施，因地制宜，利用适合项目帮助李村有劳动能力的村民从温饱水平发展到小康水平，然后扩展到整个乡村，促进村民整体富裕。由于受外出务工人员的工作条件、收入、子女上学等因素的影响，其生活条件仅能达到温饱而已，若是通过适合的致富项目吸引年轻劳动力回流，同时加大科技培训创新资金，加强养殖技术培训，提高农民素质，使种植户和养殖户掌握过硬的养殖、种植技术，使其生活和经济达到小康水平，那么老年贫困户的致富和养老难题就可以迎刃而解。

第二，整合资金，加大财政支持，发展特色农业。

政府部门和金融机构要积极支持能吸收贫困人口就业、带动贫困人口增收的优势特色产业，加大新型经营主体贷款支持力度，降低贷款准入门槛。政府部门通过贷款贴息等方式对企业或农民产业发展进行补贴，建立健全部门项目资金整合机制，把财政、扶贫、发改、农业、人社等部门和社会各方面力量整合起来，合力推进产业扶贫进程。

第三，加强技术支持，增强技术保障。

政府部门应邀请专业科研团队加强养殖、疾病预防、品种改良等技术培训，通过培训使各养殖户具备较为完善的繁殖、养殖、饲养管理、疾病防治防疫等养殖技术，提高养殖生产效率。同时还要力争依靠科技的力量，增加农产品的科技含量，延长农产品的产业链，从而增加农产品的附加值，增加农民的收益。

（三）因人、因户制宜的“三保障”

村庄里不同的贫困家庭，背后的致贫原因各有不同。以目前的经济发展水平与技术条件，解决“两不愁”问题并不难，而高昂的教育支出和繁重的医疗负担，才是压在贫困户心坎上的石头——“因学”“因病”等问题，很容易使脱贫户再次返贫，因而，解决义务教育、基本医疗和住房安全的“三保障”具有深层次意义——而且提高思想认识、教育水平、身体素质，无疑给贫困户提供了更多的能力和机会，使其可以主动寻找有效而持久的致富路子。

目前，在精准扶贫的大背景下，不管是帮扶单位周口师范学院，还是上级政府，都按照中央“两不愁三保障”要求，把大量的精力和资源放在了因人制宜、因户制宜的帮扶上。

1. 教育帮扶

目前，除了国家义务教育的普惠政策外，李村可以享受义务教育阶段费用优惠政策的建档立卡户共有60~80户，他们的子女可以享受公办（民办）学校住宿费减免50%以及民办学校学费减免50%的优惠政策。如附近民办、公办学校住宿费每学期1250元，建档立卡户子女上学住校时每学期只交625元即可——建档立卡户的信息，相关部门在网上都可查到。

如，贫困户李某志，家庭人口8人，劳动力2人。户主李某志，初中文化，身体健康，普通劳动力；妻子梁金英，健康，普通带动力；长女李某青，健康，现就读于运城师范学院；次女李某青，健康，现就读于河南职业技术学院；三女李某杰，现就读于郸城二高，高中一年级；长子李某新，现就读于郸城县郸城初中；次子李某强，健康，现就读于李搂一中；三子李某栋，健康，现就读于郸城县郸城英博学校。有承包土地2.41亩。住房为砖体结构，面积75平方米。李某志的6个子女均上学，家中主要经济来源是李某志外出务工和2.41亩可耕地收入，家庭教育支出非常大，经济较困难。周口师范学院结对帮扶的具体责任人陈喜玲在《2016年李村贫困户李某志帮扶计划》中，资助李某志5000元，帮助其家庭解决孩子学费及生活费；2017年为李某志之女李某青申请生源地助学贷款、为李某杰申请困难生补助；2018年为李某志之女李某青申请生源地助学贷款、为李某杰申请困难生补助，为其子李某新、李某强、李某栋申请困难生补助；2019年，李某志长女李某青大学毕业，次女李某青在浙江义乌酒店工作，经济条件有所好转，但全家仍有4个孩子读书，经济压力仍然较大，周口师范学院继续为李某志之女李某青申请生源地助学贷款、为李某杰申请困难生补助，为其子李某新、李某强、李某栋申请困难生补助。以2018年为例，具体情况见表3-1。

表3-1　2018年李某志帮扶工作台账

帮扶责任人：陈喜玲　　周口师范学院　　财务处处长

帮扶时间	帮扶项目	帮扶情况	帮扶完成情况
2018年1月16日	申请困难生补助	李某新同学在郸城中学获资助1125元	已完成
2018年1月16日	申请困难生补助	李某强在李村一中获资助1250元	已完成
2018年1月31日	申请困难生补助	郸城中学减免李某新学费1000元	已完成
2018年1月31日	申请困难生补助	郸城中学减免李某栋学费1000元	已完成
2018年2月8日	申请困难生补助	郸城二高减免李某杰学费720元	已完成
2018年5月28日	申请困难生补助	李某栋同学在郸城中学申请贫困资助金1025元	已完成
2018年10月30日	教育帮扶	郸城第一中学复习班（71）班学生李某杰享受校内资助（减免学费、住宿费）780元	已完成

续表

帮扶时间	帮扶项目	帮扶情况	帮扶完成情况
2018 年 10 月 30 日	教育帮扶	郸城二高一（1）班学生李某新享受秋季资助 1500 元，免除学费 520 元，免住宿费 200 元，共 2200 元	已完成
2018 年 11 月 11 日	教育帮扶	李村一中八（4）班学生李某强享受寄宿生资助 625 元	已完成
2018 年 11 月 12 日	教育帮扶	郸城中学九（8）班学生李某栋享受减免学费 1000 元，寄宿生资助 625 元	已完成
2018 年 11 月 20 日	教育帮扶	郸城第一中学复习班（71）班学生李某杰享受秋季资助 1500 元，减免学费、住宿费 780 元（2018 年 10 月 30 日已登记），共 2280 元	已完成
2018 年 11 月 30 日	慰问帮扶	向其 4 个义务教育阶段子女赠送 4 个书包，价值 240 元	已完成

又如贫困户马某平，家庭人口 3 人，劳动力 1 人。马某平现年 61 岁，小学文化，健康；妻子张某华，现年 46 岁，言语一级残疾，无劳动能力；儿子马某光，现年 8 岁，小学学生。全家耕地面积 3.78 亩。住房为砖体结构，面积 30 平方米。周口师范学院结对帮扶的具体责任人齐迎春在《2016 年李村贫困户马某平帮扶计划》中，提出“周口师范学院资助马某平之子马某光生活费及学费”。2017 年，除了资助马某光学费外，还为马某光申请贫困生补助；2018 年，周口师范学院计划资助马某光学习生活有关费用和资料；2019 年，继续为马某光申请贫困生补助，资助马某光学习生活有关费用和资料。以 2018 年为例，具体情况见表 3–2。

表 3–2　2018 年马某平帮扶工作台账

帮扶责任人：齐迎春　　周口师范学院　　工会副主席

帮扶时间	帮扶项目	帮扶情况	帮扶完成情况
2018 年 1 月 15 日	申请困难生补助	马某光同学获得困难生补助 1000 元	已完成

续表

帮扶时间	帮扶项目	帮扶情况	帮扶完成情况
2018年5月28日	慰问帮扶	周口师院王小燕捐助马某光电子手表1块、图书5册、T恤1件，折价400元	已完成
2018年9月4日	慰问帮扶	帮扶部门王小燕同志捐赠3件上衣、20支各类笔、20个各类笔记本、1双鞋、1双袜子、1本字帖、1个书包，价值350元	已完成
2018年11月12日	教育帮扶	李村一中七（2）班学生马某光享受寄宿生生活补贴625元	已完成
2018年11月26日	爱心帮扶	为马某光捐赠棉袄1件298、运动衫1套198、书1套（10册）160，合计656元	已完成

教育帮扶是对贫困户的“规定动作”。所有的贫困户，只要家有子女上学的，从幼儿园到大学，均享受国家相关减免政策与帮扶单位资助、帮助。以2018年为例，赵某荣帮扶工作台账见表3–3。

表3–3　2018年赵某荣帮扶工作台账

帮扶责任人：史留功　　周口师范学院　　人事处处长

帮扶时间	帮扶项目	帮扶情况	帮扶完成情况
2018年11月12日	教育帮扶	李村金鼎幼儿园中班郑某雯享受生活费、保教费、校内资助共1000元。其中500元打入银行卡	已完成
2018年11月12日	教育帮扶	李村金鼎幼儿园大班郑某涵享受生活费、保教费、校内资助共1000元。其中500元打入银行卡	已完成
2018年12月1日	教育帮扶	赠予赵某荣1个书包，价值60元	已完成

2018 年丁某中帮扶工作台账见表 3–4。

表 3–4　2018 年丁某中帮扶工作台账

帮扶责任人：皇甫海潮　　周口师范学院　图书馆党总支书记

帮扶时间	帮扶项目	帮扶情况	帮扶完成情况
2018 年 1 月	教育政策帮扶	丁某某同学享受义务教育阶段免费营养午餐，价值 400 元。	已完成
2018 年 1 月 15 日	申请困难生补助	京华学校七（4）班学生丁某某同学获得困难生补助 1000 元	已完成
2018 年 6 月 20 日	申请困难生补助	丁某某同学获得困难生补助 1000 元	已完成
2018 年 6 月 28 日	申请困难生补助	京华学校七（4）班丁某某同学获得春季困难生资助 625 元	已完成
2018 年 7 月 6 日	享受教育扶贫政策	王某中收到京华学校退还丁某某学费 1000 元	已完成
2018 年 11 月 29 日	教育帮扶	京华学校八（2）班学生丁某某享受免学费、教科书费，获寄宿生生活费资助 625 元	已完成
2018 年 11 月 29 日	教育帮扶	京华学校八（2）班学生丁某某享受免学费、教科书费，获寄宿生生活费资助 625 元	已完成

截至 2018 年，30 户贫困户（包括脱贫不脱政策户），享受教育优惠政策，或者帮扶单位帮扶资助的，累计有 8 户、12 名学生（包括学前教育）受惠，钱物折合受惠金额约 60000 元。

对于非贫困户，家中有孩子辍学的，村干部也多次登门了解情况，发动学校领导、老师，做家长孩子思想工作，争取促使孩子复学。如李某生儿子 14 岁，成绩较差，说是学不会，辍学打工。第一书记李霄、村支部书记李某祥以及学校领导、老师多次上门做规劝复学工作。

2. **大病救助**

因病致贫往往会使普通农户陷入物质再生产与人口再生产难以为继的生存困境。

如贫困户李某申，因意外事故叠加大病，家庭顿时陷入困境。

户主李某申，男，1958 年出生，文盲；妻子张某兰有病，1954 年出生，丧失劳动力；儿媳田某勤，1986 年出生，普通劳动力；孙子李某翰，2011 年出生，学龄前儿童；孙女李某琪，2013 年出生，学龄前儿童。全家 5 口人，劳动力 2 人，家中耕地面积 5.5 亩。现有两处房屋，李某申原有住房为砖体结构，面积 45 平方米；儿媳田某勤住房为楼房，建筑面积 240 平方米。李某申长子李某贤在 2015 年年初车祸去世，家中主要经济来源靠李某申外出打零工、土地收入、儿媳田某勤在李搂超市打零工，而李某申妻子张某兰患病，丧失劳动力，长期化疗，孙子李某翰在李搂天一幼儿园，孙女李某琪为学龄前儿童，家中生活开支较大，经济较困难。为此，周口师范学院的具体帮扶者联合李村党支部，对李某申制定了具体的帮扶措施。

一是开展健康扶贫。①大病救助。减免合作医疗缴费金额并对其大额医疗支出采取大病报补方式，以减轻其家庭经济困难，保障其家庭成员病有所医。②为李某申全家免费健康体检。

二是落实社会保障政策。①不定期进行爱心慰问帮扶，慰问生活必需物资，解决其家庭生活困难。②帮扶单位周口师范学院联系郸城县职业中专到村进行养殖技术培训。

三是保险帮扶。为其购买人身意外伤害保险。

四是帮扶单位帮扶。帮扶单位周口师范学院为其购买 5 只带崽母羊、1 只配种公羊，帮助其发展养殖业。

五是进行精神扶贫。①深入开展交流谈心，讲解扶贫政策，鼓励家庭成员树立积极向上的生活态度。②坚持经常性到户走访，帮助并督促其打扫家庭卫生，不断改善户容户貌。

以 2018 年为例，对李某申家的帮扶情况见表 3–5。

表 3–5　李某申帮扶工作台账

帮扶责任人：吴长春　　周口师范学院　　院办主任

帮扶时间	帮扶项目	帮扶情况	帮扶完成情况
2018 年 1 月 11 日	申请贫困生资助	李某翰获得博士双语小学贫困生资助金 1000 元	已完成
2018 年 1 月 16 日	发放爱心超市卡	领取爱心超市卡 1 张，价值 150 元，凭卡领取生活必需品	已完成
2018 年 1 月 23 日	文化帮扶	周口师范学院到村写春联送祝福，送戏曲文艺演出	已完成
2018 年 1 月 25 日	慰问帮扶	周口师范学院杨箴红、周文刚等到户春节前慰问，送米 1 袋、面 1 袋、油 1 桶，价值 400 元	已完成
2018 年 1 月 28 日	健康扶贫	郸城县第二人民医院到村进行免费体检，送医送药，价值 30 元	已完成
2018 年 2 月 10 日	慰问帮扶	楼乡政府赠送军大衣 1 件，棉被 1 条，价值 200 元	已完成
2018 年 5 月 7 日	免费提供花生种	免费供应花生种 40 斤，折价 280 元	已完成
2018 年 6 月 18 日	申请贫困生资助	李某翰获得博士双语小学贫困生资助金 1000 元	已完成
2018 年 6 月 28 日	健康帮扶	发放爱心药箱，价值 20 元	已完成
2018 年 7 月	转移就业	为张某兰提供村公益工作岗位，负责生活垃圾清运和村内卫生，每月工资 200 元	已完成
2018 年 7 月 8 日	文化帮扶	郸城县豫剧团到村开展“舞台艺术送基层”戏曲文艺演出	已完成
2018 年 7 月 14 日	减免学费	李某涵享受博士双语小学学费减免 550 元。（落款 2018 年 3 月 4 日）	已完成

续表

帮扶时间	帮扶项目	帮扶情况	帮扶完成情况
2018 年 7 月 16 日	光伏发电收益帮扶	从 2018 年 7 月份开始，每月可享受 56.25 元受益分配金额，每年可享受 675 元	已完成
2018 年 7 月 16 日	到户增收	种植花生 2 亩、大豆 2 亩，共补贴 1200 元	已完成
2018 年 9 月 21 日	发放爱心超市卡	领取爱心超市卡 1 张，价值 150 元，凭卡领取生活必需品	已完成
2018 年 9 月 26 日	光伏发电收益帮扶	领取光伏发电收益 506.25 元	已完成
2018 年 9 月 30 日	企业带贫	企业带贫收益金 200 元到账	已完成
2018 年 10 月 10 日	六改一增	为其更换 2 个窗户、1 个大门，道路实现“三通”等，价值 4262 元	已完成
2018 年 10 月 16 日	文化帮扶	周口师范学院大学生艺术团到村开展“扶贫日”文艺演出	已完成
2018 年 10 月 17 日	健康帮扶	郸城县中医院医疗专家小组到村开展义诊，免费发放药品	已完成

家庭成员的大病，由于需要花费大量钱财治疗，因而往往是引起家庭其他变故的诱因。如英庄自然村的郑某动家。

据行政村户档材料，“郑某动，家庭人口 3 人，劳动力 0 人。户主郑某动，男，1963 年出生，小学文化，患有胃穿孔；妻子，周某花，1960 年出生，患有股骨头坏死；长子郑某华，1990 年出生，健康，长期在上海送快递。家中耕地面积 4.62 亩。住房为砖体结构，面积 280 平方米。家庭医疗支出较大、经济较困难。帮扶计划及措施：为其家庭成员申请办理城乡居民基本医疗保险；大病救助，减免合作医疗缴费金额并对其大额医疗支出采取大病报补方式，以减轻其家庭经济困难，保障其家庭成员病有所医；为其全家进行免费健康体检送医送药；落实社会保障政策，实施政策扶贫，计划为郑某动申请办理 1 人低保，落实好该户每月享受减免 10 度的电费补贴政策，不定期进行爱心慰问帮扶，慰问生活必需物资，解决其家庭生活困难等。帮扶单位帮扶，帮扶单位周口师院计划为其提供5只带崽母羊，帮扶其发展养殖”①。

课题组与郑某动进行了面对面交流，据郑某动介绍②：

俺家老婆关节炎、股骨头坏死、膝盖磨损。2019年4月份，在周口市骨科医院换1个股骨头，总计花费4万元，自己出1.4万元左右；计划2019年10月再换1个。二女、一子。大女儿35岁，嫁安徽——自己打工时谈的对象，二女儿32岁，嫁李村街上，两家家庭条件一般，收入主要靠种地、打工；儿子29岁，在上海申通快递做主管，已经干了16年，每月5000~6000元，儿子结婚3年，没孩子，去年突然离婚，离婚半年家里才知道——女的是汉中人，想让丈夫去汉中住，儿子不愿意③。

以前条件尚可，自己在工地做饭，每月4000~5000元，干了20多年。但是得了药物性胃穿孔，花了20多万元，自己出十五六万元，需要终身吃药；现在两口人每月吃药几百元。儿子每年给20000元，自己几亩地，收点破烂，老婆不能自理，出不去门，没有收入。

3. 危房改造

房屋既是人们的居住地点，也是生活空间，房屋与作为社会单位的“家”意义相连，而家的生成也植根于房屋作为其物质基础，同时房屋还以一种象征式的方式再现了社会文化中“家”的秩序与规则——一句话，房屋对

① 见《2016年李村行政村贫困户郑某动帮扶计划》，帮扶对象：郑 × 动；帮扶人：李清臣；帮扶单位：李村委会。

② 贾滕访谈大病救助户郑某动，村室（公共办公室），2019年9月29日。

③ 课题组就此事与郑某动讨论——结婚成家是很严肃的事情，咋能说离婚就离婚呢？再说，现在交通发达，郑州到重庆、郑州到上海高铁开通运营，就是到汉中住，来回看看你们也不是啥难事，实在不行，你老两口同意不就行了吗？郑某动说，就是啊，我们也不想让他们离婚，但我们不知道啊，等知道，已经离婚了，联系也断了，想挽回也不可能了。但课题组感觉，到女方家住，就等于倒插门，郑某动儿子及其全家恐怕思想一时难以转过弯来；同时，课题组推测，郑某动及其妻子有病，全家收入锐减，并且需要儿子资助，恐怕也是儿媳妇离婚的因素之一。

于农户具有无与伦比的意义。

如丁庄自然村贫困户丁某理，男，1946年出生，文盲；母亲杨某花，1925年出生，长期患病卧床，耕地面积2.58亩，母子二人都是老年人，无劳动能力。住房为砖体结构，面积45平方米。丁某理系五保户，文盲，无劳动能力，家中主要经济来源为2.58亩可耕地，无其他经济来源，生活较困难；帮扶单位周口师范学院为丁某理捐助5000元的修鞋、配钥匙设备，鼓励其自主创业、改善生活状况。村委会帮助申请危房改造项目，维修了房屋。

就丁某理家的危房改造来说，若危房倒塌，缺乏遮风避雨的房屋，70余岁的丁某理自顾不暇，何谈养其90余岁的老母？国家与社会的帮扶，其实也是在弘扬孝道文化等良风美俗。

图3-1　丁某理危房改造前后对比情况（李村党支部提供照片）

马庄自然村的马某才，男，1952年出生，肢体三级残疾；妻子李某梅，1950年出生，长期慢性病。通过村委会协调，在马某才夫妇能够自理生活期间，两个儿子每年各向其父母提供500斤麦，在父母生病期间，医疗费用及看护义务由其两个儿子共同履行。2016年1月，按照4+2工作法要求，经过民主评议，马某才家庭进入贫困户序列。2016年6月，周口师范学院向其捐赠了500只鸭苗，村里先后为马某才落实了低保、残疾人生活补贴、危房改造、光伏带贫、到户增收等有关政策。2018年马某才家人均收入为5227.9元。

2017—2018年，李村共落实危房改造10户，投入资金17.4万元。见表3–6。

表 3-6　2017—2018 年李村危房改造情况

序号	姓名	改造方式	资金	改造年度	农户属性	备注
1	丁某祥	新建	13000 元	2017 年	建档立卡	资金已到
2	马某臣	维修	7000 元	2017 年	建档立卡	资金已到
3	丁某环	新建	14000 元	2018 年	建档立卡	资金已到
4	赵某芹	新建	11000 元	2017 年	建档立卡	资金已到
5	丁某信	新建	19000 元	2017 年	建档立卡	资金已到
6	孙某兰	新建	23000 元	2018 年	建档立卡	资金已到
7	马某才	新建	23000 元	2018 年	建档立卡	资金已到
8	郑某印	新建	23000 元	2018 年	建档立卡	资金已到
9	丁某良	新建	18000 元	2018 年	建档立卡	资金已到
10	李某振	新建	23000 元	2018 年	低保户	资金已到

除了国家政策层面的危房改造之外，李村为树立奖优济困的正确导向，为贫困村民提供稳定持续的帮扶支撑，为遭受天灾人祸群众的家庭提供必要的经济保障，经村党支部提议，村“两委”会商议，党员大会审议，村民代表大会决议，决定每年从扶贫车间租金收益中拿出 5000 元，设立奖优济困专项基金，并制定出台了《李村奖优济困基金使用规定（试行）》。在 2018 年专门使用 2000 元，为贫困户马某山家东屋屋顶进行翻修，并夹隔房间，安装两扇房门等，使马庄自然村马某山 83 岁的老母亲在冬至之前搬入温暖、安全的住房。①

三、关爱老人，推动家庭养老

（一）李村村民年龄结构数据

李村 4 个自然村共有 2161 人，其中男性 1105 人，女性 1056 人，村民

① 马某山家经济条件不太好，全家五口人，两个儿子，其中一子有病，3 间瓦房，1 长间东屋（危房）做厨房；老母亲有残疾，长期在主房外过道住——马某山媳妇并无虐待老人情形，只是抱怨孩子大了，家里确实住房紧张。村干部入户调研发现后，结合该家实际情况，出资为其改造东屋房子，既改善了其住房生活条件，又使失序的家庭秩序重回正轨。

年龄结构比例见表 3–7。

表 3–7　李村人口年龄结构

项目	李村（人）	马庄（人）	英庄（人）	丁庄（人）	总数（人）	比例（%）
男性	202	136	260	429	844	52.18
女性	189	112	255	418	921	47.82
18 岁以下	109	59	112	155	462	26.18
18~60 岁	236	158	310	546	1079	61.13
60~65 岁	13	14	93	146	86	4.87
65 岁以上	33	17	70	59	138	7.82
总人数	391	355	515	709	1765	100

按照表 3–7 数据显示，李村作为一个行政村，男女比例相差不多，基本达到 52 ∶ 48。其中，18 岁以下未成年有 462 人，占比 26.18%，18~60 岁中青年人口 1079 人，占比 61.13%，60~65 岁人口 86 人，占比 4.87%，65 岁以上人口 138 人，占比 7.82%。由此可以看出，李村 18~60 岁人数最多，18 岁以下其次，60 岁以上人口最少，三者比例基本为 6 ∶ 2 ∶ 2。

按照联合国传统标准规定：一个地区 60 岁以上老人数量达到总人口的 10%，即该地区视为已经进入老龄化社会。联合国新标准也规定，一个地区 65 岁以上老人占总人口的 7%，即该地区视为进入老龄化社会。根据表 3–7 显示，李村 60 岁以上人口比例已经高达 12.69%，高于联合国传统比例 5.69%。即使是按照联合国最新规定，李村 65 岁以上的人数也有 138 人，占到总人数的 7.82%，高于联合国新规 0.8%，由此可以认为，李村已经进入老龄化社会，村内老年人的养老问题成为制约其发展的一项重要问题。

（二）李村家庭赡养情况的访谈

李村村民多以外出打工、种田为生。村民收入、生活情况具体访谈如下。

被访谈人一： 王某荣

访谈时间： 2019 年 9 月 29 日上午

访谈地点： 李小楼村村室

被访谈人家庭情况：

王某荣，女，64 岁左右。王某荣夫妇育有一子两女。家庭收入主要来源于丈夫在郑州务工以及家里的 6 亩地（种植玉米、小麦、花生等）。现自己一人在家照顾婆婆（丈夫三兄弟轮流照顾，每家 10 天）。

两个女儿都已成婚，儿子还未娶妻。大女儿嫁到了李楼乡，二女儿嫁到了杞县，现都在郑州务工。大女儿婚后育有两个女儿，因公公已去世，现依靠婆婆帮忙照顾两个孩子的生活起居。二女儿婚后育有一个女儿，现由其公公、婆婆负责孩子的饮食起居。儿子至今未婚，在郑州务工。现在郑州贷款买了一套房子，首付 40 多万元（绝大部分是从朋友处借的），每个月需还贷款 6000 多元。

访谈人："你好，老乡，家里现在几口人呢？都干啥哩？"

被访谈人王某荣："现在家里就我和婆婆两个人，其他人都在郑州打工。 我有两个闺女，一个儿子。两个闺女都已经结婚了。大女儿嫁到了本乡，二女儿嫁到了杞县，儿子还没有结婚，现在三个孩子都在郑州打工。大女儿有两个女儿，家里的公公去世了，剩下一个婆婆帮助照顾孩子。二女儿有一个女儿，公公、婆婆都跟着他们，年龄也都大了，帮忙看看孩子、做做饭啥的。两个女儿的生活压力都很大。儿子还没有结婚，也没有谈朋友，在郑州务工。他在郑州贷款买了一套房子，首付都是借朋友的，40 多万元，每个月 6000 多块的还款，怪愁人嘞。丈夫现在也在郑州打工，自己一个人在家照顾老娘。"

访谈人："你平常都是咋照顾婆婆的啊？"

被访谈人王某荣："我老头兄弟三个，他是老大，还有两个弟弟，公公已经去世了，家里还剩下一个婆婆。现在都是轮着吃，一家十天，十天一换。

老娘平常在子女家里不怎么和子女一起吃饭，都是她自己做着吃。咱提前买点馍、买点青菜啥的。老年人口味和吃饭时间和自己不一样，家里又有农活，所以经常是子女下地干活了，老人自己想吃啥了做点啥。原来也想着一家轮一个月，但老人不愿意，说一家十天住着新鲜，一个月太长，住着烦了。”

访谈人：“平常都啥时候回来呀？你一个人在家那么辛苦，闺女、儿子回来了得给你带点吃吧？”

被访谈人王某荣：“儿子和闺女都不经常回来，一般都是过年、过节了回来住几天，平常家里面吃喝都够，所以不咋给孩子要钱，孩子现在压力都大，儿子得还贷款，闺女家孩子上学，一个学期得几千块，还得买些零嘴，有时候再报个舞蹈班、武术班啥的，开销都很大。”

访谈人：“那你平常家里面收入都从哪里来呀？”

被访谈人王某荣：“主要就靠地里面种点粮食和老公在外打工的钱。家里一共六七亩地，种的玉米和花生都已经收过了，玉米收了1000多斤，现在是八毛三一斤，都卖给站点了，一亩地挣个八九百块钱，除去成本，剩下不了多少钱，花生也都卖了，一亩地平均收七八百块钱。”

访谈人：“那咱家里面平常开销大不大啊？”

被访谈人王某荣：“咋说呢，挣得多了就多花点，挣得少了就少花点。现在年龄大了，穿衣服也不用那么讲究，不脏就行，勤洗着就可以了。村里要是有红白喜事有时候得给点。红白喜事都是个人的心愿，关系好了就去，关系不好了就不去。喜事，远的人都是100元，近了都是200元。丧事，远的20元、30元、50元，近的100元、200元。有个头疼发热，跑到卫生室里，打打针、吃吃药就好了。每年乡里医院还有医疗队来检查身体，血压、心电图、血糖、B超都有。每年2~3次，都不要钱。

“现在最大的开销就是小孩结婚，家里得有房有车。下礼平均五六万元到10多万元不等。如果在外地打工，必须得在打工的地方买房子，老家里面没要求必须准备新房，回来了有个住的地方就行了。”

被访谈人二：李某东

访谈时间：2019 年 9 月 29 日上午

访谈地点：李小楼村村室

被访谈人家庭情况：

李某东，男，52 岁。李某东夫妇育有两子一女。家庭收入主要来源于李某东外出务工（木工，有固定的工作团队，曾在大兴机场工作）以及家里的庄稼地（被村里大棚占用，每年收入 2000 元）。

李某东的两个儿子已结婚成家，女儿也已经出嫁。大儿子（已和李某东分家，有单独的住房，为李某东在其婚前所盖）和大儿媳在广州同一个工厂打工。大儿子是厂里的部门主管。俩人育有一子两女。二儿子（未分家，与李某东一起住）是一名叉车师傅，两口子在上海打工。两人育有一子。现在李某东的两个孙子和两个孙女都留在老家，由李某东两口负责照顾生活起居。

女儿嫁到了周边，一个月左右回家看望一次，因孩子还小并未外出打工，但其丈夫在广州打工。

访谈人："你好，叔，咱平常家里几口人？"

被访谈人李某东："平常家里面有 6 口人，我自己、老伴、两个孙子、两个孙女。我一共有两个儿子、一个闺女。儿子都已经结婚，闺女也已经出嫁了。大儿子结婚后分家了，生了两个闺女、一个儿子。二儿子倒是没有分家，婚后有一个儿子。现在大儿子和大儿媳在广州打工，大儿子是厂里的部门主管，管着十多个人，他们的三个孩子都给我留家里了。二儿子两口都在上海打工，儿子开叉车，也是干个苦力，老二的孩子也给我留老家了。女儿没有远嫁，在周边，因为孩子小所以没有外出打工，但是女婿出去打工了，也在广州和大儿子儿媳在一家公司。

访谈人："叔，你的大儿子为什么在婚后一年选择分家呢？"

被访谈人李某东："大儿子觉得家里面的人多了，所以就分家了。在他结婚的时候，花了一二十万元单独给盖了一套房子，买了些锅碗瓢盆平常用的东西，又分了些粮食给他，住得很近，和我们前后院。”

访谈人：“那四个孩子都跟着你在家，平常他们爸妈都回来不？”

被访谈人李某东：“两个儿子、两个儿媳平常都不回来，一出去就是一年，只有等到过年的时候才回来。如果家里面有啥急事，就会回来一次。至于不回来的原因主要是考虑到来回的车费和耽误的工钱。女儿倒是还好，由于没有外出务工，一个月左右回家一次，看看我和她妈。”

访谈人：“那咱家里面有四个孩子，平常的花销也不少吧？”

被访谈人李某东：“两个儿子的孩子都跟着我在家，所以每个月孩子的奶粉钱他们父母都会定时打过来。有时候我说家里有钱，不用打，他们还是会主动打到我的卡上。但是孩子的花销不止这么多，免不了有个头疼发热的、买个零嘴啥的，多多少少得往里面垫一点，这些花费我也不给他们要，挣钱都不容易，我不主动给他们要钱，他们给了我也收着。”

访谈人：“那孙子、孙女们都上学了吗？”

被访谈人李某东：“现在有两个孙子上学了，都在私立学校里面。学校一天管两顿饭，早起一顿、中午一顿，车接车送。下午四五点，校车把孩子送到家门口。外面的条件好一些，照顾得好，比村里的好，掏点钱也愿意。孩子的学费半年 1200 元，全年 2400 元。上学的费用都是他们的父母拿，就是不要他们也会定时寄回来。”

访谈人：“那咱家的收入主要依靠哪些方面呢？”

被访谈人李某东：“我家里面一共有二亩地，都被大棚占了，所以每年补贴 2000 块钱。另外，平常我自己也出去打工。我是干木工的，在北京跟着几个固定的老板干，他们都是市场里的，我一没活了就给他们打电话，他们说有活了我就去。车接车送，当天结账，老板不欠钱，但是活必须得干好。”

提起工作，李某东说话显得有些兴奋，滔滔不绝。

“现在北京平均一天 300 多块钱，去年我在大兴机场支壳子，收入还是可以的。一年平均纯收入五六万元是没问题的，好的情况下七八万元。在北京打工，住宿都是找个人合租，这样便宜。每个房间每月 500~570 元，两人均摊，一人二百五六十块钱，再加上电费、煤气钱啥的，每个月也就是 300 块钱。

“20 世纪七八十年代，出去打工一天工钱也就是六七十块钱。90 年代的时候一天就得一二百元了。2015 年的时候，在北京室内装修工钱就得每天一百元，室外装修也得七八十元。后来室外涨到 200 多块，300 多块，今年上半年有一段时间涨到 400 元了，只可惜我没赶上。前一段老板给我打电话问我咋还不去，我说心情不好，哈哈……其实是做了个小手术，腿上静脉曲张，平常站的时间长了，得休息一段时间再去。

“现在工资高了，天气热的时候没人干，一天得 400 块，少了不干。收秋之后，人多了，干活的也多了，就那也得每天三百五六十元。5 月份到 10 月份天气热，工资高，得每天 400 块。过了这几个月，降个每天三四十块钱。干得好了，提前完工了，老板还会奖励。总的来说，今年每天平均工资得 350 元，夏天每天 400 元。但是有年龄要求，18~55 岁，年龄小了不中，大了也不中。老板明确给我们说：‘我们这一行，不养老。’”

访谈人：“那咱平常家里面花销都包括哪些方面呢？”

被访谈人李某东：“平常吃饭也就是家常菜，家里没有地，有几个鸡子，下了蛋给孙子、孙女吃，不够了去集上买点，其他东西也都是在集市上买。村里的喜事一般都是 50、100，多了 200，至亲的 500、1000。白事平常都是 20、30、50。亲戚的一般都是 100 元。或者割一块肉，不给钱了，也就这些。头疼发烧都是到村卫生室里面，拿点药，喝点白开水就可以了。”

被访谈人三：李某亮

访谈时间：2019 年 9 月 29 日上午

访谈地点：李小楼村村室

被访谈人家庭情况：

李某亮，男，59 岁。李某亮夫妇育有一子三女。家庭收入主要来源于两个方面：一是承包了村里的一个大棚，主要种植番茄、黄瓜等蔬菜，一年收入 3 万 ~ 4 万元。二是家里的 8 亩地。其中 4 亩多包给亲戚了，剩下的自己种植小麦、花生、玉米等农作物，年收入大概 1 万元左右。

李某亮兄弟三个，父亲过世较早。因为生活习惯不一样，母亲不愿意和子女一起住。所以兄弟姐妹经常把东西拿到母亲住处，由其自己独立生活。

儿子和儿媳都在牧原公司（扶沟）工作，把孙子留在了家里，由李某亮两口负责照顾，两个家庭住在一起，没有分家。李某亮的三个女儿都已出嫁。大女儿嫁到了砖寺，二女儿嫁到了周庄，三女儿嫁到了辽宁（原在波司登工作，后辞职待在家里）。大女儿和二女儿因婆家较近经常回家看望老两口。外孙女也由婆家照顾。

访谈人：“叔，咱家平常都谁在家呢？”

被访谈人李某亮：“家里一共八口人，自己、老伴、三个女儿、一个儿子、儿媳妇和一个孙子。三个女儿都出嫁了。大女儿嫁到了砖寺，二女儿嫁到了周庄，三女儿嫁到了辽宁，原来在波司登工作，后来也不干了，待在家里。现在儿子和儿媳妇都在牧原公司（扶沟）工作，自己和老伴负责照顾孙子，也没有分家。大女儿和二女儿因为离家近经常回来，闺女的孩子都是由她婆婆和闺女俩人看着，我们老两口并不负责照看。”

访谈人：“儿子和儿媳多长时间能回来一次呢？”

被采访人李某亮：“他们不经常回来，过年过节能回来一趟。由于职位特殊，有时候过年也不能回来，只能等到别人过完年上班之后，他再补个假，才能回来。”

访谈人：“那您的父母现在咋生活的呢？”

被访谈人李某亮：“我兄弟三个，父亲过世比较早，母亲不愿意和子女住，兄弟姐妹经常把东西拿到母亲处，她自己做着吃。因为生活习惯不一样，所以分开住。”

访谈人：“咱家里面有几亩地啊？”

被访谈人李某亮：“家里有八九亩地，其中的四五亩包给亲戚了，剩下的自己种植。种的花生和玉米，玉米家里一般不留，自己用酒精喷的，没有污染，不用农药，到站点都卖完了，但是今年玉米价格不好，才8毛多一斤。种的小麦挺好的，一亩地有1300多斤，三亩地卖了4000多元，收完了就卖了，家都没进。

“我自己今年包了一个大棚，准备栽番茄，从种到收得3~4个月。番茄从1月初开始结果，前后能卖1个多月，等到年下的时候，卖得贵还卖得快。去年番茄的价格挺好的，平均每斤2.7元，卖了2万多块钱。但是由于我们产量少，番茄得自己收，收了之后拉到县里面，直接批给别人。另外，过了夏可以种些黄瓜，种植山东嫁接的那种，时间长一些，质量好。黄瓜一年收入1万多块钱，3个月时间就可以了，慢慢就结果了。家里面吃的菜都从棚里面摘，价格高的时候，把好的卖出去，自己吃剩下的形状不太好的。一个大棚一年收个三四万元没问题。”

访谈人：“那具体开销方面呢？”

被访谈人李某亮：“孙子在村里面上学，比较方便，中午管吃。学费半年800元。学费也没有给儿子要，自己收入还可以，所以就替他交了。村里的红白事，白事情况下，邻居都是50、100元。喜事都是100、200。如果要说谁家娶个媳妇，那开销就大了。现在要求得有彩礼、房子、汽车。在村里，盖个两层楼得二三十万元，装修得10万元。如果家里没有钱，就只能从亲戚、邻居借一些，然后再出去打工，还钱。另外，村里有卫生室，有个感冒发烧到村室拿些药就行了。乡里的体检一年2~3次，都是他们来村里。”

被访谈人四：郑某动

访谈时间：2019年9月29日上午

访谈地点：李小楼村村室

被访谈人家庭情况：

郑某动，男，56岁。郑某动夫妇家庭收入主要来源于三个方面：第一，郑某动家中共有四亩半地，因老两口身体都不好，所以将其中的三亩地租给了别人。不要租金，只要一季小麦。第二，因其老伴是三级残疾，所以享受国家残疾人政策，每月补助144元，每年1728元。另有生活费补助，每月60元，每年720元。村里给郑某动安排了个岗位，每月收入400~500元。平常没事的时候，出去收废品，每天收入40~50元。郑某动家庭消费负担相对较重，因夫妇二人身体不好（老婆换过膝盖骨膜，需长期吃药。郑某动本人身体不好，需长期吃药），所以每月药费固定花费400元左右。

郑某动夫妇育有一子两女。大女儿育有两个孩子，一男一女。二女儿育有两个儿子。两个女儿一个嫁到了安徽，一个嫁到了本乡李楼（现在上海打工）。外孙子和外孙女都由其爷爷奶奶负责照看。儿子原先在上海中通快递公司工作（已工作十四五年），现为中层主管，分配到南通工作。在上海工作期间认识了其前妻。女方是安徽人，为人和善。因女方的姐姐精神有问题不能为其父母养老，所以前妻想让他去安徽生活（俗称“倒插门”）。但其子持反对意见，因为自己的父母身体也不好，所以两人后来离婚。

郑某动还有80多岁的老母亲需要赡养。现在主要由其嫂子（哥哥已经去世）和他两家人负责照顾。其母亲在每家只居住5天（这样不会引起矛盾）。

郑某动的情况相对来说比较特殊，他现在正享受国家扶贫政策，低保，老伴三级残疾，每月也有补助。

访谈人：“叔，聊聊咱家的情况呗！”

被访谈人郑某动：……

访谈人：“那您父母的养老是咋办的呢？”

被访谈人郑某动：“两家轮换，一替5天。哥不在了，是嫂子在帮忙看老娘。老娘吃谁家的，住谁家，已经十几年了，今年已经 88 岁了。之所以 5 天一换是因为这样不会引起矛盾，大家都有新鲜感，有了矛盾还没有烦起来，就走了，也不生气了。”

被访谈人五：李某全

访谈时间：2019 年 9 月 29 日上午

访谈地点：李小楼村村室

被访谈人家庭情况：

李某全，男，57 岁。李某全夫妇家庭收入主要分为两个部分：第一，工资收入。李某全整个家庭一年工资收入在 4 万元左右。第二，李某全承包了一个大棚，种植番茄。受种植技术等因素影响，2018 年（第一年复种，原先的贷款问题已经解决）收入 1.6 万余元，除去各种成本，纯收入 7000 多元。除此之外，李某全还有一亩多地，每年都会种植一些农作物（小麦、玉米等）供家人食用。

李某全夫妇一共育有 4 个儿子。大儿子已成婚并育有两个孩子，现在李楼镇上开了一间小卖部，经营蔬菜生意。大儿子婚后第二年与父母分家，后又因不想做饭所以决定与父母再次合锅。二儿子已成家，在深圳从事货车运输工作。三儿子已成婚，在郑州一公司负责人事招聘工作。四儿子在中山市一华为体验店工作，负责产品销售。

访谈人：“你好，叔。说说咱家的事呗，闲聊！”

被访谈李某全：“我家老的已经去世了，在去世之前一直跟着我。因为我兄弟早年受过伤，不能照顾人，所以只能我一人承担养老义务。家中有 4 个儿子，大儿子原来分家了，成婚第二年分的，给他盖了个房子，有个院子、给了粮食，买了锅碗瓢盆，跟我前后院。现在又合锅了，原因是儿子和媳妇不想做饭了，慢慢两家人又合在一起了 . 大儿子农忙的时候负责种地，农闲的时候在镇上开了个门市部，卖些小菜。二儿子在深圳，已经在深圳成家，是个货车司机，自己有辆车，负责拉货（集装箱），每年春节回来两天。老三在郑州，是个大学生，学的人力资源管理，现在一个公司工作，负责招聘人才，已经成家了，上学期间和自己的同学谈恋爱（兰考人），后来结婚了，在郑州按揭买了一套房。老三结婚的时候给女方拿了二万一千八(儿要发的意思）。在结婚的时候，由于习近平总书记去过兰考，提倡勤俭节约，所以在女方待客的时候，饭菜并不非常多，8个菜，就过了。老四才毕业，原来谈了一个，商丘人，女方要求结婚的时候在商丘买房子，孩子妈不同意，就分手了，现在在中山工作，华为体验店，负责销售。因为我大孩子在家，所以其他三个孩子都不经常回来，也就是过年的时候回来几天。腊月二十七八回来，正月十五走，中间还得去女方家里住几天。过年回来的时候，孩子会给点钱。然后自己再发给孙子、孙女一些。走的时候再给他们带一些面、油啥的。平常也不希望子女回来，因为回来开车的成本高、时间长。如果不开车，走的时候也带不了多少东西。”

访谈人：“孙子现在在哪上学呢？”

被访谈人李某全：“现在只有大儿子的孩子在家，两个孩子，自己和老伴平常负责照顾。原来在村里的学校上学，现在大的送到郸城上学了，孩子父母负责孩子的学费。因为孩子多，如果私自掏钱，容易闹矛盾。”

访谈人：“咱家里面都种的啥啊？”

被访谈人李某全：“自己的一亩多地，老大种一部分，自己种一部分，玉米、麦，自己吃。多了也不卖，逢年过节孩子回来了走的时候给他们带走一些。自己还种了一个大棚，种的番茄，原来效益不好，种了一年不种了，技术跟不上。由于贷款问题解决了，从去年开始复种，大棚的地上由于缺少有机肥料，共赚了一万六七千块钱。除了各种成本，只赚了7000多块。工资一个月3000多块，一年4万元左右，大棚一年收入1万元多点。

“俺老伴有高血压、冠心病，一直吃着药。每个月得二三百元，还不包括上医院挂针等。其他消费也不多，菜、油、面都是自己家里的，剩余其他买些肉、姜葱，等等。自己的收入还能够用，主要怕大事。”

访谈人："那咱村里的红白事都咋说啊？"

被访谈人李某全："村里要有个红白事，白事都是50、100。喜事现在都是100，或者更多。吃饭一桌一般都是260、280、300。"

访谈人："那咱现在孩子结婚都啥规矩呢？"

被访谈人李某全："现在结婚都不得了，订婚彩礼最少也得八万八，一般都是10万元，多了都是16万元、20万元。结婚的时候，娘家还会要点，得个三五万元，还得加上礼品（2万元左右）。如果不给了，结婚当天女方给你办难看。总的来说，喜事除了房子、车子得20万元，高的就不说了。喜事一般比丧事的消费档次高一些。父母去世加上三周年、五周年的消费远比不上结婚。"

访谈人："那平常咱村里老年人都跟孩子一起住不？"

被访谈人李某全："总的来说，父母如果能够自理，一般不和子女一起过。如果不能自理了，一般都是儿子家互相轮，一般不去女儿家。如果轮到女儿家，就是婆媳关系不好了才会到女儿家。"

被访谈人六：丁某明

访谈时间：2019年9月29日上午

访谈地点：李小楼村村室

被访谈人家庭情况：

丁某明，男，58岁。丁某明夫妇育有一子一女。家庭收入主要来源于家中4亩耕地（主要种植小麦、玉米等粮食作物，每年收入1000多元）以及日常工资（每月收入1000多元）。儿子现已成家，育有2个女儿。儿子中学毕业后辍学，在郑州学汽修，后到上海一家汽车4S店担任维修工，每月收入6000~10000元不等。儿媳在生女之前也在上海打工，现为了照顾两个孩子赋闲在家。女儿现定居西安。大学期间因学习财经专业，毕业后和爱人（鹿邑邱集人，两人在大学期间相恋）以及同学合开了一家金融公司，帮助别人打理股票生意，收入较高。丁某明父母现单独居住（分家后，四兄弟为父母单独盖了两间房子和一个厨房）。每年每个儿子给 500 斤粮食、300 块钱供父母日常生活。如遇生病，费用由四兄弟平均分担。

访谈人："叔，咱家现在几口人呢？"

被访谈人丁某明："现在有我、老伴，还有两个孙女。"

访谈人："那其他人呢？"

被访谈人丁某明："我闺女上完高中了之后，考上了郑州财会学院（不确定是不是这个）。四年毕业之后，自己谈了一个对象，鹿邑邱集人，两个人一起去了西安。在校期间学的炒股，和同学三人一起在西安开了一家炒股公司，帮别人、教别人打理股票。前几年生意可以，一年能够收入四五十万元。后来在西安买了套房子，100 多万元，后来买了车，又在鹿邑买了一套房子。现在定居在西安。

"儿子上学不中，中学毕业之后，去郑州学的汽车维修、汽车美容，现在在上海一个汽车 4S 店工作。工作多劳多得，一个面多少钱，干多少挣多少，现在一个月 6000~10000 多元不等，分季节，旺季挣得多，淡季挣得少。前几年儿子、儿媳都在上海，现在儿媳在家照顾孩子。"

访谈人："那平常孩子都回来不？"

被访谈人丁某明："一般情况下，儿子和女儿都是过年回来，在家能待 20 天左右，从小年到正月十五。儿子过了年大概正月初八就走了，平常也不回来。"

访谈人："叔，你对生儿子还是女儿有啥看法？"

被访谈人丁某明："我不在乎生儿生女，因为自己的兄弟姐妹们多，知道父母的辛苦，为孩子操了一辈子心。我兄弟姐妹一共 7 个人，父母到了 70 多岁才开始慢慢放松下来，到了晚年也没有享受上什么福，也没有受多少罪，得了病，就去世了，苦了一辈子。

"在我上学的时候，大哥参加工作，二哥分开家当队长，三哥上学，姐上学，我上学，妹妹上学。那个时候的日子，不存在不上学，在本村里办个中学，在学校里不管学好学不好，都让上学，中学毕业。我是 1963 年的人，20 世纪 70 年代，在我十几岁的时候，该上中学的时候，生活方面还吃不饱呢！1977、1978 年主食就是红薯片，好面很少吃，只有在过节的时候能吃上，或者喝稀饭的时候放上一点，生活很艰苦。1980—1984 年，土地责任到户，收入慢慢开始增多，生活慢慢改善，吃的开始慢慢多了。到了 90 年代，生活又好了一些。在这期间，土地改了很多次，三五年换一次地，老百姓在轮换地那一年，就不在地上放肥料了，因为不知道明年这个地是否还是自己的。到了后来，国家政策改变，土地不再短时间调换，老百姓才慢慢开始增加生产，生活开始慢慢改善。”

访谈人：“那爷爷奶奶老年的时候跟的谁啊？”

被访谈人丁某明：“我一共弟兄四个，把我妹妹的婚事办完之后，父母跟着我住了三四年，因为我是最小的男孩。再说，我哥哥的几个儿子都大了，我的孩子还小，父母跟着我可以帮忙照看孩子。后来，父母对我说，慢慢地我们都老了，有个头疼发烧的，不能让你自己负担，不然你负担太重。最后，父母把兄弟四人都叫了过来，开始商量分家的事情，兄弟几个也同意了。商量的结果大致是：兄弟几个给父母盖了两间房子、一间厨房。每年每个兄弟给父母 500 斤粮食，共 2000 斤。另外，再给 300 块钱，共 1200 元。基本上每年的油盐酱醋都够了，如果遇上大病的话，弟兄们四个一起分摊。先在村里的药房赊账，等到年终，兄弟们二一添作五，平均分摊。其实在咱农村，家里的一件大事就是为子女操心使他们成家立业，闺女嫁出去，给儿子盖个房子，娶个媳妇，结个婚，人生的任务，操的心就完成了。”

访谈人：“那咱村里现在娶儿媳妇、办个白事都是啥规矩啊？”

被访谈人丁某明：“以前村里面有一些坏风俗，刚开始遇见白事给 5 块，后来涨到 10 块。原来遇见白事待客的时候，男女老少都去，有的男人不在家，老婆就带着孙子孙女都去吃，多的时候一家去七八个人，能占一桌。一般一桌饭 260—270 元，办事的家里面都烦得很，浪费得多。后来经过红白理事会讨论，风俗开始慢慢地变好了。第一，男的在家给过钱后可以去吃饭。

男的如果不在家，就女的去，给过钱后可以自己去吃饭，但是不能带小孩，也可以不吃饭，这样办事的家庭负担就少很多，大家慢慢也把风俗改了。第二，由于物价上升，原来的5元、10元已经不能满足需要，后来增加到二三十元。总的来说，一桌二百六七十元，一个人二三十元，一桌能收到140多元，亲戚朋友再补一些，基本能够做到主家不怎么花钱就能把事情办完。现在遇见丧事，一般就是二三十元，关系近了100元，再近了200元，一般不超过200元。

“在喜事上，现在村里的风俗也有了很大的改观，由原来的三顿饭改成两顿饭。三顿饭是指在结婚的前一天晚上，主家先把客人或帮忙的亲戚请来吃饭，摆一轮。结婚当天早晨，摆一轮，结婚当天中午再摆一轮，一共三轮。由于饭菜大部分都吃不完，所以很多都被前来吃饭的人打包带走了。三顿饭是指前一天晚上的饭菜很简单，几个菜就可以了，不再是原来成桌的饭菜。第二天早晨是大烩菜，有馒头和菜，自己吃自己打。办事当天中午再拉桌，按照正规程序走。这样既减免了浪费，又减轻了主家的费用。

“在喜事方面，总的来说比丧事给得多。亲朋好友都是100元，自己家亲戚都是200元。如果娶个儿媳妇，本家花费就比较多了。除了房子，订婚一般都是10万元，最高12万元。到了结婚的时候，办酒席那一天，上车礼下车礼再拿2万~3万元（干礼），如果女方不说拿干礼，就得买一些礼品（方便面、王老吉、核桃露、米、面、整头猪等），大概1万元。现在一般情况下都是干礼。干礼的作用原来是为了给女方前来庆贺的亲人（一般都是舅家、姨家、姥家等等）的回礼，因为现在一般都不回礼了，每一家走的时候给个鸡（杀干净的）就行了。”

访谈人：“现在家里有几亩地啊，收入都靠啥呢？”

被访谈人丁某明：“家里有三四亩地，种的玉米、小麦，原来想种花生，后因收花生太麻烦，两个孙女在家照顾不过来，就算了。儿子打工走之前会给一点，两三千元，没有了再给孩子要。

“我自己也有工资，一个月1000多块，再加上地里面的收入，一亩地大概1000多块。省吃俭用过得去，虽然不剩下多少。女儿过完节也给钱，三四千元，今年没有给，但是暑假的时候让孩子妈和家里的孙女去西安游玩去了，待了20多天，花得也不少。过生日的时候女儿也会给钱，1000元，打到我微信上。平常女儿也给我们老两口买衣服，买了之后寄回来。儿子这方面没有闺女做得好，一方面是儿子的收入没有女儿高，另一方面有儿媳在那里，也不好说。总的来说，不管儿子、闺女，给钱我也要，不给我也不张口。自已也没有病没有灾，用不了多少钱。”

丁某明说到女儿很开心：“女儿真是贴身的小棉袄，打电话的时候问我有钱没钱，我说有。她说我有钱啊，我给你先攒着，留着养老，等我以后压力大了，可能就没那么多钱了，哪有那么多钱给你了耶。哈哈哈……（女儿和老丁开玩笑）。女儿说得也对，等她的孩子上学了，消费也高了，肯定压力大，上初中、高中得二三万块，她现在给我钱，我都要。哈哈哈……”

访谈人：“那咱家里面平常的消费也不少吧？”

被访谈人丁某明：“消费主要就是衣、食、住、行，碰见个人吃吃喝喝百十块。另外，两个孙女，大的上大班，小的两岁半，现在孩子妈妈也在家。村里没有幼儿园，所以去了私家幼儿园。早晨七点半车来接，中午管饭，下午四点多车送回来。学费半年1700元，如果选择车接，再加100块钱，半年共1800元。孙女的教育费用也由儿子负责。现在大家都重视教育，家庭的条件都好了，出去打工挣了一些钱，都不在乎这点钱了。私立学校车接车送，多方便，不讲学好学坏，最起码不操心了。”

被访谈人七：李某祥

访谈时间：2019年9月29日上午

访谈地点：李小楼村村室

被访谈人个人情况：

李某祥，男，58岁。河南省周口市D县李楼乡李小楼村村支部书记兼村委会主任。

访谈人："咱村里面老人养老现在主要靠谁啊？儿子还是闺女？"

被访谈人李某祥："现在村里面 90% 以上都是儿子轮着养老。个别的由于特殊原因，女儿也会参与父母的养老，但是不多。"

访谈人："那父母要是有个病，住院了咋办？"

被访谈人李某祥："如果父母生病住院，大部分女儿在照顾老人这一方面比儿子多一些，但是儿子所付的医疗费用要比女儿多一些。也就是说体力劳动上女儿多，金钱上面儿子付出得多，但是不完全绝对。各家情况不一样，也有闺女拿完的。"

访谈人："那一般情况下，儿女结婚之后会分家吗？婆媳之间的关系大致都是啥情况？"

被访谈人李某祥："一般情况下，绝大部分老人都会与自己的儿子分家，主要集中在结婚的时候，或结婚后。儿子的房子一定是要盖的，地分开，再分一些粮食。但是现在比原来要摊得多一些，除了房子、家具、装修，锅碗瓢盆等都得弄好。

"但是分完家了，由于孩子经常外出务工，所以照顾小孩的重任就落在了老人身上，地（父母的、孩子的）大部分还是由老人来种。过年过节绝大部分孩子还是会给老人一些零用钱，但是如果老人能够劳动或有足够的挣钱能力，一般不会要或主动要孩子的钱，大部分还会自己倒贴一些。总的来说，小的有钱也行，老的有钱也行，这样都好。但是如果小的没钱，老的也没钱就会出现矛盾。

"至于对待儿媳妇的态度问题，通情达理的婆家会主动照顾儿媳，对待儿媳要比对待女儿好。原因并不是跟自己的女儿不亲，而是儿媳与自己没有血缘关系，担心生气，所以会迁就一些。老人主要起到了杠杆作用，尽量调和、缓和家庭矛盾。女儿和自己有血缘关系，关系就是再不好也是亲生的，心里面也有。"

被访谈人八：李霄

访谈时间：2019 年 9 月 29 日上午

访谈地点：李小楼村村室

被访谈人个人情况：

李霄，男，44 岁。2017 年 11 月 6 日，周口师范学院党委派遣李霄担任 D 县李楼乡李小楼村第一书记，主要精力放在李小楼村的脱贫攻坚工作上。

访谈人："村里现在关于老年人的社会养老措施都有哪些？"

被访谈人李霄："社会养老措施主要是养老金：每人每月 98~105 元；80 岁以上每月 50 元；90 岁以上每月 100 元补助。"

访谈人："乡村敬老院有吗？怎么运行的？"

被访谈人李霄："目前敬老院只对五保户开放，衣食住行医疗都由国家负担。其余人员可以进入敬老院养老，每个月大概也得 1000~2000 元，但去养老院的人不多，因为消费不起。私人干的养老院由于土地问题没有解决，现在还没有具体实施。"

访谈人："乡村医疗保险都包括哪些呢？"

被访谈人李霄："乡村人员现在都有合作医疗，在有病之后可以报销一部分医疗费用。五保户由国家负责。"

访谈人："村民在对待子女婚姻以及父母丧事的态度上有啥不同呢？"

被访谈人李霄："在结婚方面，现在已经有攀比的苗头，但还不突出。因为结婚的事情是个喜庆的事情，是两家的事情，花费多少外部因素太多，具体花费不可能由婚事一方完全决定。在办理父母的丧事方面，农村办理丧事，是一件悲伤的事情。各个家庭的消费态度不一样，一般家庭在对待父母丧事的花费方面态度比较理性，是能省则省。"

（三）李村家庭养老现状分析

根据团队成员进户调研以及对大量中老年人的访谈可以发现，李村村民家庭成员之间存在着大量的代际关系问题，以致对中老年村民的养老产生了极大的影响。

第一，老人家庭地位下移，个别老人基本生活条件堪忧。

《礼记·礼运》载："大道之行也，天下为公，选贤与能，讲信修睦，故人不独亲其亲，不独子其子，使老有所终，壮有所用，幼有所长，矜寡孤独废疾者一皆有所养。"《中庸》云："践其位，行其礼，奉其乐，敬其所尊，爱其所亲，事死如事生，事亡如事存，孝之至也。"衣食保暖，安其寝处，这是老人最基本的生活条件，也是辛勤劳作一生的农村老人应该享受的基本养老待遇。就这一最基本的生存条件而言，虽然李村的大部分老年人在衣、食、住、行方面都能得到满足，但他们的养老条件并不如想象中那么优越。

首先，就穿衣而言。由于李村绝大部分中老年人的日常活动范围都集中在村内这一固定范围，所以他们在日常穿着方面的开销并不大，对于衣服的款式和价格也没有很高的要求，都保持着勤俭节约的良好习惯。在调研过程中，王某说道：

现在穿衣服都是买呀，都不做了。有的人要是讲究穿了就买好点的衣服，衣服一破、不好看就扔了。像我们这些年龄大的，衣服穿不烂都舍不得扔，因为钱管着呢，咱没有钱啊。有些年轻人，衣服相不中，新的他都不穿，都扔了，年轻人穿衣服讲究啊，穿的要是不好了，好像人家看不起似的！俺这年龄大了，讲究恁好干啥呀，不露皮就行了。你说在地里干活，风刮日晒的，穿恁好干啥，衣服脏了勤洗着，不脏不就行了。另外，孩子有时候也会给自己买衣服，但是他们压力大呀，小孩每年的学费、花销得好几万元，尽量不给他们添麻烦。

李某也就自己穿的衣服说道：

自己的孩子在服装工厂里面上班，也是个小头头。因为他们是干这一行的，每年回来也会给我带几件衣服，都是厂里检验没通过的，有点小毛病。有的衣服是做好了，审核的时候发现袖子一边长、一边短；有的是两边缝的线不对称，扔了都怪可惜的，质量也挺好，自己改改就可以穿了，那有啥呀！

由上可知，受经济条件的影响，李村老年人在穿着方面相对来说比较节约，绝大部分村民对自己的穿着都保持着理性的态度，对子女给自己购买衣服也没有过高的要求。就子女而言，他们日常的穿着要比老年人讲究一些，对于衣服的款式和价格要比老年人高很多。

其次，就吃饭而言。李村地处中原，适合农作物生长，几乎每一户家庭都会种植经济作物，其中以小麦、玉米、花生为主。每到秋收季节，除了留下少量的小麦和玉米作为一年的食物，绝大部分村民都会将农作物卖到粮食收购点，以贴补家用。老年人作为家庭的留守人员，自己日常吃饭的花销并不多。面粉是自己家小麦磨的，蔬菜和肉类除了一部分人家种植与养殖外，大部分人家都会选择在集市上购买，相对来讲比较便宜。只要生活能够自理，绝大部分老年人的日常温饱都不存在问题，虽然不能说每顿饭都有丰富的菜肴，但家常菜还是没问题的。由于个别老人年龄偏大，生活不能自理，绝大多数的儿女都会轮流照顾父母或轮流给父母送饭，进而保证其三餐的正常供应。但也有个别的不孝子女，由于各种原因，不仅不孝敬自己的父母，甚至连国家补给父母的扶贫款都占为己有，致使日常生活非常贫困。另外，值得注意的是，无论老年人的生活条件是富裕还是贫穷，他们总是心甘情愿地为子代付出，总是将家中最好的东西留给自己的孙子或孙女。村民李某在提到自己的孙子、孙女时高兴地说道："家里养了两只鸡，每天下的鸡蛋都会给他们炒了，时不时地还得买点零食给他们吃。"

再次，就住房而言。李村村民的住房情况整体较好，家家户户都在自己的宅基地上盖了房子，甚至有些村民的楼房能够盖到三层。经过走访调查，调研人员发现绝大部分家庭之所以重建楼房主要是为了孩子结婚使用。按照中国传统习俗，成年男子在结婚的时候除了要提供给女方相应的聘礼之外，还需要提供一间或一套房屋，以供新婚夫妇生活使用。此房屋一般都会与父母的房屋在一起或相邻，目的是使亲代与子代之间相互照顾、共同生活，起到敬老、孝老的作用。近年来，随着城乡居民收入、生活水平的提高，农村婚姻观念发生了巨大的变化，原有以礼仪为基础的聘礼、彩礼已经转变为以经济为基础的婚姻买卖，这种婚姻观念的转变致使未婚男性父母的经济压力空前巨大。

根据调研显示，农村绝大部分未婚女性在婚前都会询问男方家里是否有楼房可以供自己在婚后居住使用。近两年，随着人工成本以及建筑材料成本的提高，在农村盖一套两层楼房的成本大概需要 20 万 ~30 万元，盖一套三层的楼房大概需要 40 万元左右。再加上最基础的装修和各种家用电器，总共需要 50 万元左右。父母为了儿子能够娶妻生子、繁衍子嗣，不得不举全家之力筹款建房，即使外出借债也无怨无悔。但是令人痛心的是，婚后绝大部分新婚夫妇不仅不会帮助父母分担债务，还会选择与父母分家，进而获得独立的生活空间。这种无理的要求致使很多父母不仅要为孩子结婚时的花销外出打工还债，还得被迫与子女分居，居住在家中最简陋的房屋里，形成了“儿住瓦房，孙住楼，老头儿老婆儿住地头”“儿子烧煤孙烧气儿，

图 3-2　住地头的老人户（张洪新摄于 2019 年 9 月 29 日）

老头儿老婆儿拾小棍儿”的奇怪现象。

最后，就日常出行而言。李村老年人日常出行一般选择电动车或电动三轮。少数的老年人为了自身安全会选择走路或骑自行车。李村丁某说道：“现在大部分人出行都是骑电动车，很少有人骑自行车了。电动车速度快，不累人，也不贵，1000 多块钱就能买一个。在外面打工也挣钱，回来了买个电动车都不算啥。”

相比于老年人把电动车当作出行工具，大部分年轻人都想通过自己或全家人的努力购买家用汽车。根据对周口市汽车市场的调查显示，近 5 年农村居民购买汽车的大致信息见表 3–8。

表 3–8　近 5 年周口市汽车市场消费情况调查

<table>
<tr><td>购买汽车品牌</td><td colspan="3">国产品牌居多，少量居民会购买合资品牌。总体而言，有向购买合资品牌发展的趋势</td></tr>
<tr><td>购买时间</td><td colspan="3">每年 12 月至第二年 3 月</td></tr>
<tr><td>购买车型</td><td colspan="3">多为中大型车</td></tr>
<tr><td>汽车价格</td><td colspan="3">10 万 ~15 万元（包括车船税、保险、上牌费等）</td></tr>
<tr><td>是否分期</td><td colspan="3">大部分选择分期</td></tr>
<tr><td>首付价格</td><td colspan="3">5 万 ~6 万元</td></tr>
<tr><td>平均月供</td><td colspan="3">2000~3000 元</td></tr>
<tr><td>购买人群</td><td>50 岁左右居多</td><td>30~40 岁次之</td><td>20~30 岁最少</td></tr>
<tr><td rowspan="2">购买原因</td><td colspan="3">大量外出务工人员年底返乡，手中可用资金较多，购买汽车既能家用，也有成就感</td></tr>
<tr><td>多用于自己孩子结婚</td><td>多为日常家庭使用</td><td>多为自己使用</td></tr>
</table>

从表 3–8 可知，近年来随着农村居民收入水平的提高，购买汽车已经成为一些家庭的选择。由于李村绝大部分年轻人都在外地工作，部分家庭的总体年收入比较可观，通过几年的努力，购买一辆家用轿车也不成问题。但从表 3–8 的购买原因可知，大部分居民购车的主要原因还是为了解决子代的婚姻问题，没有汽车就没有竞争力，没有竞争力，孩子的婚姻问题就

成了父母心中最大的结。

第二，子女性别结构的转变对老年人养老产生重大影响。

性别作为人类社会中普遍存在的一种生理差异现象，对整个社会的经济、文化、历史发展都会产生巨大的影响。在传统社会，由于家庭分工不同，男性和女性在家庭代际关系中所扮演的角色有着明显的差别，在父母的养老中也有着明显的分工。男性作为家族的代表，既是家庭经济的主要供给者，也是财产和特殊技能的继承者。他们承担着继承和管理家庭的责任，在家庭中享有至高无上的权力和地位。每位男性在成年以后都肩负着娶妻生子，传授社会、家庭伦理道德规范，教授劳动、生活技能等责任，并以此保证整个家族血脉关系的有序延续和运行。男性婚后一般都与父母共同居住，为家庭创造财富，为父母养老送终。而女性在家族中，从一出生就受到与男性不同的待遇，在家从父从兄，出嫁从夫，夫死从子。从家族利益最大化出发，父母一般不会在女儿身上投资过多的金钱，只需在女儿出嫁时提供少量嫁妆即可。与此相应，女儿在婚后没有赡养自己父母的义务，即与父母只有血缘关系，没有实质性的经济关系。

近年来，受社会、经济、文化、环境、福利待遇等诸多因素的影响，大多数家庭中父母与子女之间的代际关系发生了质的变化，原有以生儿子为首选的偏好，已经开始向儿女平等转变。在家庭代际之间的互惠关系以及对老人的赡养方面，虽然儿子仍然发挥着重要作用，但儿女角色的差异已经变得越来越小，家庭中男女两性与父母的代际关系也逐渐趋于平等，主要表现在以下几个方面。

首先，男孩和女孩在对增加家庭劳动力、提高经济收入和父母养老方面的差别日趋减小。根据调研显示，李村绝大部分男性村民在结婚以后都会选择与父母分居另起炉灶，女儿在出嫁以后也会跟随男方居住在男方家里。受家庭经济条件影响，只要父母生活能够自理，李村绝大部分年轻村民无论结婚与否都会选择到外地学习或工作，留下幼儿在家中，由老人帮忙看管。他们不仅对父母生活的照顾十分有限，反而需要父母为自己孩子的生活和学习继续忙碌。等到老年人生活不能自理的时候，大部分家庭会将父母养老的重任进行分解，由一个或多个儿子轮流照顾，女儿只需要经常来看望即可。

其次，由于生产生活条件的改善，家庭对不同性别子女劳动力的需求差异相差无几。近年来，随着农业机械化的普及，绝大部分家庭对耕地劳动力的需求量大幅度下降，家庭劳动力出现了剩余。剩余劳动力会选择外出务工，进而获取更多的家庭财富。调研团队在询问李村李某是否让儿子或女儿帮忙耕种、收秋时，李某说道：

现在种地比原来省太多事了。就拿收麦说吧，最早的时候是去地里面用镰刀割麦，割完之后打捆，打捆之后拉麦，拉完之后打麦，打麦之后扬场，扬场之后晒麦、脱粒。脱完之后把麦子用袋子装好，最后再卖给收麦子的，前前后后得忙半个多月。现在比以前简单多了，都是收割机收麦。收完之后家都不用进，直接拉到粮食收购点卖掉，现场就能拿到钱，所以也用不着孩子回来帮忙了。

由此可见，受到农业机械化水平提高的影响，子女在劳动能力上的实际差别已经相差无几，家庭生产对男孩或女孩的差异已经不像原有那么明显。

再次，男孩对家庭经济的作用明显下降。就抚养子女而言，李村一般家庭对儿子的抚养成本要远高于女儿。根据调研显示，绝大部分父母都认为，现如今儿子娶妻、盖房等费用已经成为整个家庭最大的支出。这些花费往往需要父母甚至整个家庭辛勤劳作、省吃俭用多年才能凑齐。而女儿的抚养以及出嫁的费用对于整个家庭而言，相对较少，几乎没有任何经济压力，不需要父母负担过多的费用。就赡养父母而言，由于土地的减少以及农耕效益的相对下降，外出务工、经商已经成为绝大部分子女的首选。根据调查所悉，虽然大部分男性外出务工的收入要略高于女性，但由于男性的消费较多，在对父母的赡养以及家庭经济贡献方面并没有明显高于女性。

最后，养儿防老的传统观念逐渐淡化。养儿防老是人们通过养育儿子解决自己老年阶段的经济和生活有所依靠问题的一种传统的养老观念，是中国农业社会传统生育观念和养老思想的结合，体现了农业社会亲代和子代之间关系传承的一种方式。在这种代际关系的指导下，老年人是整个家庭的本位，在家里具有至高无上的地位。父亲是一家之主，是权威、财富、知识、生产技能的掌控者。儿子是继承人，具有家庭财产的占有权和继承权。这种父辈财产控制权与子辈财产继承权的有序传递构成了中国传统家庭养老的基本条件。子继父产成为必然，赡养父母成为天职，进而形成了唯父母是从的养老孝子之说。

近年来，随着人们思想的解放以及国家生育政策的调整，“养儿防老”的传统观念已经逐渐淡化，人们开始注重培养子女的“质量”，而不是生育子女的数量。老年人的经济供给和生活照料也由原来的儿子单独供给，转变为由本人、儿子、女儿三方共同承担。李村李某说道：

前段时间，我因阑尾炎手术住院了。因为我闺女在县医院工作，她就问我用不用让她俩兄弟回来。我就说：“你让他们回来干啥啊，这也不是啥大病，小手术，对不对，别让他们回来了。”儿子知道这事儿后，给我打电话说道：“爸，你做手术，我是把钱打你卡里面还是打到俺姐那里？”“谁也别汇了，我有钱，我自己负担。”

村民郑某也曾说道：

现在生活条件好了，大部分子女都孝顺。就以女婿来说，哪次来看老丈人不得拿个一二百块钱的东西啊，出手都可大方。另外，闺女平常回来的时候也不会空手，都会拿些东西。

第三，老年人健康状况对代际关系产生重大影响。

根据统计数据显示，截至 2017 年 11 月，李村 60 岁及以上老人有 406

人，占到总人口的 18.78%。随着这部分老年人口的年龄持续增长，健康状况不断下降，他们对自己的居住方式、子女的赡养需求也会产生新的变化，同时也会对老年人与成年人之间的代际关系提出新的要求。

根据国内外对老年人口的年龄划分，一般将 60 岁及以上老人分为三个层次：轻龄阶段（60~69 岁）、老龄阶段（70~79 岁）、高龄阶段（80 岁及以上）。根据统计数据显示，李村三个层次的人口划分数据见表 3–9。

表 3–9　李村三个层次人口统计

项目	轻龄阶段	老龄阶段	高龄阶段	总计
丁庄（人）	45	31	12	88
李村（人）	26	14	6	46
英庄（人）	44	7	8	59
马庄（人）	23	4	4	31
合计（人）	138	56	30	224
比例（%）	61.61	25.00	13.39	100.00

根据上表显示，李村共有 138 人进入轻龄阶段，56 人进入老龄阶段，30 人进入高龄阶段。随着老年人口绝对数的增加，老年人对子女的贡献及需求也会产生相应的变化，并表现出明显的阶段性特点。

对于李村 138 名轻龄阶段人员而言，由于刚刚步入老年阶段，他们自身的健康状况绝大部分都显示出良好的状态，配偶大多尚在、经济相对宽裕、生活能够自理，对子女空间距离的需求相对较低，并不需要与子女共同生活在一起。在这一阶段，成年子女与父母之间的代际关系显示出相对和谐的互助局面。子女由于长期在外务工，需要父母帮忙照顾自己的孩子及家中的田地。父母由于身体及经济状态良好，大部分不愿意为子女添加过多的经济负担，只需要经常的问候及情感支持。即使由于偶尔患病需要照顾，大都是短期的，可以通过配偶或亲友进行帮助，所以并不需要儿女负担过多的经济及体力支持。

李村郑某现在还是村里的贫困户，正享受国家扶贫政策，老伴也是三级残疾，每天靠郑某拾破烂增补家用，家庭的经济条件并不算好。当郑某聊到自己老伴今年看病的事情时说道：

前段时间，老伴腿做了手术，三个孩子都回来了。手术完第三天，我让他们都走了，没让留下来照顾，我自己就行了。手术的钱也是我自己拿的，没有让孩子拿一分钱。医药费一共 40000 多块，新农合、大病补助、低保三项报销之后自己花了 14000 多元。

当调研人员问及为何不让孩子分担医药费的时候，郑某又说道：

虽然我和老伴身体都不太好，但好在原来有一些存款，自己能负担，就不想给孩子添麻烦。

对于李村 56 名进入老龄阶段的人群而言，随着年龄的增长，通常需要缩短与子女的空间距离，最好是共居或近距离居住。在这一时期，老年人的健康状况普遍下降，其中一些老年人可能会经历丧偶之痛。生活自理能力下降，难以独立完成日常家务活动，对子女的需求度显著增加。这时老人不仅需要子女对其近距离的照顾，如做饭、购物、打扫房间、患病救助，等等，还渴望与子女近距离相处，以求得到情感的慰藉。如果老年人的居住地与子女有一定的距离，要么必须迁移到儿子家居住，要么儿子轮流到父母家进行照顾。

高龄阶段是老年人生命的最后阶段，李村共有 30 人进入高龄阶段。在这一阶段，绝大部分老年人的身体健康状况会进一步恶化，甚至生活不能自理。这时，父母不仅需要子女待在自己身边，为其衣、食、住、行提供基本服务，还需要社会的正规机构承担相应责任。例如，医疗机构对老年人的身体检查和对疾病状况变化的监控。在这一时期，老年人对子女关怀、赡养的需求会进一步增加，长期对老人的照料也会使子女感到负担过重，甚至筋疲力尽。例如，丁某 1921 年出生，现已 91 岁高龄。由于长期嗜酒，造成双目失明，所以生活不能自理。他对近年来的生活很满足说：

这些年，国家扶贫政策好啊。前后经过顾书记、李书记两任，生活环境和生活条件得到了很大的改观，物质生活得到了很大的提高。扶贫干部为大家修路，积极为大家想办法致富，为我家提供免费的种羊，让我们发展养殖，帮助我致富。

当问到其日常生活状态时，丁某骄傲地说：

我的日常生活、一日三餐由儿子负责，他跟着我住。闺女经常过来，负责给我洗衣服。因为家里女儿多，自己的外孙、外孙女经常来家里看我，每逢过年过节，外孙、外孙女、重外孙女、重外孙媳妇都来给我拜年。

在谈到自己母亲养老问题时，郑某说：

现在我和嫂子两家轮换，一替 5 天。哥不在了，嫂子在帮忙看老娘。老娘吃谁家的，住谁家，已经十几年了，今年已经 88 岁了。

总而言之，老年人的健康状况对整个家庭的代际关系会产生重大影响。老年人对子女的爱是贯穿一生的。当父母的健康状况下降时，这种爱会转化为对子女的需求。

第四，家庭类型的转变对老年人养老产生重大影响。

自古以来，家庭就是我国社会结构中的重要组成部分，是社会发展的重要因素。它作为特定的社会历史范畴会随着人类社会的发展由无序到有序，从单一到多元，发生着模式的更迭与转型。随着人类社会的发展，家庭类型的变迁与阶段性特征始终与家庭代际关系处于动态的演化过程，并对家庭成员的生产、生活方式，价值取向，思想意识，家庭养老产生深刻影响，从而影响父代、子代、孙代三代之间的代际关系。

家庭类型是指根据家庭关系或家庭结构的不同进行的分类。划分家庭的类型，可以根据不同的需要采用不同的标准。例如，根据时代特征，可以分为传统家庭和现代家庭。根据家庭结构，可以分为单亲家庭、核心家庭、直系家庭、联合家庭、直系联合家庭和其他家庭。根据规模大小，可以分为大家庭和小家庭。在这里主要介绍李村普遍存在的两种家庭类型以及这些类型下形成的代际关系。

第一，核心家庭。核心家庭是指由一夫一妻及其子女所组成的家庭或一对夫妇尚无子女的家庭。在这种家庭中，前者以子女为本位，家庭决策以子女利益为重；后者以同代夫妇各自的利益为重，主要靠夫妇个体间的感情以及利益维系夫妻关系。

根据调研显示，李村的核心家庭主要有三种表现形式。

首先，子女婚后在外地工作和定居，只有逢年过节才会回到家中看望父母，并短期居住。这种形式的核心家庭相对来说比较独立，子女的个人能力、经济水平、文化修养以及学历等级相对较高，具有完全的自主能力。就代际关系而言，子女与父母关系相对较好，代际双方都能相互体谅对方。由于儿女不在父母身边，不能及时尽孝，所以会经常打电话问候父母，为父母购买衣物，汇款、发红包等。父母也很体谅子女，怕子女在外工作压力过大，经济负担过重，尽量不给子女添麻烦。

其次，子女婚后在李村本地生活，与父母分家单独居住。对于代际双方来说，这种形式的核心家庭相对比较稳定与和谐。父母与子女分开居住，既能减少因生活习惯、性格偏好、文化素养的不同而造成的摩擦，又能彼此紧密联系、相互照应。在父母遇到紧急情况和困难的时候，子女能很快来到身边，帮助父母排忧解难。在子女繁忙时，父母又可以临时帮助照看孩子，处理家务。双方互帮互助，各取所需，相对和谐。其中值得注意的是，在这种类型的核心家庭，父代和子代的关注点一般都会集中到孙代身上，以孙代的利益和发展为重。通过走访调查，调研团队发现几乎所有核心家庭都将重心放在孙子和孙女身上。例如，上学要去比较好的学校，接受良好教育。生活要以他们为中心，家里的好东西都留给孙子和孙女吃，等等。

最后，一个或多个儿子婚后与父母分家并选择在外地工作，把自己的一个或多个孩子留在爷爷奶奶家，由爷爷奶奶负责照顾。严格来讲，这种类型的家庭并不是核心家庭。因为子代既不让孩子待在自己身边，负责照顾孩子的日常起居及教育工作，也不与父代居住在一起，赡养老人，而是选择由父代代替自己抚养其子代。

根据调查显示，这种跨代抚养的模式在李村非常普遍，并以父代代替一个或多个儿子抚养孙代为主。就家庭关系而言，由于牵扯到父代、子代、孙代三代之间的纵向直系代际关系，以及兄弟、兄妹、连襟、姑嫂之间的横向关系，会使整个家庭的关系变得非常复杂，出现各种各样的家族矛盾，进而对老年人未来的养老产生很大影响。

第二，直系家庭。直系家庭是指一对夫妇和一对已婚子女、孙子女所组成的家庭。这种家庭既有一定的凝聚力，也有一定的排斥力。它的凝聚力并不是以夫妻关系为核心，而是表现在亲子纵向关系上，即婚后继续与父母同住；它的排斥力表现在其余的兄弟姐妹必须独立门户，形成新的核心家庭。

在李村，这种类型的家庭主要表现为父母与自己的一个已婚儿子共同生活。就代际双方来讲，如果父母身体较好，绝大部分父亲和儿子会选择外出务工，赚取工资，补贴家用。母亲则会待在家中帮助儿媳照顾孩子，料理家务。如果父母身体不好或进入轻龄、老龄、高龄阶段，一般则由儿媳负责照顾公婆，儿子外出打工。

由此可知，直系家庭代际关系的重点主要集中在儿媳与公婆双方身上。如果双方都能做到通情达理、互谅互让，那么整个家庭的代际关系就比较和谐。如果单方或双方都表现得自私自利、互不相让，那么双方的代际关系就会变得日趋复杂，甚至牵扯到其他独立门户的兄弟姐妹。

（四）乡村孝道失衡的原因

1. 农村老年人家庭权威的丧失

在传统自足自给的小农经济社会中，家庭是最基本的生产和生活单位，村庄是农民安身立命的唯一场所。在整个家庭中，父辈拥有着绝对的权威和至高无上的地位。他们掌管着整个家庭的生产工具、土地、房屋、金钱等一切财产，并拥有完全支配的权力。他们以大量的生产生活经验及丰富的人生阅历，指导晚辈的日常行为，赢得子代的尊敬。子代虽然具有继承家庭财产的权利，但也必须同时承担赡养父母、尊敬父母、服侍父母的义务。这种子承父业、养儿防老的传统习俗能够得以延续的最根本原因在于亲代具有可以交换的财产资本以及男性长辈的权威。

随着人类文明的进步，社会的变迁，传统的生产、生活方式发生了巨大的变化，原有以人力、牲畜、传统生产经验为基础的传统农业生产已经无法满足现代农业生产的需要，并逐渐被农业科学技术、机械化、区域化、专业化的现代农业所取代。高新科技的发展使得老年人的传统耕种经验和知识价值严重缩水，在整个生产生活中，年轻人对老年人的依赖逐步降低，逐步挑战老年人的权威，并表现出强烈的独立意识。

随着我国城镇化以及工业化进程的加快，大量农村青壮年进城务工。他们普遍从事非农业生产，主动或被动地接触现代工业文明和城市气息，成为新知识体系的主要拥有者和阐释者。相比之下，农村的父辈既没有接受过高等教育，又缺少年轻人的崇新心态，致使其在知识、信息、技术、经济收入等方面都落后于子代。因此，在既无传统权威又无现代化能力的条件下，乡村老年人群的处境便呈现出边缘化的态势。这种家庭经济地位的改变使原有的代际交换平衡被打破，父母凭借的不再是原有的经济地位和家庭权威，而是仅有的血缘情感。而随着老年人体力的逐渐衰退，在整个家庭生产中的贡献急速降低，年轻人逐渐成为家庭的主力，这使得老年人失去了对整个家庭的支配权。由威生敬、由敬而孝的基础由此受到严重冲击，原有家庭养老所依托的“崇老文化”也就失去了社会根基。

2. 市场经济引致年轻人孝道伦理观念式微

近年来，随着市场经济的高速发展以及西方思想文化的长期渗透，传统孝道伦理观念受到严重冲击，农村家庭养老功能不断弱化。很多年轻进城务工人员在学习先进科学技术以及优秀管理经验的同时，深受个人主义、拜金主义、享乐主义、自由主义影响，致使农村原有孝道伦理观念面临传统与现代、落后与先进等一系列矛盾的冲击。

首先，市场经济作为一种有效的资源配置方式，是以竞争和效率为前提。很多务工人员必须在公共关系以及社会交往中寻找更多的利己条件发展自己，为了追求自身的成功与收入的提高，放下家庭而直面社会责任，利用更多的时间和精力发展自身，对家庭的依赖越来越少，忽略了对老人应尽的义务，敬老、爱老孝道观念趋于式微。

其次，市场经济体制的建立和经济的高速发展使得我国社会日益呈现出消费性特征。在消费社会中，感性的快感和欲望不再是人们加以防范、警惕的邪恶异类，相反，它成为部分年轻人炫耀的资本。正如波德里亚描述的那样：“今天，在我们的周围，存在着一种由不断增长的物欲、服务和物质财富所构成的惊人的消费和丰盛现象。它构成了人类自然环境中的一种根本变化。”①

最后，市场经济赋予了人们追求物质欲望的正当性，即时的物质利益成为很多年轻人的价值行为取向。随着人们物质欲望的提高，追求金钱成为人们日常劳动的普遍趋势和强大驱动力。货币成为人们追求的“神圣”对象，金钱居于人们精神的中心位置。部分子女将对父母的赡养看成是一种即时的有偿劳动，并没有把赡养亲代看成是一种延时回报。这种子代即时的物质取向必然存在两种后果：其一，通过“彩礼”“分地”等名义直

① [法]波德里亚：《消费社会》，刘成富、全志钢译，南京大学出版社2000年版，第1页。

接盘剥父母；其二，通过不赡养或不充分赡养父母来减少支出，以间接获利。

3. 自愿性“经济再哺”引致子女持续“啃老”

“啃老”一词是指已成年、具有社会生存能力的年轻人，还依靠父母或亲戚养活自己，在不“断奶”的状态下生存。这一词汇原指城市中的年轻人对父母的过度依赖，近年来，随着农村“啃老”现象越来越多，引起了广泛的社会关注，并主要表现为青年夫妇面对村庄内部日益抬高的地位消费“标准”或进城生活的高昂成本，进而在经济帮助、孩子照料以及家务分担等方面对年老父母表现出或多或少的期待。调研人员对李村的整体调查发现，李村之所以会形成“啃老”的局面主要取决于以下三个方面的原因。

第一，“家庭”代际认同的复归。

20 世纪八九十年代，随着青年群体个体意识的增强以及对独立生活的向往，他们开始对传统的整体家庭结构进行挑战。在这种大环境下，代际之间的分居变得越来越普遍，传统大家庭被分为若干个小型核心家庭。分家之后，父母与子女、兄弟与兄弟之间各自分账生活，父母只需在农忙或闲暇之时适量照顾孙辈即可。原有的传统大家庭逐渐被小家庭分割，并逐渐碎片化，只有在过年过节或与其他村民发生冲突时，传统的“家”才会凸显出来。

进入 21 世纪以后，代际家庭逐渐发生新的变化。伴随着城镇化和消费时代的到来，面对进城的高昂生活成本、教育投入以及村庄维持体面生活的消费标准不断提高，在众多压力之下，年轻一代开始变得难以独立支撑基本生活消费。他们对经济、住房、孩子照料、家务等方面的分担需求开始变得日益迫切。不仅如此，就代际期待而言，受传统观念的影响，家庭的绵延在父母的心中是一个永远不可解脱的情结。这种情结使得他们永远不忘自己对子孙的责任。正是这一责任，使得老年人总是要求自己做出不计回报的付出，也使他们自觉选择了对自己高标准要求和对子女的宽容态度。

第二，父代行为逻辑的转变。

在传统时期，中国社会对“孝”文化的强调以及父代掌握着家庭资源配置的权力，使得在父子双向义务性关系之中形成了父代的单向权威。在这种关系的主导下，父子双方共同遵守规定的文化义务，子代向年老父母尽孝，父代帮助子女结婚成家、延续“香火”。这种义务性关系突出的特点是代际交换的非理性，父子情感是父代积极奉献与子代“厚重”赡养的基础。

到了20世纪八九十年代，在市场化与现代性的影响下，孝道文化开始衰弱，代际矛盾开始显现。子代为了追求更加自由、富裕、私密的生活，纷纷进城打工，代际分家不断提前，子代开始挑战父代的权威，家庭代际矛盾不断增多。不过，父辈依然在父子关系中拥有一定权威，并继续控制着村庄的话语权，而且子代受制于“孝”文化与村庄社会规范的约束，代际矛盾虽在一定程度上影响着父子交换行为，但父子双方基本上仍在文化规定的义务范围内进行抚育与赡养，代际关系仍处于一种相对厚重的平衡状态。

进入21世纪以后，随着中国社会的快速发展，父代的生活经验很难再为子代提供指导，子代对现代知识、文化有较强的适应能力并能够在劳动力市场上获得更高的回报。由此，家庭中父代与子代的经济地位开始逆转，子代开始代替父代成为村庄话语的新一代主导者。对于子代而言，在新的代际规范中，他们建构了有利于自我的新代际规范，重新定义了父子间的相互义务。即父母对子代有无尽的义务责任，而子代对父代的赡养依赖于父母对自身“被赋予”的责任完成情况而做出赡养回馈。对于父代而言，此时的他们不得不理性地参与到新的代际规范之中。这是因为受到权威优势丧失、孝道淡薄等因素的影响，子代能否“厚重”反馈很难保证，父代只能希望通过遵循子代建构的“给多少才能要求多少”的新代际规范主动剥削自我，把家庭资源早早转移给子代，希望通过不断的代际支持，以建构和谐而又亲密的父子关系，从而在自我年老体弱时能够获得子代“厚重”的赡养。

第三，父代人生价值和意义的建构。

在传统中国社会，人们往往将自我放置于家族绵延的长河之中，上承祖先，下接子孙，从而实现家庭和家族的延续。然而，在村庄阶层分化的背景下，农民人生价值和意义开始转变，人们不仅关注“香火”延续，而且越来越关注自我在村庄中的面子，即能否获得他人的尊重与良好的村庄舆论评价。与青年子代不同，年老父辈对自我面子的关注不是表现在对“吃”“穿”等方面追求，而是将自我融入到子代家庭中。一方面，在代际家庭内部，虽然父代的单向权威已经衰落，但是年老父母往往通过仪式性的支出显示自我在家庭中的地位，进而在一定程度上维持父代在亲友交往中的社会权威。另一方面，在村庄内部，父母帮助子女获得良好教育、进城生活已经逐步演变成为村庄社会的地方性共识。这种共识作为一种评价标准，会引发整个村庄的社会舆论，使得父代积极为子代提供支持，从而减轻子女负担，增加子女可用经济资源，通过自我的牺牲帮助子女实现城市生活。

不仅如此，受传统家庭主义文化的影响，“父子一体”始终牵连着父代家庭与子代家庭，即父母在年老之后，能否获得村庄他人的尊敬和获得村庄社会中的“面子”，有赖于子代个人的发展。因此，“啃老”对于父代而言具有相当重要的积极意义，它不仅关乎自我在村庄中人生价值和意义的实现，而且关乎“传宗接代”、家庭良好延续的生命价值和意义，从而“啃老”被以一种积极的话语表达出来，并深得父代认同。

4. 农村养老保障制度没有完全形成

自 20 世纪 80 年代起，我国各地政府就开始探索构建契合当地实情的农村养老保险制度，但是由于区域之间存在着一定的差距，一直未针对农村养老保险进行宏观层面的统一规划，进而导致不同地区的农村养老保险发展出现了碎片化的特点。直至 2009 年，我国开始全面实行新型农村养老保险制度的构建。2012 年，我国新农保实现了全国覆盖。2014 年，我国决定将新型农村审核养老保险与城镇居民社会养老保险合并起来，构建起城乡统一的养老保险制度。自此，农村养老保险制度覆盖面开始不断扩大，有效资源开始向贫困与落后地区流动，农村老年人口从中受益，得到了经济上的保障。然而，当前农村养老保险距离“老有所养、老有所依”的目标还相去甚远，究其原因主要有以下几点。

第一，农村养老保险统筹层次与保障力度不高。

对于我国养老保险制度而言，统筹层次低是最大的缺陷之一。当前，我国主要由省级统筹或市县两级统筹基本养老保险基金。因为统筹层次过低，引发了诸多问题：一是基金的使用不够规范，出现一定混乱。二是基金的使用率非常低。三是不利于劳动力在全国劳动力市场上的自由流动。与此同时，我国农村养老保险水平过低，城镇职工养老保险和城乡居民养老保险之间存在着显著的差异，农村养老保险的保障与财政支持力度都严重不足。

第二，农村养老保险碎片化严重。

当前，我国农村养老保险在不同的地区间无法实现横向调剂，各地方独立治理，导致我国社保出现了严重的碎片化现象。社保制度的碎片化特点导致社会的不公平，进而引发诸多社会问题。从参保主体方面来看，我国养老保障体系主要由新型农村养老保险、事业单位养老保险、企业职工养老保险、城镇居民养老保险构成。这一体制过于落后，在管理、制度、筹资与发放等方面都难以满足时代发展的需求。这种碎片化的现象导致我国各大养老体制无法相互替代。与此同时，因为不同养老体制下对男女年龄条件方面的规定不同，这进一步加剧了我国农村养老保险的碎片化问题。

第三，社会共济性不高，财政支持力度低。

目前，我国农村养老资金的筹集机制为集体、政府与个人三方承担。其中，个人与集体的筹资能力比较低，政府的筹资能力又有限，使得我国养老资金的统筹层次非常低，很多地方出现了养老金收不抵支的严重问题。除此之外，由于农村养老保险为非强制性，使得农民参保的积极性不高，保险共济功能无法发挥，“老有所养，老有所依”沦为空谈。

（五）当代农村养老问题的发展取向

1. 构建积极和谐的代际养老关系

赡养关系本质上是子女和父母的双向互动关系，并且互动的质量和互动的方式决定了代际养老关系是否和谐。在现代社会，由于知识和经验的平面化，老年人对青年人的生产生活已经无法提供唯一的正确性指导，那么他们的最佳互动方式就是互为榜样，相互学习。在现实生活中，养老保障包含着经济和精神情感的双重满足，它不只是子女对父母的供给，还要实现父母意愿的达成。在家庭结构核心化，家庭经济和文化重心向青年一代转移的趋势下，传统社会以老人为核心的家族共同生活格局下的居家养老形式必然弱化。培养子女和父母的积极互动关系，既要求青年人加强责任感，发挥敬老、爱老的主体能动性，又要求老年人重新建构养老观念中的时代内容，培养积极的暮年养老文化。为此，建构和谐的代际养老关系，就要注重代际沟通，相互尊重，根据当代社会自由、平等、民主的发展价值取向，构建子女和父母的“对称的责任伦理”。在“对称的责任伦理”中，年轻人获得被抚养的权利，也要承担赡养老年人的义务，在承担经济赡养职责的同时，更要尊重老年人自身的养老意愿。另外，作为被赡养的老人也不应该固执地恪守传统养老理念，要理解家庭角色的转变，适应社会变化的新型伦理关系，积极参与社会生活，丰富暮年生活内容，提升情感养老的来源和质量。

2. 加强青少年孝文化教育，培养强化孝道观念

孝是中国传统文化中最具特色的伦理思想之一。《孝经》把“孝”视为德育的根本。子曰：“夫孝，德之本也，教之所由生也。”孝道，是德行的根本，是教化的出发点。为此，要加强农村青少年的孝德教育，强化孝道观念。

第一，加强家庭孝文化教育，强化青少年孝道观念。

孝乃家庭伦理之基础，家庭是孝的启蒙教育和内化的最重要的场所。我国传统孝道文化是在儒家文化背景下基于血脉亲情形成的一种道德文化，是我国尊老、敬老、养老的传统美德。首先，要加强对成年人的孝文化教育。父母是孩子的第一个老师，父母如何对待老人对孩子有着深刻的影响。所以，为人父母者更应当接受孝的教育，为自己的孩子树立榜样。其次，加强对青少年的孝文化教育。青少年的孝道观念和孝德水平在很大程度上决定着农村家庭养老的未来，因此，从小培养孩子的感恩意识，教育和引导青少年树立新的孝道观念十分必要。

第二，加强学校孝文化教育，培养青少年学生孝德意识。

加强青少年的孝文化教育，学校是主阵地。孝在中国传统教育中居于核心地位，但在当今学校的文化教育中，大多以教学大纲规定的内容进行教学，德育内容少之又少，而且缺乏实际可操作性，学生在学校很难培养孝德意识，体验孝行为。为此，加强学校的孝文化教育，首先要把孝文化纳入学校教育的范围，在教学内容中增加孝文化知识，使德育成为学校教育的主要内容之一。其次要努力开拓多样化的孝德培养方式，把德育教育的起点放在孩子力所能及的事情上，使敬老、养老、助老的德育教育在中小学生中入脑入心。

第三，加强社会孝文化宣教，为青少年营造良好孝德氛围。

社会是最大的学校。要想更好地传承传统孝文化之精华，必须利用现有的社会资源，加大孝文化的宣传教育力度，使敬老养老观念由家庭推广到社会，鼓励人们将高尚的道德情操推己及人，做到“老吾老以及人之老，幼吾幼以及人之幼”，从而营造良好的孝亲敬老的社会氛围。

3. 加强自我道德评价，消除父子双方心理依赖，实现代际公正

农村青年“啃老”现象是我国现今经济快速转型发展过程中父子代际关系的一个映射，这一现象的发生并不是一朝一夕就突然出现的，同样对这一现象的解决也不可能在一夜之间完成。因此应该从“啃老”现象产生的原因出发，理论与现实相结合，为解决“啃老”问题提出相应的伦理对策。

第一，加强自我道德评价，调整自己的行为，逐渐形成敬老爱老的道德品质和独立自强的道德人格。

道德评价是指在道德活动中，依据一定社会或阶级的道德标准对个人或集体的道德行为和品质进行是非、善恶、荣辱、正当与不正当等道德价值的判断和评论。对大众而言，“啃老”显而易见地违背了传统孝道，违背了人们心中老人应尽享天伦之乐的传统信念，必然会受到舆论的谴责。这种谴责会促使“啃老族”在受到舆论压力后通过自我道德评价进行自我反省，规劝自己自觉抵制各种不道德的行为和思想，激励自己树立正确的道德人格，唤起自己的道德责任心和荣誉感。

第二，消除双方心理依赖。

绝大多数的“啃老族”都是在相对优越的物质生活条件中成长。他们从小在经济上和心理上完全依赖父母，成年后仍然理所当然地接受父母对其日常生活的照顾。因此，割断父母与儿女之间的“心理脐带”尤为重要。父母应从小培养孩子的独立人格，放手让子女去完成他们自己分内的学习和工作任务，不包办孩子所有的事情，促进其早日“心理断乳”。农村“啃老”青年大多是已有工作能力的人，应对父母从小为自己的付出给予回报，父母不能让子女认为自己是取之不尽用之不竭的“聚宝盆”。父母对儿女的心理依赖也应及时消除。现代社会，儿女由于家庭、工作原因，把生活的重心放在了自己的朋友圈或者工作上，逐渐“冷落”了父母，因此，许多父母主动让儿女“啃”，究其原因，只是为了能重新获得自己在儿女心中的地位，让儿女感受到父母的重要。因此，父母也应该消除自己对儿女的心理依赖，早日让儿女能够承担起他们应该承担的责任。

第三，平衡代际关系，实现代际公正。

进入新时代以后，我国家庭关系重心由不平衡的传统父子关系转换成了平等的父子关系，但其重心却出现了严重偏移，“啃老”现象的出现反映了现代家庭代际交换的严重失衡。做父母的倾其所有，在物质上、精神上给予子女最大限度的支持与付出，对他们投入无私的情感和爱。他们期望子女有所成就，在自己年老时能得到他们的关心和照顾。但“啃老族”长大后往往是对父母无节制的索取和无止境的依赖，很少考虑在物质和精神上给予父母适当的回报。而更有甚者，出现了弃老、虐老的情况，这些都使老年人深感亲情的冷漠和晚年的凄凉。代际交换的严重失衡，不能不引起全社会的高度重视。因此，我们需要建立相对平等的关系，寻找父代与子代的代际公正，改善父代与子代的权利与义务关系。父代与子代要相互关心、相互爱护、相互帮助、相互体谅、相互支持、相互包容。只有通过这样的方式才能有效实现代际公正，从而开创父子关系的新局面。

4. 构建完善合理的农村养老保险制度

由于我国农村人口数量众多，想要完善合理地解决农村养老保险工作并非易事。相关部门应从以下三个方面构建农村养老保险机制，从根本上解决我国农村社会养老问题。

第一，完善农民参保的各项法律法规，加大农村老年贫困人口扶持力度。

我国当前农村养老保险实行自愿参与机制。这种机制的实行虽然给农民一定的选择空间，但也与社会保障基本共济原则相矛盾，不利于统筹工作的开展。对此，政府相关部门可以引入强制性的参保措施，使得农村居民拥有一个相对稳定的基础保障。与此同时，针对经济落后、生活贫困的参保农民有必要加大财政补贴力度，提升其个人账户养老金替代率，调动其参保积极性。除此之外，商业保险公司与私人养老机构也可以推出更多的针对农民这一特殊群体的私人保险产品，从而构建起强制性的基础养老保险与自愿性商业养老保险并行的养老保险机制。

第二，构建社会统筹与个人账户分账管理的机制。

针对我国养老保险存在碎片化、难以发挥经济互助作用的特点，相关政府部门应针对当前养老保险的发展状况引入科学的资金筹措方式，将个人账户与社会统筹有效对接，将分散的养老资金进行科学统筹、规划与配置，使得各项资源被充分利用。与此同时，针对贫困地区资金不足的特点，各地政府还应该加大财政补贴力度，促使区域间的养老保险发展保持均衡，降低地区贫富差距。

第三，进一步拓宽资金筹集路径。

目前我国养老保险采用了部分基金累积式。这种模式的主要特点是将企业与城镇居民缴纳的养老金的一部分纳入个人账户中，另一部分纳入全国社会统筹账户中。个人账户仅仅记录缴费状况，个人账户与社会统筹账户均由政府集中管理。由于我国养老保险统筹层次非常低，依照当前的制度，政府财政需要根据每年所需额度拨付一定的农村养老基金进行积累。长此以往，政府的压力会越来越大，尤其是在人口老龄化的趋势下，养老资金额度会持续扩大。所以，政府有必要进行农村社会保险累积制度方面的改革，构建起政府财政累积制度。除此之外，还需要进一步拓宽养老资金的筹集路径，如与社会福利部门等加强合作，充分发挥“第三次分配”的作用等。

第四章

吹糠见米：“帮扶”治理实践的督查与评价

现在，进入李村，可见干净的村容、四通八达的水泥路以及路边的风景树和太阳能路灯、“显著”矗立田野的教学楼、村室前两个扶贫车间以及忙碌的工人、村内气派的文化广场、自然村内十字路口健身器材、墙壁上的孝老爱亲与水墨乡愁图画……

走进李村村室，各种荣誉证书、奖状挂满了墙壁，尤其是党支部多次被评为基层先进党支部，反映了上级对李村村党支部、村委会工作的评价与认可。

走进农户院落，与农户攀谈，可以看到农户发自内心的笑容，可以听到他们真挚的感恩话语，可以体会到他们对党支部与干部的信任感。

一、政策项目的落地与督查反馈

国家政策的贯彻落实，除了上级的督查检查以外，利益相关者的反映，应该更能彰显事物的本质。

（一）村庄层面的项目政策反馈

1. 上级的评价

（1）2018 年被中共 Z 市市委、市人民政府授予市级文明村镇。

（2）2019 年 3 月，省脱贫攻坚办公室组织的定点帮扶工作年度考核成

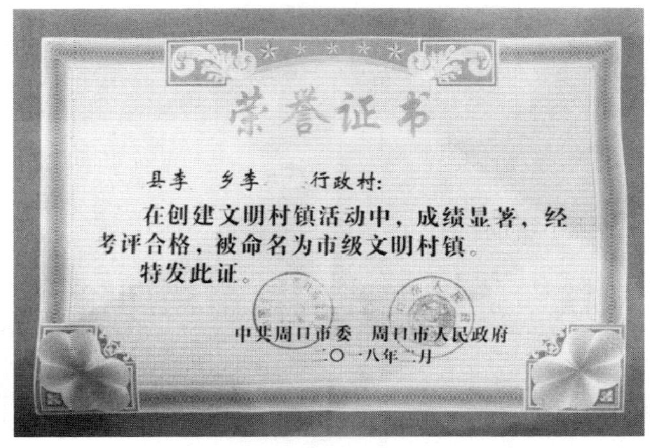

荣誉证书

县李 乡李 行政村：

在创建文明村镇活动中，成绩显著，经考评合格，被命名为市级文明村镇。

特发此证。

中共周口市委 周口市人民政府

二〇一八年二月

图 4-1 李村荣誉

绩突出。根据《河南省脱贫攻坚领导小组关于印发2018年度脱贫攻坚成效考核工作方案的通知》（豫脱贫组〔2019〕3号文件），2019年3月，河南省脱贫攻坚领导小组对承担校地结对帮扶任务的53所高等院校进行考核检查，主要考核“组织领导、智力帮扶、科技帮扶、培训帮扶、人才帮扶、产销帮扶、特色帮扶”等7个方面内容，要求53所高校根据“校地结对帮扶”工作开展情况和取得的成效进行总结，有定点扶贫任务的将定点扶贫工作开展情况及取得的成效作为单独部分纳入自评总结——李村属于周口师范学院定点帮扶村，在脱贫攻坚成效考核之列。

根据本次考核的反馈意见，周口师范学院属于“承担定点扶贫任务的省直党政机关及相关单位综合评价好的名单中的十三所高校之一”①。

（3）落实县乡两级政府组织的检查整改要求。

一是2018年5月25日，县乡两级组织“百日会战”，检查之后，反馈的主要问题包括：“户”“表”“机”不一致，个别户档卡信息存在漏登情况；边缘户（疑似漏评、错退）的说明工作需要进一步细化；贫困群众对享受政策的知晓率不够高；个别老人居住环境差，需要与子女合户居住；等等。

二是2019年7月8日，乡党委、政府组织的围村检查。2019年7月8日，楼乡乡长王怀亮、副书记岳永良带领20名由乡干部、驻村第一书记组成的工作团队，到李村开展为期一天的围村检查工作。当天只反馈了档卡上存

① 《关于全省2018年度脱贫攻坚成效考核情况的通报》（豫脱贫组〔2019〕5号），河南省脱贫攻坚领导小组文件。

在一个共性问题，漏登了2018年城乡基本医疗保险每人30元资助金。7月11日晚，乡扶贫办向李村第一书记反馈了"围查"问题。

当晚，村党支部制定了整改方案：

一是马某某、马某某"哭穷"。两家都有高标准楼房，前者有轿车、挖土机等设施；后者有轿车、在上海务工，为其家庭制作户说明。

二是滕某某、刘某某未办理慢性病卡的问题。第二天入户宣传政策，主动联系其子女，安排办理慢病卡的有关事宜，帮助其申办慢性病卡。同时，通过广播系统向全村集中宣讲慢性病政策，讲解慢性病卡的作用和申办流程。

三是丁某某因建房暂住在其父亲用来屯放草料的危房之中。立行立改，责令其马上搬出危房。

四是丁某某、郑某某、李某某有残疾，未享受残疾人政策的问题。已经于2019年5月29日运用"四加二工作法"通过了为丁某某申请残疾人两项补贴和低保的决议，并已经将有关手续于6月初、7月初两次上报乡民政所。郑某某之子郑某智已经于上半年在行政村的组织下，到吴台镇接受过周口市精神类、智力类残疾人鉴定，达不到残疾标准，未能办理残疾人证书，向其讲明政策，说明情况。李某某听力障碍，已经于2019年7月中旬为其开具了办理残疾人证的有关证明，其尚未办理。督促其到县残联申请鉴定，尽快办理残疾人证书。

五是李某山户容户貌较差的问题。近期组织村干部、党员代表、公益岗位人员到其家中开展义务劳动，提升其户容户貌。

六是刘某某患病、子女上大学，刚性支出大，疑似漏评的问题。一是入户了解情况，一进二看三算四比，填写入户调查表，看是否符合贫困条件。二是将其家庭信息提交乡扶贫办，通过大数据比对，看其是否符合贫困条件。三是核对其享受的有关政策，为其提供必要的帮扶。

2019年10月，整改工作全部落实。具体结果如下：

马某某、马某某户说明已经制作完成。

滕某某因没有病历，存在畏难情绪，本人不愿麻烦，尚未配合办理慢性病卡。刘某某已经向乡卫生院提交有关手续，慢性病卡正在办理之中。

丁某亮已经从暂住的危房中搬出。

丁某某残疾人政策已经在申办之中。已经向郑某某讲清了有关情况，不是郑某智没有办理残疾证，而是郑某智不符合残疾人条件。李某某到县残联申请，因需要到医院鉴定，个人怕麻烦，自愿放弃办理残疾证。

李某山户容户貌得到显著提升。驻村工作队带领有关人员到其家中开展义务劳动。

刘某某家庭信息经过比对不符合贫困户条件，已经向其讲清了有关政策。

此外，2019 年 7 月 31 日，结合县里对脱贫户的“回头看”走访工作，将发现的几类问题统一纳入“围查”整改。主要是三类问题：一是李某印长期外出户，未安装自来水的问题。二是马某某、丁某某未办理慢性病卡的问题，已经讲明政策，让他们尽快办理。三是李某兰住房前廊过道墙体裂纹问题。此前县住建局曾到其家中鉴定，达不到危房标准，提醒其家庭成员注意安全。

（4）2018 年李村腰鼓队获得 D 县总工会、教体局颁发“体彩杯”“全民健身月”活动暨第十届职工运动会竞赛“最佳编排奖”“优秀奖”两个大奖——反映了群众文化活动的成效。

目前，李村 4 个自然村都拥有“文化小广场”。建立了 4 个村庄的腰鼓队和广场舞队伍，并为他们购置音箱和必要的活动设施，定期举办交流比赛活动，激发村民的参与热情。暑假期间，协调周口师院体育学院和校团委，在向李村小学开展支教活动的同时，挑选健美操专业优秀大学生帮助村腰鼓队和舞蹈队提升舞蹈水平。

2. 村干部与村民反映

上级的检查考核是宏观的，村干部与村民群众的感受更为直接。

（1）2014 年周口师范学院替李村小学向周口市教育局申请了 120 万元危房改造经费时，时任村党支部书记李某祥说：李村啥时候见过国家一次性给这么多钱啊。小学建成后，村民兴高采烈，纷纷把孩子从别的地方转回来，送到学校。

（2）对蔬菜大棚种植户的访谈中，棚户说起周口师范学院的帮扶——对你们周口师范学院的帮扶很感谢，对改造大棚很有信心！

周口师范学院第一任工作队长苏明忠至今还与李村村民有密切联系，他带着老伴、孙女回村看看时，群众争着打招呼，给他小孙女摘黄瓜、西红柿吃，热情与感激之情自不待言①。

（二）个人层面的项目政策反馈

针对种植户、养殖户，国家提供了一些奖补，但仅限于建档立卡户。对于建档立卡户，养殖和种植方面，每年不超过4000元的奖补资金，叫“到户直补”。其中，一只羊补200元，一亩花生补400元，一亩辣椒补350元，一亩大豆补200元，一亩芝麻补300元，一亩苹果补2046元，一亩桃树补2000元，一亩大蒜补700元，一亩鱼塘补2000元，一只鸡补15元，一只鸭补16元。目前，李村有一定规模的鸡鸭饲养户，都不是建档立卡户，基本没有享受到国家的帮扶资金（他们可以享受支持产业发展的农业贷款）。

养殖和种植培训每年都开展，一般是县里农业局牵头组织；周口师范学院也来开展过养羊以及油菜、番茄种植等方面的培训和指导；顾磊当第一书记时，给贫困户发了羊，并邀请有关企业来村里培训过3次，28户贫困户都参加了。此外，每年县里组织的种养殖（农业实用技术）培训，参加人员为18~60岁全体建档立卡户。

李村也组织过一部分村民到扶沟、山东、南阳等地的新型农业企业学习参观。其中，2019年5月去南阳考察的人有李某祥、郑某玉、丁某明、李某言等人；县里每年也会组织一次致富带头人的培训，像丁某、丁某光、

① 此前的扶贫工作人员、第一书记等人，对李村总是魂牵梦萦，隔一段时间总想回去看看，进村后群众见了打招呼：“您回来了？来屋里坐会儿。”令其油然而生一种他乡是故乡、一种回家的感觉。

马某文这些养殖户每年都有参加的机会，每个村一般每次有 2 个指标。牵涉种植户、养殖户的上级来村进行的检查，村里都会为他们提供帮助。

如，2019 年 8 月，马庄的马某升在村子东边靠李贯河边租了邻居的一亩荒地，建了个鸭棚，准备养 3000 只鸭子。有几户村民反对，认为有污染，到村里反映情况。村支部书记李某祥说：目前，猪肉价高，国家鼓励农民搞小养殖，尤其是鸡鸭鹅鱼等，要说污染一点没有，不可能，但村里会要求他添置必要设备，及时清理粪便；再说，人家鸭苗还没有进，你怎么就知道影响你生活了？明确表明了村党支部、村委支持马某升搞养殖的态度。然后，李某祥又让马某升找几个村里德高望重之人前去说和，终于做通了这几户的思想工作。马某升对村里的支持非常感激……[①]

二、村民的反映

自从 2012 年与周口师范学院结成帮扶对子以来，李村无论是村庄面貌还是村民的群体素质，都有了极大的提升，其变化也是显而易见的，各种群体活动的奖项和上级颁发的各项荣誉证书也证明了这一点。至今，周口师范学院在李村的帮扶已经长达将近 10 年，课题组通过对村干部和不同村民群体的访谈，对这近 10 年的帮扶工作给村里带来的变化做一番回顾与总结，肯定已经取得的成绩，正视工作中存在的问题，为下一阶段的帮扶工作乃至普通型村庄的乡村振兴之路提供相关的理论借鉴和思考，以切实推动乡村社会发展。

（一）村庄的显著变化

村庄最明显的变化表现在以下 6 个方面。

① 课题组 2019 年 9 月 29 日在马某升鸭棚对其访谈，录音编号：MDS20190929-001。

1. 公共设施的改善

一是出行道路的硬化、绿化和亮化。这是最明显的变化。以前李村的路就是土路，路面上坑坑洼洼，一下雨都是水坑和泥巴，轿车都没法开进村。连村里面娶媳妇，都是到乡道后下车步行到村里面。据李村现任村支书李某祥介绍，以前在李村及周边村庄，流传着一句话：谁要是不讲良心，就让他走李村的路（形容路况特别差，走这样的路对人来讲就是一种惩罚）。现在从乡道到李村各村庄的路基本上已硬化完毕，各种车辆即使在下雨天都可以畅行无阻，几乎所有村户出了自家大门就能踩上水泥路面，在道路两旁还修建了绿化带。在道路亮化方面，2017 年协调资金 45 万元，在 4 个自然村的主干道和文化广场周围安装 122 盏太阳能路灯和监控系统，在方便村庄文化广场的文化休闲娱乐活动的同时，提高了村民夜间的出行安全。

二是村委会办公设施的改善。2015 年，在帮扶单位周口师范学院的资助下，村委会建起了专门的办公场所，目前共有大会议室 1 间、其他办公室 6 间、办公电脑 3 台、投影仪 1 台，基本满足村委会日常办公所需。2018 年，协调资金 20 余万元，为村室更新办公桌 4 张、会议桌 1 套、文件柜 4 套，安装空调 5 台，办公条件得到进一步改善。4 个自然村的无线广播系统得以安装，使中断多年的广播喇叭重新响起来，方便宣传党的政策，加强群众教育，服务农业生产，倡导村民树立正确的生活观念和价值导向。

三是文体设施的健全。李村修建了 1700 平方米左右的文化广场、文化室和农村书屋，为丁庄、英庄、马庄分别修建了 200 平方米的文化广场，并为腰鼓队购置演出服装 13 套、舞蹈队音响 4 套、篮球架 4 个和基本健身器材 30 套，村民日常文体休闲需要基本得到满足。

四是卫生服务设施的提升。全村自来水畅通到户，安全饮用水得到保障。村村户户都用上了自来水，连贫困户和五保户也不例外。村医务室得到重新整修，村民的就医环境和就医条件得到改善，一般的头疼脑热拉肚子，都可以近距离地直接在村医务室得到救治。

2. 基础教育条件明显改善

自2012年7月周口师范学院派驻扶贫工作队开始，周口师范学院的扶贫工作人员就开始关注李村小学的情况，并先后为改善小学的办学情况投入了大量的财力。2012年经第一任扶贫工作队员苏明忠之手，学院投入4万元对学校门前的道路进行了硬化，并为小学捐献了书包、文具、作业本等一批学习用品。2016年，经第二任扶贫工作队员王新社多次协调、第三任扶贫驻村书记顾磊多次督促，市教委投入专款120万元，对李村小学的危房进行了改造，建起了教学楼。帮扶单位周口师范学院先后投入60万元，对李村小学进行了两期升级改造，4个自然村通往村小学的道路全部修通，同时为小学配备了8套多媒体教学设备、教师办公桌椅、校会议室桌椅、校园广播电铃设施，捐建了20余万元的图书室，购置了全新桌椅290套。自2015年开始，周口师范学院工会每年“六一”都会为村里的小学生捐献一批书包、文具、作业本等学习用品；周口师范学院团委、学工处和相关基础教育专业学院每年暑假都会组织学生到李村开展教育帮扶，对村里的孩子进行义务支教；同时结合周口师范学院继续教育学院的“国培”项目，组织李村小学教师到学院参加培训，为基础教育发展助力。

3. 村集体经济从无到有

主要表现为新建了两个扶贫车间、两个光伏电站。在两任驻村第一书记的专项经费（省直机关驻村第一书记每一年都有专项经费50万元）支持和驻村书记的努力协调下，村里建了两个扶贫车间，主要用于对外招商，在招商过程中向劳动密集型产业倾斜，一方面通过收取租金，增加了村庄集体经济收入，另一方面可以有效解决村里不适宜出远门的剩余劳动力就业问题，帮助他们增加家庭经济收入。另外还建起了两个光伏发电站，只要有太阳就能运作，可以有效增加村庄集体经济收入。2018年，两个扶贫车间、两个光伏电站，总共为村集体带来经济收入14.4万元，从而有效解决了村集体资金短缺的问题，为村委会开展工作提供了一定的经济基础。这两个项目从长远来看，不需要后续资金的持续投入，也不需要适时进行技术的升级改造，依然可以为村委会提供持续稳定的经济收入，真正做到发挥村庄的造血功能，保证项目不会出现人走茶凉的尴尬局面。

4. 村容村貌的提升

主要包括以下三方面：

一是形象提升工程。在硬件设施得到改善的同时，2018 年帮扶单位周口师范学院先后投入 70 余万元用于市级文明村镇的形象提升工程，组织周口师范学院设计学院师生 6 次实地调研，并根据李村的实际情况，以“水墨乡愁”为主题，分“村庄形象提升、主干道路美化、文化景观营造、建筑外观改造”四个模块，对李村、丁庄两个自然村进行了村庄规划，并委托装修公司进行了为期 60 天的施工，工程结束后，李村的村容村貌也有了很大的改善。2018 年 2 月，李村被中共 Z 市市委、市人民政府评为“市级文明村镇”。

二是注重村庄日常保洁，建立了村庄卫生宣传员、监督员和保洁员队伍。首先宣传倡导村民不乱扔垃圾，养成良好的卫生习惯，将自家垃圾集中堆放到指定地点，村委会定期派专人进行集中清理；针对村里的主干道，村委会设立公益性岗位招聘专门的人员（主要来自贫困户和五保户）进行日常打扫，以保持村里的整洁卫生；对村里房前屋后包括无人居住的房屋周围定期集中喷洒药物，以清除杂草并防止蚊蝇滋生；将一些对环境影响较大的养殖业（诸如养鸡、养鸭、养羊等气味比较大），迁出中心人群密集区，安排在村庄边上或远离村庄，以尽量减少对村民正常生活环境的影响。

三是危旧房改造。先后投入 17.4 万多元，对村庄的老旧危房进行了拆除、整修与翻修，整体的人居环境得到有效提升。

5. 丰富文化生活、倡导文明新风尚

在改善村庄基础设施硬件的同时，村委会在文化建设方面也下了很大的功夫和气力。

一是强化政治理论学习，加强群众教育。无论是定期上党课、经常性的政策理论集中学习，还是村干部入村入户的宣讲国家政策，都使得村委会和村民的整体素质得到提升。在对村干部和村民的访谈中了解到，他们对目前中央政府的精准扶贫政策都比较熟悉，什么样的情况可以成为建档立卡贫困户并享受到政府什么样的帮扶政策和帮扶力度，他们也比较清楚，所以以前那些眼红贫困户的村民也都大多转变了认识，争着抢着当贫困户的现象大大减少。村干部也能转变认识，注重倾听群众呼声，自觉主动地深入群众做工作，真正为村民服务。

二是在帮扶单位的支持下，举办文化下乡活动。不管是文化下乡（文艺演出、戏曲演出、送对联）、暑期支教，还是农村书屋的建设、网络宽带全覆盖，都让村民的休闲生活有了多种选择，同时调动村庄积极分子，支持村民自发成立舞蹈队、腰鼓队和篮球队等，使村民在闲暇之余可以打打篮球、跳跳广场舞、锻炼锻炼身体。

三是制定村规民约，倡导文明新风尚。2018 年，经李村全体村民讨论通过，修订了《李村村规民约》，分行政村秩序维护、集体资源管理和倡导移风易俗三大方面共计 23 条，并通过无线广播、墙体展示和会议宣传的方式，传达到每一位村民，对于提升村庄文明形象和村民的精神文明水平具有重要意义。同时，村委会还成立了以村干部为首、村民参加的红白理事会和矛盾纠纷化解小组。一方面，由红白理事会监督、村干部带头，倡导婚事新办、丧事简办，避免铺张浪费的文明礼俗新风尚；另一方面，矛盾纠纷化解小组要及时主动介入村民纠纷，公正客观、合理合法合情地做好村民矛盾纠纷调解工作，不留隐患、不留盲点，促进村庄内部社会和谐。另外，为切实推动村庄精神文明建设，村委会经集体商议决定从村庄集体经济收入中拿出一部分资金，设立各种基金，用于奖励先进、倡导文明新风。孝老爱亲基金（每年 3000 元），主要用于奖励孝顺、关爱照顾老人的个人，诸如好儿媳、好婆婆之类，以倡导和谐文明的家风传承。扶危济困基金（每年 5000 元），主要用于有些村民家中突遭天灾人祸，暂时没法申请或落实各项补贴的情况，可以暂时解决或缓解其燃眉之急，或者用于一些无法脱困脱贫的贫困户兜底。扶贫奖励基金（每年 5000 元），奖励那些在扶贫车间踏实肯干的贫困户员工，鼓励他们通过自己辛勤的劳动早日脱贫脱困。

6. 村委会干部素质提高

主要表现在以下几个方面。

一是党性修养和党员觉悟的提高。驻村第一书记定期进行常规化的党建活动、上党课、加强党员教育。同时，自帮扶单位周口师范学院与李村结成帮扶关系以来，在帮扶单位的大力支持下，先后多次组织村委会干部、党员代表和群众代表到山东寿光蔬菜基地、林县红旗渠、新乡刘庄村、辉县回龙镇、兰考焦裕禄纪念馆、南阳牧原集团等地参观学习。理论教育和实践教育的结合，使得李村村委会干部、党员群体的党性修养和党员觉悟大大提升，在日常工作和生活中能自觉以党员的标准严格要求自己，做到吃苦在前、享受在后，在村委会的工作推进中能做到勇于牺牲小我利益、甘于奉献。

二是工作认识和态度有了很大的转变，从“向上看”转变为“向下看”、从“看着干”转变为“带头干”。由于党性教育的加强、认识水平的提高，以及在驻村第一书记的影响下，村委会干部在工作推进方式上也开始有了比较明显的变化。相比以往高高在上、只落实上级任务安排、被动介入群众日常生活、与村民距离较远的管理型工作方式，村民发现现在的村干部更加平易近人，能主动作为、经常性地入户走访，及时准确地掌握群众的实际情况、了解群众的想法，更好地为群众提供帮助和服务。驻村第一书记常年驻村主持工作，每天早晚都会在村里转，进村入户了解情况，倾听村民的呼声。不管是在贫困户的家中、村民聊天的村头巷尾，还是村里的蔬菜大棚，村民在工作日都能看到他的身影。驻村第一书记以身作则，也极大带动和影响了村委会干部。2018 年 7 月份驻村第一书记李霄带领村委会干部勇闯火海拎出煤气罐救火的事情发生后，村民被村干部临危不乱、不顾个人安危勇往直前的精神深为感动，自此村委会干部成为村民在危急关头首先想到的求助对象，村民对村委会干部更加信任。在危急时刻是这样，日常工作中亦是如此。

以往的工作中，党员干部主要是指挥者、监督者的角色，现在的党员干部则是“撸起袖子加油干”，真抓实干，发挥党员先锋模范作用。仅2019年上半年，由党员干部发起的义务劳动共6次，主动参与的公益劳动达到20余次。随着作风的持续转变，现在的党员干部已经成为村里带头干的领头人。群众感受到了干部的变化，干群关系更加融洽，干部们也感到边干边说的话更能让群众信服。

（二）受帮扶户的心声

党的十八大以来，习近平总书记站在全面建成小康社会、实现中华民族伟大复兴中国梦的战略高度，把脱贫攻坚摆到治国理政突出位置，作出了一系列新决策新部署，中央政府脱贫攻坚战进入关键时期，在以往扶贫工作的基础上进行精准扶贫，不断加大扶贫力度。作为“国定”（国家级）贫困县的贫困村，D县李村自2012年与周口师范学院结成一对一的帮扶关系后，在国家各项扶贫政策和帮扶单位的支持下，其扶贫工作有了很大的成效。李村已经从2014年的149户612名建档立卡贫困人口的贫困村，成为仅有6户23名贫困群众的市级文明村。不少的贫困户都在帮扶措施下顺利脱贫，而因为病残老弱无法脱贫的贫困户也有社会兜底，“两不愁三保障”（吃不愁、穿不愁，住房、医疗、义务教育有保障）得到解决，基本生活得到保障。

【案例4-1：受帮扶户丁某良】

丁某良，建档立卡脱贫户。现年92岁，有一子四女，儿子70岁，言语一级残疾，先天聋哑没有结婚，女儿们都已经出嫁，目前与儿子两人相依为命。2016年成为建档立卡的贫困户后，父子两人分别办理了低保、五保，2017年在帮扶单位周口师范学院的资助下还养上了羊，翻修了房子，添置了电视机、冰箱、电暖气，父子两人一年经济收入在3万元左右，成为帮扶成效最为显著的脱贫户。在走访中，老人对村委会的工作赞不绝口，老人的儿子每次见到驻村第一书记都会竖起大拇指或者用手比画他卖羊所得收入的钱的厚度。老人92年的人生历程，经历了民国和新中国成立后的各个历史时期，他对今天的生活非常满意，以前做梦也没有想到会过上像今天这样的生活。就其个人来讲，现在也是他历史上生活最好的时期，就农村社会情况来讲，现在也普遍要比过去好多了。

【案例4-2：受帮扶户郑某印】

郑某印，建档立卡脱贫户。1949年生，本人身体有病无劳动能力，妻子常年瘫痪在床，肢体二级残疾，当时两子一女均因自身家庭经济困难而不能给予两个老人经济支持。2016年初精准识别成为建档立卡贫困户。村里为他和妻子申请了两个低保、残疾人两项补贴，加上公益岗位（村卫生保洁）、企业带贫、光伏发电补贴、养老金等，夫妻二人一年在经济收入上可以享受到近10000元的补贴，2016年底脱贫。在2017年的扶贫工作中，他家分得价值约5000元的羊养殖扶贫，2018年危房改造中他家又获得23000元的危房改造补贴，目前二人的物质生活、医疗和住房条件大大改善。在对他的访谈中，老人多次表达了对两任驻村第一书记和村委会的感激之情，为当前国家的各项政策拍手叫好。因为年老体弱又缺乏劳动能力，除去住院医疗报销外，老两口E常吃药的钱全都是从各项补贴所得的现金里面支出的。他们说要不是现在的政策好，可能早就不在了。国家的精准扶贫政策和村委会的工作到位，解决了老两口的后顾之忧，让他们能够安心过好自己的晚年生活。现在随着儿女们经济状况的好转，老两口的赡养问题也得到了有效解决。在课题组成员对他们的访谈过程中，老两口对扶贫政策赞不绝口，对村委会干部多次做工作让其配合危房改造的耐心和包容也表达了自己的感激之情。

【案例4-3：受帮扶户王某】

王某，建档立卡贫困户，肢体二级残疾，自2016年成为建档立卡贫困户以来，家里四口人都办了低保，加上孩子上学减免的费用、企业带贫、光伏发电补贴等，每年有近万元的补贴。另外，帮扶单位周口师范学院的学生假期还会来村里面支教，义务帮孩子们补课，也省去了一部分补课的费用，村委会还帮她家翻修了房子、更换了门窗、购置了电暖气等，自来水直接入户也大大解决了她不方便干体力活的困难。家庭经济状况和物质生活状况大大改善，达到扶贫工作的“两不愁三保障”。用王某的话说，因为有了村里的帮扶，她家的孩子才能得以在私立学校接受教育，家里的居住环境和居住条件才得以改善，生活才能得以正常进行。她对目前的生活状况相当满意，提到村里的第一书记也是赞不绝口，说书记经常会到她家里嘘寒问暖，及时帮忙解决实际困难，说话也比较随和亲切，没有官架子，还会时不时地亲自动手帮助她打扫卫生。

（三）非建档立卡村民的评价

非建档立卡村民对村委会工作的评价应该是最客观公正的，他们不像贫困户那样接受过村委会的物质帮扶，也不像养殖户、种植户那样接受过村委会的技术帮扶，他们的感受和评价最能反映出“学校帮扶”的真实状态。

首先，基础设施的完备和环境卫生的改善。自周口师范学院对李村进行帮扶后，从村室到出行道路，从村小学的改造升级到文化广场的修建，村庄的面貌发生了巨大的变化。在出行方面，村庄的道路都进行了硬化，道路两旁还兴建了绿化带，以往坑坑洼洼的土泥路成为历史，现在即使是下雨天出门脚都不沾泥，村容村貌都有了很大的改观。周口师范学院的学生假期会来这里进行墙体文化的设计和绘画，让整个村庄看着都美观多了。

而且，村庄内修建了文化广场，很多卫生死角也都被清理干净了。村民们也都有了一定的环境意识，平时会注意卫生，不再乱扔乱倒垃圾。村庄的公共主干道还招聘了专人负责清扫，夏天还会定期喷洒专门的杀虫除草药剂防治蚊蝇滋生，整个村庄的卫生环境比以前干净多了。据村医务室的医生反映，今年夏天因为拉肚子找他看病的小孩子少了很多，这也从侧面反映出村庄整体卫生环境的有效改善对促进村民的身体健康起到了积极作用。

其次，村民文化生活的丰富。村民过去基本没有什么群体性的文化生活，平常就是相互串门喷空儿或者打麻将，后来能出去的人都出去打工了，打麻将的几乎没有了，也没有活动的场地和设备。自从村里修建了文化广场后，村民在饭后闲暇之余也有个活动的场所。村委会还配置了健身器材、音箱设备和篮球架，村民们可以利用健身器材锻炼身体，在广场上散散步、跳跳舞、打打篮球，带着孩子出来打打腰鼓、遛遛弯，比单纯窝在家里看电视强多了。即使到了晚上，因为主干道和广场周围都安装了太阳能路灯和监控系统，村民一样可以出来在路灯下散步，不用担心出行安全。

村里还建起了农村书屋，可以从里面借阅相关书籍。通过无线广播系统和网络宽带系统，不出门也能接到村委会的相关通知，及时了解村委会的工作动态、中央政府的各项政策方针和国际国内的时事形势，村民的文化休闲娱乐生活有了更多形式的选择。帮扶单位周口师范学院组织的大学生"暑期三下乡"活动，不管是写对联、文艺演出，还是放电影，也都极大地丰富了村民的文化生活。

最后，村委会的公信力提高。现在的村干部比以前要好干多了，过去因为要完成农业税费的上缴和计划生育的硬性任务，这些任务指标的完成都与村民的利益有直接的关系，再加上有些村干部工作方式简单粗暴甚至假公济私，结果引起群众不满，干群关系紧张，村支书走马灯似的换，还曾经发生部分群众集体到乡政府要求村支书下台的情况。过去的村干部，把为群众办事当作是对群众的施恩，官僚化情况比较严重，村里面的账目和五保低保等社会保障情况也不清楚明了，村干部贪污受贿、优亲厚友情况也不少见。现在的村干部整体素质提升，农业税费取消后，他们也不用挨家挨户催粮催款，干群关系缓和，在与周口师范学院结成一对一的定点帮扶后，村委会每年都能从外部争取到一大部分资金用于村庄建设，从基础设施的修建完善到村集体经济的发展，从村庄形象提升到文化活动的丰富，单靠李村自身是无法在短短几年内完成的。即使是现在，与周边的行政村相比，也没有几个行政村能有李村这样大的外部支持力度。

另外，村干部工作也正规化了，有什么事随时去村室就能找到值班的村干部，不像以往要去他们家找，还不一定能找到人。村委会工作开展得有声有色，除了处理日常村务之外，还主动进行村庄党建、文化教育、卫生事宜等。特别是驻村第一书记派驻后，在几任第一书记的领导下，村委会党建工作正常化，会定期召开党员代表会议和村民代表会议集体决定村务，能积极主动地深入到村民中去了解情况、安排工作、倾听民意，能办的事情会尽量去办，一时半会办不了的事情也会向村民解释清楚。村务会定期公开，账目清楚明了，村民的知情权和监督权得到保障，对村干部的信任度比以前高很多。

（四）新乡贤的评价

这里的新乡贤指的是村庄中通过求学、参军、务工、婚姻等途径，已经离开村庄生活，但因为家里有老人或亲戚朋友还在村里，还需要经常回到村庄的人①。他们对这个村庄的变化也有感受，虽然不是系统的，但可能是最客观公正的。课题组在访谈中，走访了李村村小的校长刘某梅，她的评价可信度是非常高的。

【案例 4-4：新乡贤刘某梅】

刘某梅，1974 年生，长期在楼乡中心学校工作，现任李村村小学校长。其丈夫是李村人，后来通过求学走出农村，毕业后回到楼乡中心学校任教，现在是楼乡中心学校的副校长。因为公婆还生活在李村，所以刘某梅与丈夫还要不时回到李村看望老人，对李村的变化也是感受颇多。据她讲，她

① 钱念孙：《乡贤文化为什么与我们渐行渐远》，《学术界》2016 年第 3 期；赵浩，《“乡贤”的伦理精神及其向当代“新乡贤”的转变轨迹》，《云南社会科学》2016 年第 5 期。

结婚时正好是下雨天，婚车到砖寺街上就过不来了，她当时是在自己的腿上绑上了几层超市购物用的大塑料袋走到公婆家的，弄得半身都是泥。那时村中的垃圾也都是随意倾倒，路边都是垃圾场，一到夏天味道特别难闻，孩子都不愿意回来奶奶家，说是味道太难闻。当时村庄中也有不少年轻人出去打工，但不好好正经干，都是三天打鱼两天晒网，总想着投机取巧挣快钱，为争房前屋后、田头地边而打架骂人的事也不少，计划生育工作也不好做，很多家庭都是超生户。现在呢，村庄道路通了，回老家车直接开到家门口，村容村貌整洁多了，至少看不到随地倒垃圾的，夏天村中的味道没那么大了，蚊虫也少多了，很多人还在房前屋后种了各种各样的花草。村民也知道只有勤劳苦干，才能发家致富，村庄中少有闲人。另外，注重优生优育了，孩子虽然比过去生得少了，但总的来说，比着其他村庄来讲还是生得多，现在一家两三个不在少数。或许是因为整个村庄经济条件好了，为田头地边打架骂人的事少了，但还是固守着传统的种地方式，对农业产业化发展和科学种地认识上还是不够。

刘校长的评价，或许是最为客观的，虽然不是很系统，但至少也反映了整个村庄的变化情况，也是较为可信的。在对村干部的访谈中，还提到当年村委会准备修建村文化室，需要占用其公婆的大概半亩地，其公婆不是很愿意，以致当时这个工程都搁置了，后来村委会通过刘校长做其公婆的工作。在她反复做工作的情况下，其公婆最终同意让出耕地，并没有向村委会提出任何补偿，村文化室才最终建成。在这件事中，刘校长发挥了非常重要的作用，以至于村委会干部现在提到这件事还对刘校长非常感激和赞赏。在对刘校长的访谈中，她也对周口师范学院的帮扶工作给予了多次的口头肯定和感谢，虽然她本人与家庭并没有直接从帮扶工作中获得任何受益，但作为新乡贤的代表，她对李村的发展却表现出极大的热情和社会责任心。

的确，与同期其他没有接受外界帮扶或者帮扶力度没有那么大的附近村庄相比，周口师范学院作为省直单位，无论是省派驻村第一书记的年度专项资金，还是人财物投入和在地方社会的影响力，都是其他单位所无法比拟的。根据课题组访谈资料的综合估算，从 2012 年至今，经帮扶单位自身投入和历任帮扶干部包括驻村第一书记努力争取的各项资金输入，李村已接受了 2000 余万元的外部资金支持和注入，这样大的帮扶力度是其他接受帮扶的村庄所不能企及的，更不用说那些没有接受任何外部帮扶的村庄了。大量外部资金的输入和人财物的支援，使村庄变化显著，村庄建设无论在硬件还是软件方面，都远远超过同类村庄。

从“国家级贫困村”到“市级文明村镇”，周口师范学院的帮扶和李村自身的努力，极大地改变了村庄面貌，提升了村民素质。当然，村庄治理中还存在着不少的难题，诸如基层队伍建设青黄不接、孝老爱亲风尚有待强化、红白喜事应进一步移风易俗、村庄治安综合治理需要加强等这些相对属于软件方面的问题。村庄就是整个社会的缩影，在这个社会内部与整个社会的结构需求很大部分是一致的。村庄治理不仅需要物质的投入，更需要基层工作的政治智慧，与整个社会发展和政府的总体决策布局也有着密不可分的关系。正如现任驻村第一书记李霄所言：

有些问题是短期内无法解决的，必须要持续下功夫，久久为功才能解决；有些随着社会进步和时代发展，就自然而然会迎刃而解；还有些随着社会发展可能会表现得更为突出，甚至出现新的问题。这里面，有些问题村庄自身无法解决，必须要借助外力的强介入，诸如基层党建工作、村庄规划治理和农业产业化发展；而有些问题外力的介入无法起到作用，只能靠内部平衡的调整和博弈来解决，诸如村庄家庭内部代际关系、传统习俗的转变、家户之间的攀比等①。

① 课题组对李霄的访谈，周口师范学院编辑部办公室，2019 年 9 月 22 日。

课题组对李村的帮扶进行分析总结，也不是要在短时间内帮其解决所有的问题，而是要分析外部力量介入对村庄内部平衡关系的打破与重建，在外力撤出后所形成的新的村庄内部关系平衡能否持续健康发展下去，分析总结村庄治理的客观规律，探索乡村治理之道。

第五章
事故与故事：典型事件的治理效应

治理并非处于真空之中的空洞概念，而总是在某种事件、某种过程中展开和运作。当前正在兴起的各种新型治理形态并不孕育于传统的制度联系之中，也非严格依循公私行为体间的正式接触点来运作，而是更多地倾向于通过其他更为非正式的途径和社会关系网络来促进资源的动员与协调，总是在某种事件的促动下、某种循环往复的过程中通过行动者间的博弈而运作[①]。从中可以发现事件既可以引发治理之需求，也可以构成治理之展开的背景性条件，还可以促成治理效能的有利契机。因而，厘清不同事件在帮扶治理运作过程中的不同效应就是极其必要的。对此需要进入特定场域，在实践中观察、探究。

一、本可以避免的事故：以村庄一件惨案为叙事

从李村的村史看，过去的岁月充满不信任的往事，甚至有血淋淋的邻里伤害——凡此种种都留下了深刻的记忆。基于问题解决旨向，需要回答的问题是，社会资本是如何流失并影响人际之间的信任的，以及在社会资本不断消散的当前社会，在不信任的人群之间促进信任与合作究竟有没有

① [瑞典]乔恩·皮埃尔、[美]B.盖伊·彼得斯：《治理、政治与国家》，唐贤兴、马婷译，格致出版社2019年版，第70页。

可能，在分裂乃至激烈冲突的群体之间，这种发生合作的条件和动力来自哪里，即学者所言的“社会资本的生长和改进”问题[①]。20世纪90年代末，李村曾发生一起震惊社会的惨案，可以为此提供一种分析上的线索[②]。

根据村人复述，丁某Y与邻居的纠纷以及惨案的发生情况是这样的。两家本是前后邻居，矛盾起因于小孩玩耍纠纷，由丁某Q岳母推动至无可挽回的地步。两家大人本无矛盾，小孩打架，各护犊子，本是农村常事。但丁某Q岳母本是有名的好事人，“翻嘴叼舌”“指鸡骂狗”，无人敢惹。虽在闺女家住，依然如故，为小孩子打架琐事，骂丁某Y：“我在某村都没人惹我，你现在欺负俺闺女，我不服你，非给你‘缠’[③]败不可！”两方多次发生吵嘴、纠纷。

1998年，丁某Q家麦收后的麦秸垛，就垛在地头路边，离丁某Y家很近，很多小孩上麦秸垛上“盘”。一次丁某Q岳母看见丁某Y家女儿在丁某Q麦秸垛上玩耍，也就过去“卷”丁某Y家孩子，而且就此以后，每次见到丁某Y就指桑骂槐……有一次两家小孩打架，丁某Y与丁某Q岳母发生吵架、厮打，丁某Q老婆也去厮打，事后说是丁某Y打中她的前胸，很疼，卧床不起。村民小组副组长兼会计丁某某去处理此事，提出要丁某Y带去看病。去村卫生所看看，包了3天的药。3天的药没吃完，说是还疼，要去乡卫生院拍片子、检查。于是丁某Y用架子车拉着丁某Q老婆，丁某Y与丁某Q岳母一起去楼乡卫生院检查，结果说没啥事，又包点消炎药回来。

当时，丁某Y种点菜，黄瓜、豆角啥的，去乡里街上卖。从乡卫生院回来两天后的早上八九点钟，大约是农历六月十八或十九日，正是麦收后人们在地里收拾秋庄稼的农忙时节，丁某Y刚从楼乡卖菜回来，丁某Q岳母拦住说：还得去瞧病。丁某Y说，已经瞧了，也检查了，人家说没事，

---

① 张静：《互不信任的群体何能产生合作——对XW案例的事件史分析》，《社会》2020年第5期。

② 2019年8月7日，08:30–11:30，在李村室郭万军住室，贾滕对丁某明进行了访谈。丁某明系当年丁某Q、丁某Y村民小组组长，熟悉邻居“情况”。

③ “卷”“缠”“盘”都是D县一带农村方言，分为有“骂”、“争斗”、“玩耍”的意思。

还要去瞧病。你不是讹人、找事吗？丁某Q岳母不依，说：啥时候叫你去，你就得去！不依不饶。丁某Y很生气，去找丁某某，丁某某正在地里干活。丁某Y说：三哥，没法活了！她还要叫我去瞧病，见我都“卷”，光讹我。干脆把他全家杀了，我也不活了！由于丁某Q岳母整日吵闹、惹是生非、四邻不安，大家都烦。丁某某认为丁某Y只是说句气话，也忙于干活，想着不是啥大事，没有很在意。殊不知丁某Y已经被逼急了，每集卖菜挣的10块8块，也没什么钱，妻子正怀有身孕，为躲避吵闹，带着女儿回了娘家，家里只有丁某Y一个人，而他的情绪已经失控！

从丁某某地里回来后，丁某Y从自家厨房抄起菜刀，到丁某Q家，当时丁某Q的两个大女儿已经去上学，丁某Q老婆、岳母、小女儿在家，儿子去邻居家玩。丁某Y一进院子，丁某Q岳母一看不对劲，就去拿扫帚，而丁某Y看见丁某Q老婆在堂屋床上躺着，对着她砍了几刀，当时她就起不来了。然后丁某Y与丁某Q岳母厮打，夺过扫帚，在其头上、背上砍了几刀，砍倒在地，回头看见丁某Q小女儿，在其头上砍了几刀。然后出门寻找丁某Q儿子。很多人在地里干活，看见丁某Y拿着刀从丁某Q家出来，双眼是红的，无人敢近前……正好丁某Q儿子从邻居家出来，丁某Y按倒就剁……地里干活的好多人都看见了，不敢近前……

丁某Y回家把刀往院里一扔，拿了一瓶氯氰菊酯类的农药，大约是500毫升装的，红着眼，跑到自家菜地里喝了。有人看见他啊噗、啊噗往外吐气，着急的样子。地里的人看见他两眼发红，又跑回自家院里。事后发现他在院里哕了白沫、绿水，过了十几分钟，自己看没死，觉得药不管用，就拿起菜刀，对着头砍了3刀……事情经过大约有30~40分钟。其间支部书记丁某某往派出所打了电话报案。派出所来之后，看现场、报县公安局，丁某Y躺在地上，头上冒血，没有死，被控制。派出所到了20分钟后，县公安局来人，拍现场，把丁某Y送县人民医院抢救。

丁某Y在县人民医院抢救期间，由徐警官看管。徐警官为稳定其情绪，告诉他，没事，先治病，有啥事慢慢来……一星期后，其病情、情绪稳定，公安局开始审理；其间公安干警在村调查，村民邻居据实反映，认为此事由丁某Q岳母找茬引起，虽然丁某Q遭灭门之灾，但对丁某Y不乏同情……1999年9月，经过Z市中级人民法院二审，丁某Y被执行死刑。

为探究此事的"发生机制"（何以未能避免），课题组与当年丁庄的村民小组长、现在李村的村主任丁某明，进行了讨论：

问：此事如果放在现在，还会发生吗？

丁某明想了一下，回答说：不会。

问：为什么？

答：现在干部经常对群众进行遵纪守法教育，干部素质也高了，主要是为群众服务，是服务型干部，干群关系也融洽多了。工作方法也多了，如果知道谁家整天吵架，早都上门调解、解决了，不会任矛盾持续下去。再说，当时群众不富裕，困难多、压力大，你不让我活，我干脆不让你活算了！人们之间交流也少，各管各的事。吵架期间，丁某Q岳母曾找他母亲吵架：别人欺负俺闺女，你当婆子的就不帮帮吗？婆婆也是老实人，说，他们两家吵架，我能再吵吗？基本没介入。丁某Q的哥哥弟弟对他们吵架也基本没参与。丁某Y父亲在吵架期间，也曾劝解过，但不起作用。

可以看出，家族力量似乎没有什么作用；没有人（人们不愿意或者没办法）制止惹是生非、搅扰四邻不安的"岳母"；当事情沿着失控方向恶化的时候，村落治理主体缺失，缺乏一套防止偶发事件冲击乡村秩序的机制，无人治"未病之病"。一句话，虽然强势的法律、政策维持着社会的运转，但村落（庄）已经原子化，虽弟兄父子，亦难干涉其事。

同样，山西南部城乡接合部一村庄有一个相似的"岳母"，但故事的结局却迥异于此。

邻家一户泥匠，非常老实，生有两个儿子，家里穷。生产队的时候，常常炒一锅玉米粒就是一顿饭，后来老婆离婚跟了一个吃供应粮的。两个儿子娶亲，都是师兄师弟帮忙张罗。大儿子的丈母娘厉害，吃准这家人软处，住闺女家不出三天准要臭骂女婿一通，捎带连亲家骂上半天。因为隔一条巷子，常常听见叫骂，那个女人的记忆力常常让我目瞪口呆，某年某月某日，几时几刻几分，什么什么事件，记得清清楚楚，盐咸醋酸。编年史，断代史，整整一部血泪史。有一次，太过分，上手就打了女婿两个耳光，但骂着骂着突然噤了声，抬起头看时，墙头上、房顶上站满了人，甚至有的邻居已经破门而闯入到院子里，满眼都是愤怒的目光。那女人慌失失回去收拾东西回了自家村子，从此再不敢踏进我们村半步[①]。

此事显示，改革开放后，在国家政策的支持与市场的诱导下，大多数人争先恐后致富，家庭经营的强化，加上国家权力从乡村稍稍后退，“各人自扫门前雪”，村落（庄）道德舆论的约束力量微不足道——村落（庄）主体的行动单位仅限于核心家庭——村落（庄）已经原子化了[②]。

然而，近年来，可喜的变化是随着国家法律、法规的完善以及政策和环境对勤劳致富的支持与鼓励，即改革开放历经40年、两代人的时间，法制化、市场化理念逐渐深入人心——勤劳致富、知识技能致富、守法安全的社会文化氛围浓厚，这也应该是目前绝大多数人安分守己、普遍重视孩子教育的深层原因。

二、从“校长”到“看门人”：村小复学的艰难之路

在豫东平原地区，村办小学（以下简称村小）普遍存在，一般一个村有一所小学。村小的村指的是行政村而不是自然村。在中国的现有行政体系下，行政村一般包含若干自然村，是一种村落联盟。从这种意义上说，

① 张石山、鲁顺民：《礼失求诸野》，北岳文艺出版社2013年版，第151页。
② 贺雪峰：《行动单位与农民行动逻辑的特征》，《中州学刊》2006年第5期。

村小是村落联盟共有，自然地含有了某种国家的影子。

1. 李村村小的地理位置

李村村小位于李村与英庄之间的农田上，周围没有一户居民。从地理空间上看，丁庄离得最远，马庄其次，最为便利的是李村和英庄。小学通过一条南北主路通向主干道，一条东西路与村庄联系起来。这条南北主干道是修建比较早的道路，由帮扶单位修建，道路两侧是李村的蔬菜大棚和

图 5-1　从村庄主路通向村小的路
（由于两侧都建有蔬菜大棚，让本不宽敞的路变得更加拥挤和破败）

图 5-2　李村小学

农田。东西路不指向任何村庄，只是连接了通向李村和英庄村的主路。

李村村小创办于1970年9月，从砖寺村小搬迁到此。校址占地不是村民的可耕地，而是原来的林场，四周都是耕地。这所学校的教学楼于2016年刚建成，3层楼房，每层有4个标准的教室。这种基础条件对于一所普通的村小来说很不错。

2. 村小在农村教育系统中的位置

（1）公办教育体系的最下层

村小从教育形态上看是初等教育机构，从性质上看属于公立教育范畴。公立初等教育机构就乡镇这一层级主要包括中心小学、村小两种类型。中心小学一般以乡镇为单位，一个乡就是一个学区，一个学区往往有一个中心小学，师资和硬件条件是公办学校中最好的。村小是中心小学下属的学校，它又包括两种，即“完全小学”和“不完全小学”。“完全小学”就是从一年级到六年级齐全的学校；“不完全小学”就是年级不完整的学校，可能只有三个年级或四个年级，到更高年级的时候要去其他完全小学或是进入中心小学继续就读。

楼乡有一个中心小学，基本上每个行政村有一所村小。李村村小是最基层的初等教育机构，受乡中心校管辖，办学经费、师资等受中心校统一管理，是中心校的最直接下级。中心小学位于楼乡乡政府所在地，生源比较充足。中心小学周边行政村小学已经没有多少学生，大部分都流入中心小学。离中心校稍远的村小近些年来学生数量减少，大部分村小学生规模在100人以下，只有个别在校生人数超过100人。D县“微型”学校和办学条件简陋的学校逐年增多，据统计，全县不足50人的公办小学有170所，不足100人的有230所，占学校总数的50%，有的学校只有两三名学生。根据上级教育部门有关规定，近几年，对村小已经不再大规模投入，只保持基本的教学运转。村小的命运似乎已经注定：在校生人数越来越少，最后逐渐走向消亡，只留下校长“看门”（楼乡丁集村小的命运就是如此，2019年秋季开学，学校已经没有学生。原有教师流动到其他村小任教，原校长留守，看守学校固定资产）。有的地方有不成文的规定，村小人数少于 20 人，学校撤销。但楼乡没有这样的明确规定，似乎是等着学校自己自然灭之而不加干预。

基础教育中的另一类学校——农村初中，似乎命运要有所不同。D 县一高近几年取得辉煌的高考成绩，尤其是考上北大清华的数量在河南省乃至全国有名，教育成为农业县 D 县为数不多的亮点，也成为农业大市不多的亮丽名片。在 D 县一高的这种光环效应下，对于广大农村学生而言，考入 D 县一高成为头等大事，中招就成为人生的第一个重要关口。这就决定了初中阶段的教育的重要性。各乡镇的教育质量的一条重要标准就是考入一高的人数。对于基层教育行政部门来说，义务教育阶段的小学教育和初中教育的重要性一目了然。楼乡的教育质量可以说是很不错的，依乡中心校有关负责人的说法，在农村乡镇中，楼乡可以排到前 5 名，每年大概有 20 个学生考上 D 县一高。

因此，在楼乡公立学校教育体系中存在着如下的公开的或潜在的等级关系：楼乡一中——楼乡中心小学——人数较多的村小——普通村小——已撤销的村小。义务教育发展失衡，优质教育资源不断由村小向中心校集中，乡镇向县城集中。《D 县人民政府关于调整 D 县“十三五”农村义务教育学校布局和寄宿制学校建设专项规划的通知》提出，“十三五”时期 D 县教育的总体目标是每个乡镇建设 1 所高标准寄宿制初中，5 至 7 所寄宿制小学，保留必要的教学点。计划到 2020 年撤销生源少、发展前景不好的学校 55 所，2017、2018 年撤销 41 所。目前已撤并 32 所。村小撤并已经成为现代教育布局的必然选择，淘汰薄弱村小已经成为提升基础教育质量的必然选择。

从现有学生数量来看，李村村小基本上处于从普通村小离撤销的路上越走越近。但从学校办公室墙上贴的荣誉上看，它曾经是村小中的佼佼者。2004—2010 年连续 7 年获楼乡（25 个行政村）抽考第一名。2011 年之后就不行了，走下坡路了。2011 年也就是新任校长上任的第二年，从时间上看，李村村小正是从李校长上任之后从繁华一步步走向衰落的。

这种高质量的村小教育到底给村落社会带来了什么，也许校园里静静矗立的“考入全国高等院校学生名榜”能说明一些问题。

表 5-1　2018 年公布的李村历年高考录取情况统计

	丁姓	李姓	马姓	周姓	郑姓	总人数
人数统计	48	35	8	8	3	102

图 5-3　李村小学所获荣誉

丁姓主要居住在丁庄，李姓在李村，马姓在马庄，周姓在砖寺村，郑姓在英庄。按初中、高中接受 6 年教育来推算，这些学生在李村村小接受教育的时间普遍在李校长上任以前，也就是学校教学质量比较好的时期。

（2）面对私立教育的“不堪一击”

D 县私立教育的繁荣是远远超出大家预期的。根据 2017 年河南省委巡视 D 县反馈意见，D 县的 95 所民办中小学在校学生达 9 万余人，接近全县在校学生的 50%，基础教育有产业化倾向。楼乡的情况更是这样，就读私立学校的学生数量与就读公立学校的人数持平，甚至略高一些。

李村附近有 2 所私立学校，也是村里适龄儿童外流的主要去向。一是大郭行政村周庄的金鼎学校，一是张位堂村谭庄的博时双语学校。金鼎学校建校较早，创办人周金鼎原是本地村小教师，20 世纪 90 年代末辞职利用自家宅基地盖简易校舍创办学校，办学规模一直比较小。2010 年左右，学校开始进入快速扩张期。现有在校生包含幼儿园 1000 余名儿童。谭庄博时双语学校建校稍晚，成立于2012年9月，现有学生总数略低于金鼎学校。

这两所私立学校都在楼乡，从地理位置来看，都处于楼乡较为偏远的地区，同时辐射了周边的行政村。私立学校的寄宿制迎合了一部分农村家长的需求，加上较严格的管理制度、期末考试较高的分数、比较丰富的校园活动、有经常联系学生家长的教师等因素综合在一起，给予公立村小致命一击。从竞争结果来看，公立村小毫无反击的能力，面对私立学校纷纷败下阵来，学生纷纷流入私立学校。金鼎学校周边的丁集树小学已经没有学生，砖寺村小只剩下几十个学生，李村村小剩下十几个学生。私立学校之间虽有竞争，但更大程度上都保持一种默许状态，各自维系好自己的辐射范围，纷纷加大对周边村落的虹吸力度。

在这种公立教育系统的抛弃和私立教育的竞争之下，李村村小的生源越来越少，逐渐衰败下去。

尤其是2016年国家投资120万元的3层教学楼建好以后更是将这种教育的荒诞展现得淋漓尽致：一方面，“庙盖好了，和尚却跑了”，国家的投资没有带来应有的效果，造成教育资源的浪费；另一方面，国家扶贫在“输血”，村民自己在“放血”。免费的义务教育村民不接受，宁愿每年为每个学生支付大约1万元来接受教育。李村义务教育适龄儿童有150人左右，对村庄来说就是每年支出大约150万元。伴随着近些年私立学校的高速发展，民办学校一方面享受国家补助经费，同时收取高额学费（如D县的光明中学、才源小学每生每年收费达7600元），而且收费有越来越高的趋势，家长对私立学校高收费的不满会转向对公立学校的不满甚至是对教育体系的否定，这种现象值得深思。

材料一：周庄XX学校乱收费问题

2019年后开学前计划每生收费上调500元。在开学当天因家长反映强烈，中心校及时制止，该校取消了上调500元的计划，仍然按上学期收费标准收费。

材料二：2018 年 D 县 XX 学校天价学费

学费陡然增长：从每年 7500 元到每年 15000 元。半年学费构成是 3600 元的学费 + 3900 元包餐费，一年需要 15000 元，一时间家长无法接受这高昂的费用。

3. 修路

从行政村主路到李村小学大门口道路长度只有 200 多米，学校是李村的公共建筑，给学校修路是公益事业，是所有村民都认可的事情，方便小孩上学。然而，对于帮扶单位来说，资金问题也不是那么容易解决的。学院虽然是省财政单位，但由于自身大量的建设任务，资金原本并不宽裕。原初的打算是利用省扶贫的钱来修路，于是在 2013 年 5 月，向省扶贫办申请道路修建、学校危房改造专项资金 100 万元[①]，但省扶贫办没有同意资金申请，理由是当年的扶贫资金已经没有剩余。学院在资金比较紧张的情况下，拨付资金 4 万元帮助李村村小修路，解决了雨雪天孩子上学难的问题，为当地的基础教育工作作出了贡献。

修路款是学院给李村输入的第一笔重大资金，修建道路的选择具有独特的意义。从中可以看出村小在村落中的举足轻重的地位，村小成为连接定点扶贫村和帮扶单位之间的桥梁，也成为了这种帮扶关系模式的试金石。更重要的意义在于，帮扶单位第一次明确提出了改造学校的想法："特别是由于行政村财力缺乏，学校校舍建设落后，面积不足，工程质量欠佳，现在大部分校舍属于 D 级危房，漏雨严重，墙体开裂有坍塌危险。虽经多次维修，但仍存在重大隐患，严重威胁着在校师生的生命安全。"[②]这为以后更深入地参与村小建设奠定了基础。

4. 盖校舍

李村村小的命运发生重大变化的另一事件就是学校盖新教学楼。自从

① 《关于李村小学道路修建、学校危房改造资金申请的请示》（院政文〔2013〕20 号），周口师范学院文件。

② 《关于李村小学道路修建、学校危房改造资金申请的请示》（院政文〔2013〕20 号），周口师范学院文件。

李村村小从砖寺搬到这个校址之后，就没再发生过重大的变化，校园内有三排瓦房，前两排东西各有一座三间的瓦房，最后一排是连着的。国旗在第一排的前侧距离校门不远，校园内没有花坛，都是土路，稍好一点的路段用砖铺路面，校内没有硬化。由于地方狭小，学校也没怎么上过体育课。用村民的话说："那时候那叫大门吗？手一推就开了。那房子都是东倒西歪的。"

（1）定项目

这个项目的选定是理性化思考的结果。"去了之后，就跟村支书李某祥商量咋办，天天想着就是干什么事。有一次在楼乡党委书记办公室，书记、我，还有李某祥我们三个人，坐那想做哪几样实事。养羊、修路啊也都在想。说养羊不中，一死死一片。修路，时间长，资金需求大。跟学院商量，学院也不想拿，当时的指导思想是想动用县里边的钱。后来想，能不能把村里的小学变变样子。学校的房子全是危房，窗户没玻璃没啥的，墙都是裂缝的，当时的条件很差，想争取市教育局的学校危房改造项目。"[①] 确定这个项目之后，学院就跟市教育局沟通，以周口师范学院的名义给市教育局打报告；又找有关部门做了危房鉴定，定成危房。在周口师范学院党委副书记王书记的积极协调下，市教育局决定资助李村小学 120 万元。

（2）监管钱

对于当前财政体系来说，政府资金是一级级往下划拨的。从市划拨到李村村小的危房改造款要经过县教育局和乡中心校两级。"雁过拔毛"的潜规则让驻村干部时刻保持警惕，时刻关注资金动向，一旦市财政资金划拨，第一时间去县里要钱。"这个钱争取过来了，你还不能让县教委从中作梗，再分走点，天天都盯着这个钱。经常跑县教委，找他们的教委主任。打听市里面的钱到了没有，到了，赶快往下拨。很麻烦，总害怕这个钱好不容易批下来了再没有了。"[②] 这种担忧不无道理，在基层乡镇治理中，这种情况经常发生，学者吴毅就提出一些乡镇干部将是非对错放置一边，而多采取"扶

① 课题组对李霄的访谈，周口师范学院编辑部办公室，2019 年 9 月 14 日。
② 课题组对李霄的访谈，周口师范学院编辑部办公室，2019 年 9 月 14 日。

强不扶弱”和“锦上添花”的方针[①]。县里和乡镇对于资金使用可能会有自己的想法，可能他们更愿意把这笔钱拨给发展比较好的学校，力求建立教育品牌；或者“其他学校的房屋更破，它不愿意往这投，你说咋办”。“一开始县里不知道。突然一下子拨了120万元，他们也很吃惊，还得担心被挪到其他项目上。楼乡乡中心校长当时就说这钱可不一定给李村。”在监督资金拨付的时间里，严格按照两个原则：第一，得保证县里把钱拨到李村来；第二，得保证足额地拨。足额就是想建一个高质量的三层楼的学校，要是拨五六十万元盖两层质量不高的意义不大。

（3）李村村小的纽带作用

在李村小学项目确定和建设过程中，李村和李村村小作为联结周口师范学院和D县县委、县政府的纽带和桥梁的作用进一步凸显了。作为一个普通的村小，竟吸引县委书记、县长多次亲临学校，学校的建设背后也展现着市—县—乡—村更加广泛的权力关系图景。在李村村小改造项目中有两个核心人物，一个是原楼乡乡党委书记，一个是周口师范学院分管扶贫工作的党委副书记王书记。乡党委书记的核心地位体现在确定项目时出谋划策，“说这事得王书记出面，不然弄不成。他知道王书记老家是D县的，跟县里边的关系都很熟。也知道王书记和当时的市教育局长是老同事，在县里面一起工作过。”王书记的核心作用体现在项目获批时的协调以及日后与D县主要领导的关系协调上。还有一个更加重要的隐性资源就是周口师范学院与县领导的渊源。D县县委书记和县长均为学院教师子女，与学院有着较为亲切的关系。每次学院的党委书记或校长到李村来，他们两人中至少有一人会陪同。李村提供了一种更多地接触的机会，更多地接触加深了这种关系。在扶贫工作中，县委、县政府一再表示要在“资金投入、项目建设、社会保障等方面，加强沟通协调，全力支持周口师范学院扶贫工作”。最具有代表性的是李村村小二期规划项目。

① 吴毅：《小镇喧嚣——一个乡镇政治运作的演绎与阐释》，生活·读书·新知三联书店2008年版，第305页。

2016年4月，李村村小马上就要投入使用，周口师范学院党委印发了关于推进精准扶贫实施意见，“扎实推进教育扶贫。支持贫困村教育事业发展，加强贫困村学校规划，积极协调推进‘全面改善贫困地区义务教育薄弱学校基本办学条件’工程的落实，进一步完善村小学的信息化基础设施、图书资料室建设；改善办学条件……实现标准化和现代教育，让贫困村群众子女能就近享受优质的教育资源”[①]，突出了教育扶贫的重要地位。在随后李村召开的结对帮扶工作会议上，以一种非正式的场合敲定了村小二期规划项目。“第一次结对帮扶的时候，王书记带队去的，D县县委副书记李书记（两个月后升任D县县长）、D县教育局长、楼乡中心校长都在。我先做通乡中心校的工作，让他们邀请县教育局的领导。当时直接在李村村小开的现场会，那时学校还没建成，大家都站那。现场王书记说，村要致富先办教育，教育对发展有重要意义。D县不能光有最好的高中啊，还得有最好的小学嘛。然后他就跟县委李书记说李村二期这个事——在现教学楼东边再建一栋楼，重新规划学校围墙、操场、院墙、硬化。第二天县教委就派两个股长过来了，把这个事就敲定了。”[②]这与学校2015年奠基仪式时，只有乡中心校校长领几个人略显“寒酸”的场面大相径庭。

（4）重要意义

李村村小的建成，将D县县委、县政府和周口师范学院紧密连在了一起。“对村里来说，咱这120万元教学楼一落地，李某祥书记和村里人对学校印象是大大的改观，这种感情一下子就拉近了，这个期望也高起来了。他啥事都想依托着学院来做，依赖心很强。”[③]对李村村民来说，祖祖辈辈没见过这么多钱。这件事是村支部书记和李村村小校长怎么也弄不成的，是他们想也不敢想的。这对于提升周口师范学院在李村的领导地位有决定性的影响。正是这种高调的迎接省市县的各级领导与李村村小几年后的落

① 《关于强力推进李村行政村精准化扶贫工作的实施意见》（院党发〔2016〕14号），周口师范学院党委文件。

② 课题组对顾磊的访谈，周口师范学院网络中心办公室，2019年11月20日。

③ 课题组对顾磊的访谈，周口师范学院网络中心办公室，2019年11月20日。

寞形成了巨大的反差，这种反差足以促使李村村小的下一次重大变动。

（5）学生分流的不利影响

在建新学校的时间内，村里协调乡中心校，决定把李村的学生分流至附近的砖寺和袁张桥行政村小学。按照自然村离学校的远近，李村、丁庄、马庄学生到砖寺小学，英庄学生到袁张桥小学。正是这个看似不起眼的事情，对于李村村小学生流失起到了致命性的推动作用，村民对村小的态度从以前的“安于现状”到勇于自我选择，从信任到不信任；深刻地认识到了跟其他学校主要是私立学校管理及教学质量的差距了，更无意中促进了新建的另一所私立学校的发展。“我家小孩一直在李村上学，一直到学校盖房子分流。在这个私立学校，小孩基本上适应了，都不愿意回来了。一回来，教学质量还有管理呀什么的都有点欠缺，并且欠缺的都还不是一点半点。”[①]以前一直在李村上学，大家心知肚明教学质量是什么样，但这种意见始终处于一种隐藏的状态，一直没有公开化。自从上过私立学校，这种落差对村民来说是巨大的刺激，其深刻地认识到李村村小原来所存在的问题。

①管理问题：家长接走学生，教师不知道

首先是管理制度的混乱。村民普遍反映校长的管理能力不行。虽然是一个老好人，但你作为一个管理基层的人，不能当老好人，不能有这种思想。“他都不是一个当校长的料。找任何一个人当都比他强。李村学校花几百万元建起来，一手葬送到他手里了。”“李某某是越干越不行，干着干着没人了。这也是管理问题，管理得太差劲了。他还是一个小气的人，啥都看得太真。这不行。你当校长的，不能啥都看得太真了。”同行评价他是“管理能力差，支教教师和特岗教师管不住，校长不敢管”。尤其是在跟前任丁校长的对比中，这种反差就更大了。“老校长管理的是严，老师请假、迟到、早退基本上都不批。他对学校，早来晚走，看着老师上课。”“校长还想早走晚来，那能弄成事了？学校里有点地，还赶快自己种点东西。那天我一过去，

① 王洋 2019 年 9 月 29 日在李村对李某全的访谈，录音编号：LXQ20190929-001。

这不是D县楼乡李村农场吗？可不是李村小学。种的有葱、小白菜，这边还有庄稼。学校不是变成农场了？这本身就是不允许的，你栽个花、种个草是允许的。你把学校一扒，不要了，弄成大片地让你种庄稼，不比这得劲吗？这不像那回事。”

②教师教学问题：教师不负责的态度

首先，教师的布置作业不足。“咱的老师不给学生布置作业。私校给学生布置作业，学生压力大得很。回来就开始写作业。”

其次，对学生的严格要求不够。“老师给我看视频。拿前天的作业充当昨天的，作业上都有老师用红笔改的印嘛，她拿橡皮把红色擦掉让老师检查。老师检查出来了，叫我说的。那节课，别的学生都在课堂学习，老师给她搬张桌子趴在门口补作业。啥时候补好作业，啥时候进班。你看，他这种教育就可以。你再看咱这公办教育像这样做的可能性就不大。基本上能过就过了。”①

再次，教师不敬业。在走访中，不止一位家长说，李村村小教师存在着责任心欠缺的问题。“还有老教师曾经说过这样的话，‘我管不管无所谓，反正是该我一个月拿多少钱就拿多少钱’，你说，他抱着这种态度去教学的话，这个学校会教好吗？我个人认为是不能教好的。他这种心态绝对是不行的。都不配做人民教师。”②“公办学校老师责任心达不到。有那种当一天和尚撞一天钟的思想，我学生教好教不好，都能拿到工资。这种思想不行啊。有些老师说了，他学校没一个学生，我一个月照样3000多。他这样说，大家可很反感啊。”③还有一个学生家长，他岳父过生日，想接两个孩子一块去走亲戚，还不到放学时间，想提前走一会儿。他去学校把两个孩子接走，当时一个老师还在上课，在讲台边的一张椅子上睡着了。这是他教学的（语气很生气，用的是反语）。学生接走了，老师都不知道。第二天，家长都没让孩子再入学，直接就转学了。

---

① 王洋2019年9月29日在李村对李某全的访谈，录音编号：LXQ20190929-001。
② 王洋2019年9月29日在李村对李某全的访谈，录音编号：LXQ20190929-001。
③ 王洋2019年9月29日在李村对李某全的访谈，录音编号：LXQ20190929-001。

③对学校的不信任

都是这个学校咋着咋着。怎么能走到这种程度。大家都在议论，不只咱庄议论，而是咱一个行政村的人都在议论。哪个村不议论这个事？一说让学生回来，家长都是抱着模棱两可的态度，为啥这个工作恁不好做[①]。

④家人的解放

送私校的多，家长认为私校管理得严，又管吃管住的。农村的条件也好了，家长也挣到钱了，愿意花钱让孩子上学。私校也有生活老师。公办学校按国家教育系统安排教学，私学他不休息，有时一个月，有时半个月休息一回，车接车送的。[②]这让很多家长，尤其是父母外出务工的家庭，能解放家庭的劳动力，可以使爷爷奶奶从容干农活或打一些零工以补贴家用。

不论对于村小、村委，还是乡中心校来说，对于盖校舍分流学生这件事，对后果估计都是不足的，当时不应该分流，应搭个简易房，让学生继续上课。

5. 轰轰烈烈的复学运动

2016年8月，李村上了《中国教育报》。“今年村里又有6个孩子考上一本……”近日，河南省D县李村党支部书记李某祥逢人便高兴地说。10年来，这个仅有1300人的小村子共走出了138名大学生，昔日的“贫困村”逐步变成了“大学生村”“小康村”[③]。为了迎接9月份的开学，村里甚至乡里都在谋划活动。

（1）“一杯酒一个教师”：顾磊书记喝酒引进教师的故事

对于乡镇基层来说，“乡镇的工作从吃饭喝酒开始。”[④]“吃饭就是工作。”[⑤]对于从高校进入基层工作的第一书记来说，喝酒就是工作，在向中心校要教师这件事上体现得淋漓尽致。

① 王洋2019年9月29日在李村对李某全的访谈，录音编号：LXQ20190929-001。
② 王洋2019年9月29日在李村对李某全的访谈，录音编号：LXQ20190929-001。
③ 《昔日“贫困村”变成“状元村”“小康村”》，《中国教育报》2016年8月15日第2版。
④ 吴毅：《小镇喧嚣——一个乡镇政治运作的演绎与阐释》，生活·读书·新知三联书店2008年版，第1页。
⑤ 吴毅：《小镇喧嚣——一个乡镇政治运作的演绎与阐释》，生活·读书·新知三联书店2008年版，第5页。

在下边干的事不是张嘴就来的。干哪个事都不容易。那时我要不喝酒，他们习惯喝酒，你试试。你不喝酒，人家说你看不起他，不跟你玩。那时候真是舍得命玩。去李村之前，我戒酒好几年了，一点酒都不喝。有些项目到县里都得跟他们喝。在下面的时候，除了要项目的时候喝，一般在村里不喝。我不喝，人家能认？那喝得多。特岗教师那一年乡里一共分 11 个，我要 5 个，本来是给 6 个的，确实掰不开了，给我 5 个。我听说分特岗教师，立马直接跑齐长海办公室去了，不给不中[①]。

“小镇的餐馆塑造成了一个乡镇权力精英群体半制度化互动的结构化空间，这一空间的主要功能是利益型（政治型）而非文化和休闲型……吃饭和喝酒的社会功能，有干部为我总结了三个原则：上级来了不能不喝；朋友来了不能不喝；有事要求对方办不能不喝。喝酒有融洽气氛、拉近关系、联络感情的作用，是乡镇工作必不可少的润滑剂，也可以被视为地方社会资本交换的一种方式。”[②]

（2）“威胁”退款

由于学校开学在 8 月份，而私立学校的学费都是放暑假前交的，因此，对于在私立学校上学的学生来说学费都已经交过了，让私立学校退学费对于单个村民来说不是一件容易的事情。村支部跟乡中心校沟通，让他们出面解决学生退学费的事。那一次，从谭庄学校一下挖回来 30 个。这学生的学费都交完了，4000 多。校长跟我说：“哥，你瞎弄，一下弄走我十几万。”这学生的学费全部交完后又退出来的。李斌某说：“只要是李村的学生，他自己愿意回去的，你学费必须给退回来。你不退回来，我拿你学校说事。这中心校管着他了。”[③]

① 课题组对顾磊的访谈，周口师范学院网络中心办公室，2019 年 11 月 20 日。
② 吴毅：《小镇喧嚣——一个乡镇政治运作的演绎与阐释》，生活·读书·新知三联书店 2008 年版，第 517 页。
③ 王洋 2019 年 9 月 29 日在李村对李某言的访谈，录音编号：LXY20190929-002。

（3）拦截校车

为了坚决地把学生吸引到李村新学校上学，为了把这个学校搞起来，还使用了一些非常规的手段——拦截校车。据李某说："你可以看，那私校的驾驶员，他的证都不行，这些开校车的驾驶员必须都得是 A 证，不光是 A 证还得单独到驾校去考准驾校车，打上这几个字。如果不打上这几个字都不能开校车。抓住一个都得判几年。俺们也不检查你能不能开这个车，一开始学校买的都是报废车啊，我们用手机拍下来。你没拿，不好意思，下回直接报警。俺为了自己学生安全着想。你有 A 证一个月 4000 块让你在家开校车，你干不干。我的驾照是 B 证，出去给人家开大车，一个月都 7000 块。你是 A 证，光往车上一坐，一个月都是一万，开车不开车都是一个月一万。有啥问题了，拿你的证顶一下。你说一个月给他 4000 他干不干（哈哈……）在我家门门口，谭庄那个学校我查三四个，来两辆我给你查住了。我也不要钱，你上我这接学生可以，你安全不安全？"

（4）"包户动员"

村干部、积极分子、党员群体等分包动员学生回校上学。李村动员非常积极，党员、积极分子都参与。丁庄动员一般，丁主任只是吩咐村里的老师去做学生工作。据李某说："我分的是柏油路以东这几家，有六七个学生，负责做思想工作。我就跟他们说学校已经建好了，硬件条件可以去看。教育器材可以跟私校去比。学生回来后可以去体验，中了就在这上，不中再想办法。也只能这样，不能硬拉着让人家回来。"

6. 学校急速衰败期

学校建好后一些硬件条件，如课桌、老师的办公桌、电脑、文体等都是周口师范学院弄的。结果，李某某管理一年就把学校弄垮了。原来 100 多人，现在看着很寒心。究其原因，有两件事推动了村小的衰败加速。

（1）学生拿手机拍照，教师上课玩手机

学生拿着手机上学，老师上课在翻手机，学生拍照让家长看。老师上课期间，不说不准接打电话，不准翻弄手机。

（2）学生家长拍照上网事件

据李某言讲：“还有一个老师，给学生改作文，青蛙的‘青’，都是青草的‘青’，她给打错了，加个虫子旁。这个是蜻蜓的‘蜻’。写对了，给打错过来。好了，这个家长用手机拍上，上网。上网之后，这个老师到学校不但没有认识到自己的错误，反而把学生训得不敢去上学，是个小女孩。当时家里三个孩子在那上学，一个四年级，一个二年级，一个一年级。三小妞在那上学。这个事之后，学校学生一下子少很多。老师自己犯了错还认识不到自己的错误，反而把学生训了。就那学期的事。影响很大。”①

这件事影响很大，家长发的微信群“李村网络群”是李村自然村全体村民的群，基本上涵盖了村里的每一户。当时群里一发，村民就炸了窝。大家的意见几乎一边倒，都说这个学校教学彻底不行了，“不能耽误孩子啊。孩子成绩还行，别叫耽误了，这可不行。这老师教得不行。”②

7. 僵持期（等死期）

李村村小学生人数急剧减少，2018 年只剩下十来个学生了。村支书召开党员大会，讨论村小事宜。会上没啥隐私，都是公开的、透明的。普遍对校长不满。大家一致同意、举手表决，一定把这个学校办起来，决定找一个好的校长来领导。“当时要是学校建好让刘老师回来，我很保守地估计，李村学生得一百二三十人。”村民对村小现状的后悔溢于言表。

当时又没有候选，要求上边派。有时让上边派，他不知道乡风乡俗的，生人他干不下来。你还得找本村的。你要是让李某回来当校长，他也不干。他本来就是中心校的副校长。再说，中心校他也天天忙得不得了。这个刘某梅（李某妻子）本身就在其他学校当着校长——1100 多人、校车 10 来辆，把学校管理得头头是道。差你这一个学校吗？

李某这本来都中心校副校长，马上都提校长了，年轻有为啊，刚 40 多岁。你让他回来当个基层校长，他干吗？他就是再没意见，越干越小他行吗？

① 王洋 2019 年 9 月 29 日在李村对李某言的访谈，录音编号：LXY20190929-002。
② 王洋 2019 年 9 月 29 日在李村对李某言的访谈，录音编号：LXY20190929-002。

楼乡一中 1000 多人，他还管账。齐校长的左膀右臂，你让他回来当校长，中心校也不同意。几个人一考虑，还是支书李某祥想到的，让刘某梅回来当校长。你在中心校是个普通老师，当校长，这级别也上去了。咱要的是你的管理。李村小学就需要你这种管理模式。

对新任校长村民还是普遍具有信心的。“她教学质量也行，主要是管理。管理得比较好。她这几年一直都是在管理，从李村一中到县城不是才源学校就是光明学校，直接是几个班级的领导，几个班都归她管理。她一直从事管理。从县城回来之后，一直是周庄金鼎的校长，然后到李村校长。”

8. **看门人**

新校长上任，原校长降为看门人，不再担任校长，也不担任授课教师。

同时，学校在新任校长的领导下也逐渐发生着一些有益的变化。老师责任心比原来强了。原来家长把学生送去，往学校一撒，没人管了，自己玩去了。现在送过去，老师接过去，跟私校的管理模式差不多。中午管饭，在学校休息。

（1）教育方式

有家长说：不到八点，七点五十左右，她都在那。小孩八点半上课。大门口放一张牌子，写着“校长工作平台”，她在那坐着。去一个学生，她在那检查作业。我说的只针对一年级，全部检查检查，看孩子的作业哪个地方写得不对呀，给你纠正纠正。字体啊纠正，语言上给你夸夸。小孩都识夸，你给他夸夸，下次作业肯定更认真去完成。这就是她的工作经验。我都不止见一次了，又不是天天去，我偶尔去一次都发现了。

（2）管理方式

有家长说：现在不接，中午学校管饭，和私立学校一样。学校想办好，就得走这种模式。打个比方，以后李村学校人多了，可以固定七点半去哪个村接，八点去哪个村接，到时候也可以排上校车。想坐校车自己出钱。集体接送一弄，不跟私立学校一样了吗？私立学校它教孩子再好，毕竟是一个私人学校。咱说个很简单的比方，你大学毕业让你去私立学校弄个几千块钱肯定不现实，让你去个公办学校你就愿意。私办学校老师的教学水平都有限，说白了，就没有恁深的水。教得好，主要还是靠管理，管得严。咱公立学校一旦管得严了，把咱的教学水平提上去，它远远要比私立学校水平要高。

幼儿园老师跟家长有个群，每天孩子吃饭拍视频，上课有视频，休息时有视频，给孩子洗脸有视频，都会发给家长。

9. 学校未来发展思考

面对村小的破败、消失，难道就无能为力了吗？李村村民对村小的不信任，不能笼统地用对高质量教育的向往来解释，村民们更愿意在家门口就能享受到高质量的免费的公立教育。村民的不信任归根结底是对基层村庄治理的不信任。要想重新建立起村民和不同村落间的集体认同与信任需要付出极大的努力。

2019 年秋季，李村村小进入新阶段，第一次由一位女性校长来领导、管理。她所带来的变化很明显：整洁的校园，良好的教师风貌，严格的课堂教学，等等。但是，依然有村民不愿意将自己的孩子从私立学校转回村小，大家都只是在观望，甚至是一种看热闹的心态——谁来也没用，看校长能怎么折腾，小学还能否起死回生。

村小对于农村到底意味着什么？村小是“想象的共同体”，是嵌入村落文化里的融合剂，还是村落里的“国家”，这个问题的答案将极大地影响着村小的发展和规划，也极大地影响着乡村振兴的实施。不论乡村振兴 20 字方针的内涵怎样解读，没有村小的乡村一定不是大家所力图振兴的乡村。村小就是告诉孩子们即使身处农村也应时刻胸怀世界，教育他们如何打破狭小村落局限，教会他们站在出生的地方来凝望未来，而不是逃离村落到未来，应该是一步一个脚印，迈着坚实的步伐从村落走向理想的未来。

三、大棚风波：基层治理中的“塔西佗陷阱”

随着李村的名气越来越大，到该村参观学习者络绎不绝，其中蔬菜大棚是该村的最大亮点之一。每当参观者对大棚表示浓厚的兴趣时，李某祥等村干部们便如鲠在喉。上一任第一书记顾磊向李霄交接工作时也一再告诫说：“村子里什么事你都可以管、可以问，唯独不要去碰蔬菜大棚，那是一个定时炸弹。”当时颇令李霄困惑不解。李霄任职后还未来得及对大棚相关问题进行摸底，却发现时不时有村民到乡政府乃至到县委、县政府去反映情况，差点闹出群体事件。时间长了以后他才发现，给村民带来显著经济效益的大棚背后有着超乎寻常的曲折情节。

2011年麦收季节，时任楼乡党委书记的杨某[①]把李村李某祥书记找来，告诉他一个好消息。上级准备扶持楼乡一个500万元无息贷款的项目，经过乡党委、乡政府研究决定建蔬菜大棚，并且把这个项目放到李村。在杨书记向李某祥书记交代任务时，也许下了完全有利于李村村民的诺言：村民只管腾地、只管种，建大棚的经费由乡政府负责，大棚种植户只需要把土地的租赁费拿出来就可以（如果是占用自家耕地，连土地租赁费都不用出）。但前提条件是村民必须配合乡政府工作，帮助乡政府把款从农村信用社贷出来并转交给乡政府，贷款金额按照每个大棚10万元的标准申请。

图5-4　李村的温室大棚（村支部提供）

① 据当地人反映，杨某此人有很强的能力，但好大喜功。其实，在把政绩作为考核、选拔干部的主要依据时，绝大多数基层领导干部均自觉不自觉地过于追求短期效益而缺少对长期效益的关注和思考，毕竟任职周期是一个相对不长的时间段。杨某后来晋升副处级，任市某局副局长。

李某祥书记感觉到在这个项目上李村是有利可图的，回村后迅速开会，经过简短地讨论，将大棚项目具体落实到李村、丁庄两个自然村，承包大棚者只须协助乡政府贷款即可。对占用了土地而又未承包大棚者，每亩地按照每年不少于1000元的标准支付土地使用费，并且还说，随着大棚经营效益的提升，租金甚至可以涨到1300元。如果不考虑可能偿还贷款的隐患，无论是承包大棚者还是土地出租者都是有利可图的。

社会学者吴毅指出，在“生活即政治的逻辑”支配下，村民对于诸如“民主”“自治”之类的现代性话语和制度之所以感兴趣，并非出于抽象的权利观念使然，而更多地基于宗教与经济利益的现实考虑，“当一个村庄并不存在某种足以调动全村性公共参与的利益诱因时，所谓村庄政治就往往只是村干部和‘大社员’所专有的‘公共空间’”①。大棚项目落户本村的消息打破了村庄的长期的冷清和平静，李村和丁庄村陷入了狂欢。随着项目的推进，开始出现了一些反常现象：说好的无息或者是贴息的10万元的贷款数字真正贷出来却只有8.8万元！这哪里是无息或者是贴息贷款？即便是普通贷款也是不正常的，正规渠道贷出的款不可能先扣除到期利息。至于乡政府与农信社之间达成了什么样的协议，已经是不得而知了。不过由于所有申请到的贷款绝大多数进入了乡政府的账户，村民有了无须偿还贷款的许诺，剩下的就是静待大棚的建成。

大棚建好后问题一个接一个显现。主要问题有两点：作为大棚建造的资金管理方楼乡政府拿到贷款后并未向大棚承建方完全支付工程款，部分民工工资未能发放，最后承建方占据几个大棚作为补偿也被李村接受。对于这个问题，李村集体也好、村民也好，都不是太在意，本身大棚数量是宽裕的，所牵涉到李村普通村民的无非就是土地租赁费的按时缴纳、发放。但第二个问题则令李村的许多村民感到震惊——农村信用合作社居然要求当年签订贷款协议书的村民们偿还贷款，且每个大棚需要偿还10万元而不

① 吴毅：《记述村庄的政治》，湖北人民出版社2007年版，第26页。

是贷出来的8.8万元。顿时，这一消息在李村、丁庄村炸了窝。而且有群众还发现，由于自己替亲戚、邻居担保贷款，自家的存款已经被冻结，累计被冻结存款30余万元。由于贷款担保者相当部分不是李村人，这种矛盾已经由村内扩展至村外。

一时间，围绕着大棚引发的各种矛盾错综复杂：贷款村民与信用社、乡党委政府与李村村委的矛盾；施工企业与乡党委政府的矛盾；民工因拖欠工资与李村干部（主要是大棚项目出力最多的李某祥）的矛盾。其实，这个问题的症结并不复杂，根源在于乡政府的空头许诺与挪用资金。如果理性分析一下，就会发现：这个项目从开始就不是在正常状态下推进的。如果是一个人告诉另外一个人：以你的名义贷款，你找人担保，贷到款后给我，剩下的你不用管了，绝对不让你还贷款，我还给你一定的好处。可以肯定，这样动员贷款没有几个人敢答应，风险太大。但李村群众之所以踊跃贷款，一方面是有利可图——可以承包大棚；另一方面则是出于对政府的信任，既然政府许诺不让群众还了，那肯定是不用还。

在围绕大棚的矛盾集中爆发以后，作为大棚项目的主要执行人，李某祥书记闹了个里外不是人：群众上访，他要受乡领导的责备；催收贷款，正是自己当年向群众传达了乡党委、政府不让群众偿还贷款的许诺。李某祥的大哥李某林向课题组讲述建大棚的事情时依然愤愤不平："他（指李某祥）说话不算话，当时叫我动员群众腾地，人家都背着包谷种、扛着耧下地了又回去了。说是不叫还贷款，现在又叫还，叫我在群众面前没一点威信。"[①]这是一个能够公开申明的理由。李某林精明能干，年事虽高，但仍然坚持看新闻、听广播，国家的一些新提法也会在他的口中不时出现。对于贷款不用还的说法，他是坚决不信的，所以在动员其他村民腾地、贷款时，他虽然为村委的工作摇旗呐喊，但他本人坚决拒绝参与贷款。当大棚建好后，

① 李某林是一个非常勤劳的农民，年近70仍学习科学种田，其种植的粮食在该村是收成最好的，有产业致富的观念。他在自己承包的几亩责任田里种植优良品种果树，课题组去访谈时还有两个外乡人到李某林处学习果树的管理经验。2019年9月29日再次见到他，他告诉课题组梨子今年卖2万多元。

李某林试图承包一个大棚，被李某祥拒绝，至此兄弟反目，不再来往。事实上，当时建大棚时村委已有规定，凡是协助乡党委政府贷款的人才有资格承包大棚，李某林根本没有资格参与承包。李某祥对别人说："大棚不能给他，他也没贷款，将来还钱时你找他要还是个麻烦事儿"。工作的难题最后变成了家庭矛盾，兄弟两个自此见面不说话，谁也不搭理谁；偶尔李某林想到村室借个技术书籍看，找干部问个事，也是找别人，或者看他弟弟不在村室的时候才进去。

自从要求村民偿还贷款，乡政府成了众矢之的。有人说乡政府言而无信、出尔反尔，还有人怀疑这笔钱被人贪污，尤其是几个主要的领导，如乡党委书记、乡长甚至是李某祥书记是不是从中牟利？平常不大可能为村民公共事情出头的私立学校教师李某某①挺身而出，带头上访。

在贷款中李某某曾踊跃参加，不过他的出发点与其他人不一样：其他人为了承包大棚而贷款，而李某某则是听说这笔贷款是无息贷款而贷款。李某某子女众多，家中经济条件不好②，企图通过贷款缓解燃眉之急。

上面突然让偿还贷款，一些村民直接放弃了大棚的经营：钱我没花，大棚我也没种，你爱找谁要钱找谁要钱去。而李某某的问题就严重了：自己只花了 2 万元的贷款，却要依据贷款合同偿还 10 万元，别人偿还贷款好歹还有几年的大棚经营可以弥补损失，而自己则是血本无归。但对李某某有利的是，自己的 2.5 亩耕地的土地出租金一直没有到手（一些农民放弃种植大棚后很自然地也就拒绝支付土地租金），李某某以此为由组织上访，向上级有关部门反映了大棚项目中的种种问题。据说，为了引起上级有关部门的重视，李某某还举报了乡党委书记杨某、李某祥以及刚上任的第一书记顾磊等干部（顾磊到李村担任第一书记是在 2015 年，此时大棚已经建

① 李某某读书时成绩优异，据村民反映其语文曾经是全县第一，但每次参加高考时均名落孙山，最终放弃。也许是当年的自视甚高与最后的高考落榜反差太大，他高中毕业后与村民来往不多，以在私立学校教书为业。

② 据村人反映，李某某在县城买有商品房，在李村集上有 1 间门面房（其父乃李村卫生院职工分得之福利房）价值约 10 万元。李某某在李村的住房非常简陋，似乎可以归入危房。

好 4 年有余）。实际上，很多村民明白李某某醉翁之意不在酒，且举报的有些内容与事实明显不符，但还是乐于让其出头，在共同的利益面前李某某与这些村民难得地保持了一段“蜜月期”。

李某某的举报迅速有了反响。上级有关部门组织了工作组对大棚项目进行了彻查，彻查的结果不能令李某某满意：他所举报的干部都没查出问题，顾磊是后来者没经手大棚项目；李某祥推进了大棚项目，但贷款、施工等均未经李某祥的手，且李某祥本人也参与了贷款；看起来乡政府最有可能出现问题，却没查出大的问题。在 2011 年，整个 D 县，甚至整个市许多乡镇政府资金短缺，挪用资金，用“拆东墙补西墙”的方式维持乡政府的正常运行是常有的事，只要这笔钱没有花到不该花的地方，领导干部基本不担责。

李某某的上访持续了很久，上级的工作组也不止一次地到李村调查，为了安抚李某某等村民，一方面由乡政府补足了李某某应得的土地租赁费，另一方面暂缓催收贷款。李某某及其他村民暂时不再上访，但大棚贷款中间存在的许多不合理的现象的确令人生疑，继续深挖恐怕会牵涉出更多的问题，而强行收贷则又担心群众的集体上访。大棚贷款问题令楼乡党政领导班子颇为头疼，而始作俑者杨某早已升迁。李霄推测，楼乡选择李村作为贫困村重点扶持很可能与此事有关，算是对李村的一个补偿。

大棚贷款问题成了一个火药桶。贷款收不上来信用社着急，催收贷款乡政府害怕，大棚贷款的利息按照传言每个的本息已经将近 20 万元。一些胆大的农民继续经营大棚，还有一些担心贷款还会催要，放任大棚闲置，造成了很大的浪费。李霄与乡党委政府多次向县委、县政府汇报此事，多方斡旋，最终这笔贷款以银行坏账由县财政予以补偿，大棚贷款问题告一段落。但这一消息经集体研究还是不向村民公开，担心一些不敢承包大棚的村民眼红，再起风波，同时也静待大棚的废弃（一般大棚使用 7~8 年后就需要重新建设、改良土壤等），届时大棚的问题也许会烟消云散①。

---

① 至今，李某某还有几年的土地租赁费没有得到，由于上级不再催要还贷，其继续上访的劲头已经不足。课题组未能见到李某某，不知道其自己截留下来的 2 万元最终有没有偿还。

大棚风波历经波折但总算是“拆除了炸弹引信”（李霄语）。里面有很多值得深思的问题。从结果上看，大棚给李村带来了可观的效益；曾经被要求协助乡政府贷款的村民们不再被还贷而困扰；大棚项目的主要推动人杨某也如愿以偿升迁。

在这个过程中，最大的受益者是李村的村民，按说村民应该对乡政府以及推动此项目的杨某心存感激。实际上并非如此，村民们在经历了“大棚风波”之后，对乡政府不再信任，对乡干部充满敌意，杨某成了他们的发泄对象。直至今日，一些乡干部到村内开展工作，如无村支部的强力配合，几乎寸步难行。许多村民并不知道，“大棚风波”给他们从未耳闻的“塔西佗陷阱”提供了一个生动的个例。在扶贫过程中如何借助强化政府基础性权力的契机增强其强制性权力，重树政府威信，的确需要基层政府进一步探索；在对广大农民提供大量公共服务与管理职能的同时，如何培养农民因取消农业税而淡化的权利与义务对等原则，以增强乡村社会内生的凝聚力，是值得深入思考的问题。

四、书记先行：“抱煤气罐”的第一书记

一次偶然的火灾事故，折射了李村的干群关系及其前后变化。

1. 马某才家的火灾事故

2018 年 7 月 31 日下午，大约三四点钟，马庄马某才的老婆在其儿子家的老院厨房里做饭，准备烧水下面条。厨房用的是烧柴的土灶，灶前堆满了劈柴、树枝等农村所谓的“硬柴”。在堆“硬柴”的角落里，还有一个煤气罐，是以前马某才儿子家做饭用的，里面还有大半罐子气。马某才老婆一则不会用煤气灶，二则柴火遍地都是，比较省钱、方便，就把煤气罐放柴堆里没有用。

由于缺乏引火柴，马某才老婆用打火机点了几次，柴光冒烟不起火，做不成饭，无奈，她端起面条，关上院门，去马某才住的地方（在村子的

东南角，离此较远）、村里给盖的危改房那里去做饭。殊不知，冒烟的“硬柴”逐渐着了，并掉落下来，引燃了堆在厨房里的劈柴、树枝……

等周边邻居发现的时候，火苗已经从房顶的瓦缝间蹿出去，并引燃了与厨房相连的过道房房顶，浓烟滚滚……周边邻居聚拢围观，得知着火的厨房里有煤气罐，大家束手无策，不敢近前救火。这时，有群众打电话给马庄的干部王某，王某给村支部书记李某祥打电话汇报……

2. 第一书记带人救火

村支部书记李某祥突然接到电话的时候，周口师范学院驻李村第一书记李霄、袁张桥行政村第一书记韩震，与李某祥等支部、村委班子成员正在村室研究精准扶贫工作。听说马庄着火了，情况紧急，在场干部分别开车或骑电动车，以最快速度前往现场。

到达现场后，发现火势较大，群众都在周边远远观望，无人救火。李霄一边指挥人员疏散围观群众，一边安排干部接水管、找脸盆水桶进行救火，自己深入火场，拎出了受损的煤气罐。

在党员干部、群众齐心协力扑救下，大火终于被控制，危险解除。李霄一边安排立刻请专业人员前来处理煤气罐以及其他注意事项，一边联系保险公司，为马某才家申请意外险赔偿。

3. 借题讲故事

在失火现场，在救火过程中，有群众用手机拍了视频，发了朋友圈。强大的朋友圈立即把消息扩散开了……

很快，第二天（2018 年 8 月 1 日）网上出现了一篇配图新闻报道《周口郸城：驻村第一书记勇闯火海抱出煤气罐》[①]，其中有这样一段描述李霄书记抱煤气罐的情景：“李霄找来一条破被子，用水打湿，往身上一顶，迎着浓烟冲进了着火的房子。刺鼻的烟雾，灼热的火苗，李霄义无反顾。事先获知煤气罐所放位置的李霄，很快找到了煤气罐，用提前准备好的破

① 猛犸观察：《周口郸城：驻村第一书记勇闯火海抱出煤气罐》，2018 年 8 月 1 日，http://dy.163.com/v2/article/detail/DO4PCKJ80530KTJA.html，2019 年 9 月 21 日。

布一垫，硬生生把已经烧得通红的煤气罐抱了出来，并放置在安全地带……大火无情，李霄的身上多出（处）灼伤，脸上被浓烟熏得黑一块白一块。”

事后，李霄得知，这是D县县委宣传部的人员，看到朋友圈消息后，不加核实，即刻创作发文。

图5-5　《周口郸城：驻村第一书记勇闯火海抱出煤气罐》一文配发的图片（从图中可以看到李霄手里拿一个薄被子）

图5-6　《周口郸城：驻村第一书记勇闯火海抱出煤气罐》一文配发的图片，（李霄把煤气罐拎到院内空地上，村主任丁某明还在救火）

4. 周口师范学院师生反映

周口师范学院师生看到新闻，异常振奋，奔走相告，一时间成了大家的主话题——大家都觉得，李霄老师为周口师范学院争光了！

不少关心李霄的同事，打电话问他，受伤了没有？伤哪儿了？

对于“硬生生把已经烧得通红的煤气罐抱了出来”这句话，校微信公务群展开了讨论：烧得通红的煤气罐温度有多少度？李霄能把烧得通红的煤气罐抱出来吗？既然里面还有半罐子气，烧得通红的煤气罐为什么还不爆炸？较真的老师们利用自己的专业知识作了解答：烧红的钢板，起点温度大约700摄氏度。结论：烧红的煤气罐随时会爆炸，且正常情况下根本无法抱出。

5. 第一书记作事情经过说明以及感慨

看到报道后，李霄深为“烧得通红的煤气罐”和“身上多处灼伤”所困扰。2019年8月2日，他以村支部名义给D县县委宣传部写了一个说明——《7月31日马某军家灭火事件经过及两点说明》①。

一、事件经过

7月31日下午，楼乡扶贫办主任师静、袁张桥行政村第一书记韩震，到李村室交流贫困户和重点户帮扶情况。18时09分，村支书李某祥突然接到马庄村干部王娟的电话，说马某才家着火了，并且有一个液化气罐在火场中。得知火情马上终止交流，李霄书记带领驻村工作队员于党军，和村干部李某祥、丁某明等立即驱车前往马庄，韩震同行。

前往现场途中，李霄书记让于军用手机查询液化气罐的火灾处理方式是背对火焰用湿毛巾、棉被等将火扑灭，然后关紧阀门，立即将煤气罐搬到空旷无人的地方。车辆停放到马庄桥头河岗上，一行人沿河岗徒步奔赴马某才家。在河岗上就能看到马某才的住宅，并无发现着火迹象，跑到下河岗路口时，才看到马某才二儿子马某军家门前有一些人，房屋上有黑烟，

---

① 李村党支部：《7月31日马某军家灭火事件经过及两点说明》。

虽不十分浓烈，也较为明显。

到达现场，邻居马某化说，因有气罐，怕爆炸，无人敢救火。李霄书记问清水源、水管位置，立即接好水管、找来脸盆、水桶，指挥村干部上梯进行灭火。村民看到村干部们开始救火，也想围观，时间关系，火情紧急，李霄书记喝退围观群众，迅速把水引到火场，马上只身进院查验火情，在厨房内的西南侧发现液化气罐，周围还有散落下来的房梁和椽子仍在燃烧，气罐顶端阀门和出气口已经被大火烧毁。他从地上捡起一条薄被，到水龙头处浸湿，再次返回火场，迅速拎出气罐，放于远离火场的庭院空地上。在用水为液化气罐降温时，气罐仍然发出滋滋声响和股股白烟。

驻村工作队和村干部齐心协力把明火扑灭后，李霄又向马某军和马某才夫妇交代注意事项：一是先把大门用铁丝拴死，防止儿童被门楼上的瓦片和椽子砸伤；二是尽快把门楼上的瓦片和椽子进行修整；三是液化气罐内还有大半罐气，一定要放置在庭院中央，因为阀门已经烧毁，冷却后一定要交给专业人士处理，切不可自行其是；四是交代马某军要履行赡养义务，照顾其父母日常起居生活等。

李霄带领驻村工作队和村干部回到村室后，又联系中华联合保险公司报险，为马某才（马某军）申请意外险赔偿，尽力为贫困家庭挽回一些损失，防止出现雪上加霜的情况。

二、两点说明

一是个别报道中出现“烧得通红的煤气罐”“身上多出灼伤”等描述与事实不符。火场中的煤气罐并不红，李霄同志处置得当并未受伤。

二是整个处置过程虽然是李霄同志一人把液化气罐从火场中拎出，但驻村队员于某军、村支书李某祥、村主任丁某明、监委会主任郑某玉等也处于液化气罐的杀伤范围之内，大家团结一致、齐心协力，扑灭大火的是一个坚强有力的共产党员集体。

事件发生一年之后，2019 年 8 月 7 日，周口师范学院同事与李霄再返马庄马某军家老院子，失火痕迹犹存——马某军有新楼房，马某才有危改房，

图 5-7　2019 年 8 月 7 日，李霄站在马某才二儿子老院子失火的厨房前（贾滕拍照）

此院落基本废弃。李霄讲述了“抱煤气罐”的具体过程：“我当时赶到现场，过道烧着的椽子、檩条以及松动的砖瓦、土块已经往下掉落，我找了个红色破被子（薄夏凉被）——估计也是马某才收来的废品，用水打湿顶在头上进到院子里，当时就想着要先找到煤气罐。进厨房肯定是进不去，也没有有抢救价值的东西。厨房窗户已经烧掉了，我就站在窗户前，用一个小木棍划拉，找煤气罐，划拉几下，探身看到了，煤气罐旁边柴在燃烧，用手感觉一下，太热，没法直接抓，就把湿被子蒙上面，从窗户外探身伸手往外提，提不动，估计长时间不用，沾地上了，又使劲一拽，动了，就发力用单手把它从窗户提了出来，放院子西南角空地上……要说不怕，是不可能的，大家都在看着我，必须要做，没时间想那么多。”“我是拎的煤气罐，不是抱的。”“拎出煤气罐，又全身而退，一点伤没有，不好吗？”“必须要受伤吗？说得那么悬乎，我老娘已经 70 多岁了，让她知道了，还不得吓出啥事来……”——没有英雄和超人，唯有职责在心间。

图 5-8　《周口师范学院驻村第一书记勇闯火海保百姓平安》[①] 一文中的配图
（从图中可以看出煤气罐阀门已经被烧毁，应该有很大的煤气泄漏、遇火燃烧爆炸危险性）

6. 思考：典型事件对乡村治理的影响

无疑，这次典型事件是对李村“两委”干部、党员的考验，事实也证明他们经受住了考验——在急难险重的关键时刻树立起了党员干部的良好形象，获得了群众赞誉。为此，周口师范学院党委专门发文件《关于对李霄同志表彰的决定》[②]，D 县脱贫攻坚领导小组也专门发文《关于开展向优秀驻村第一书记李霄同志学习的决定》[③]，对李霄予以表彰。

由此我们不禁进一步思考——群众如何对党信任？党与群众的血肉联系如何建立？中华人民共和国成立前后的干部进村，讲究“三同”：与群

① 《周口师范学院驻村第一书记勇闯火海保百姓平安》，2019 年 8 月 5 日，http://www.sohu.com/a/ 245364402_503494，2019 年 9 月 22 日。

② 《关于对李霄同志表彰的决定》（院党办发〔2018〕 27 号）中共周口师范学院委员会办公室文件。

③ 《关于开展向优秀驻村第一书记李霄同志学习的决定》（郸脱〔2018〕44 号）郸城县脱贫攻坚领导小组文件。

众同吃、同住、同劳动，一言一行群众看得清清楚楚，而群众身边的干部，就是政府、党的“具体化身”，群众信任、群众满意与否，基本上是由身边的党员干部的工作、行为所决定的。土改期间，一个乡的群众教育材料中提到[①]：

杜毛说：“我分了三十亩地，六间房子，三眼楼，一个大牛，一辆大车，还有粮食、磨、被子，我也有吃，也有穿，也不给别人扛活啦，现在得法[②]啦。”

（干部问）：“这得法日子怎样来的？”

杜毛说：“是共产党毛主席领导的。”

（干部问）：“毛主席又未到你庄上来。”

杜毛说：“毛主席领导的县、区、乡和俺庄上的干部，领导我们大家都起来斗争。毛主席共产党领导干部叫我们穷人都组织起来把地主斗争，分了东西、分了地，我们才过了这样得法日子。”

从杜毛一家翻身经过，大家讨论分析，一致认为毛主席共产党是人民的大救星，永远跟着共产党走，今后大家都到合作社买农家历上的毛主席像。如农民田方和说：“不敬老灶爷了，敬老灶爷几辈子也没翻身过好日子，要过好日子，只有敬毛主席、听信毛主席的话。”从杜毛这个典型翻身总结例子，推广到村小组每个家庭，进行讨论分析，联系个人进行总结。如柴桂兰说：“不总结不知道自己翻身是怎样翻的，这一总结知道了，翻身这样翻的。”

经过这样总结，农民普遍认识到爱护毛主席，跟着共产党走。如曹来成说：“可招呼[③]好点毛主席，操心着哩，别把毛主席累坏了。”

话语粗糙，道理不粗糙，“毛主席领导的县区乡和俺庄上的干部，使俺过上了得法日子”——能不拥护毛主席，跟党走吗？

① 《双路田乡总结教育》（1952 年 2 月 14 日），商水县档案馆藏，档案号：县委全宗一永久卷 57。
② 得法：豫东一带方言，有“心里感到高兴、合适、舒服”等意思。
③ 招呼：河南方言，有关心、关怀、安排好生活工作等意思。

2019 年 8 月，课题组在马庄问及去年李书记救火抱煤气罐是真的吗，被访问的群众很不高兴："咋不是真的？就是李书记一个人进去把煤气罐拿出来的，李书记那可真铁！"钦佩之情溢于言表。事主马某才说："人家是大学老师，要真是出点事，咱心里咋过意得去啊。"李霄书记说，这件事以后，马庄群众对我、对干部比较信任，再进村入户，群众热情多了，争着打招呼，工作开展顺利多了……马庄有几户群众在河堤上种了十几亩的桃树，桃子成熟时，有群众提着一篮子鲜桃送到村室，有群众过节时特意送只老公鸡过去……对此，我非常感激，但东西一概不要，群众不愿意，那么，一篮子桃，我只留下一个。时间长了，群众知道了，自然就不再送了。必须注意自己的言行——我从来没有从李村往家里拿过东西，只有一次掐了一把红薯叶子，那是我自己在村室旁边种的红薯……

当然，马某才家的失火事件，也折射出精准扶贫的意义。马某才是贫困户，属于精准扶贫对象。两口子都 70 多岁了（马某才老婆 2019 年去世），安全意识比较差；马某才老婆精神状态一直不怎么好，经常是糊里糊涂的，一天吃两顿饭，饿了吃，不饿就不吃，要不，也不会下午三四点做饭吃——过着懵懵懂懂、过一天是两晌的日子。在此次失火事件之前，当年参与救火的邻居苑某梅说，2014 年的 6 月份，也是马某才老婆做饭点燃了灶台附近的柴草，邻居帮助扑灭，厨房烧塌了，着火地点是马某才危房改造前的老房子——不是马某军的院子。不禁令人感叹：若非生活在我们这个新时代，马某才一定是一种自生自灭的状态；从另一个角度说明，教育农民，提升农民素质，使之理性化、技能化，才是乡村振兴的基础。

从 20 世纪 80 年代"分田到户"到后来农业税的取消，这都意味着国家强制性权力在乡村社会的弱化。同时，作为国家代表的基层政府的基础性权力也几乎同时发生弱化，其中最为显著的表现是干群关系比较淡漠，甚至疏远、对立、不信任。制度并非在孤立的真空中运行，相反，社会环境和历史深刻地影响着制度的有效性。制度改革受到多方面因素的影响，历史在其中起着重要作用。路径依赖难以避免，由于制度依赖的不可避免，任何一种制度改革都难以在短期内达到一个较高的水平，但是从时间轴上看，我们需要认识到改革带来的更多的是一种自身的进步[①]。即便曾经有过干群对立，但路径依赖并非不可打破。“帮扶”干部要取信群众，关键还需要前赴后继地努力，要看平时工作的积极进取、积极改革以及示范带头的行为表现——李霄书记说，我现在的一点工作成绩，也是顾磊书记打下的基础，人家种瓜我摘瓜。

当然，对于偶发事件的妥善处理，不但考验干部素质能力，更是赢得民心、取得群众信任的契机——而取得群众信任，无疑是降低治理成本，提升治理效果，达成集体行动的基础。

---

① [美]罗伯特·D.帕特南：《使民主运转起来：现代意大利的公民传统》，王列、赖海榕译，中国人民大学出版社2015年版，第213–215页。

第六章

帮扶反思：李村的“悬崖效应”与“福利陷阱”

数年来的帮扶治理极大地改变了李村的面貌，课题组也很欣喜地看到村庄的变化不仅仅是在物质层面，而且催生了新型的村庄文化，在一定程度上促进了健康、向上的村风的养成。然而，在检视数年来的帮扶成效时，还是存有一些遗憾。与丰富物质帮扶相比，对村民的精神帮扶还是有所欠缺。2018 年 6 月 5 日，中共中央、国务院颁布了《关于打赢脱贫攻坚战三年行动的指导意见》（以下简称《意见》）。《意见》中指出：“坚持严格执行现行扶贫标准。严格按照‘两不愁、三保障’要求，确保贫困人口不愁吃、不愁穿；保障贫困家庭孩子接受九年义务教育，确保有学上、上得起学；保障贫困人口基本医疗需求，确保大病和慢性病得到有效救治和保障；保障贫困人口基本居住条件，确保住上安全住房。要量力而行，既不能降低标准，也不能擅自拔高标准、提不切实际的目标，避免陷入‘福利陷阱’，防止产生贫困村和非贫困村、贫困户和非贫困户待遇的‘悬崖效应’，留下后遗症。”[①] 在调研中发现，被中央所警觉的“悬崖效应”和“福利陷阱”

① 《中共中央、国务院关于打赢脱贫攻坚战三年行动的指导意见》，中国政府网，http://www.gov.cn/zhengce/2018-08/19/content_5314959.html，2018 年 8 月 19 日。

在李村或多或少已经出现[①]。

一、“争”当贫困户的普通村民

在李村2011年被划成贫困村时，按照当时的贫困村认定标准，要达到一定的贫困率才能达到标准。有过多年被扶贫经历的村干部们认为，这不过是和往常一样，“贫困村”就是挂个名而已（没有人能想到贫困村后来会享受到如此多的实惠），村委会在户口册里随意地认定一些“贫困户”，由于对贫困的条件认定标准不一，有些有楼房、有轿车的户也被认定为“贫困户”，这种“被贫困户”认定结果在当时被村民传为笑谈[②]。恰是这种不精准的认定为后来扶贫工作带来了很多困扰。

图6–1　李村脱贫攻坚宣传标语（张洪新摄于2019年12月24日）

① 按照国务院参事、国务院扶贫开发领导小组专家委员会副主任汤敏的理解是一些地方“把（脱贫）标准拔得太高”，在给财政造成很大的压力的同时，也让那些“没有被定为贫困户的边缘户，其实原来生活情况跟贫困户也差不太多，但因为没有被定为贫困户，精准扶贫的所有优惠政策与资源他们都享受不到”，造成“贫困户”反倒比“非贫困户”生活水平更高，就会引发新的社会不公，这种现象就叫作“悬崖效应”，且脱贫标准拔得越高，“悬崖效应”也就越严重。参见汤敏：《精准扶贫是前无古人后无来者的壮举》，网易订阅，http://www.163.com/dy/article/DGV32PLE0521LJMO.html，2018年5月4日。

② 课题组采访过的李某贵就是一个“被贫困”的户主。其当时之所以被认定为贫困是因为他父亲年事已高、老母亲已去世。实际上李某贵在当地是出名的孝子，其母去世后其父一直与其共同生活，且家庭收入可观。两个儿子均事业小有所成。在去李村访谈时，他正在盖新房子。

2011 年年底，周口师范学院的第一任扶贫队员苏明忠从学院争取到 1 万余元的扶贫资金，给全村 50 户“贫困户”购买年货，每户 1 袋米、1 袋面、1 桶油，价值近 200 元。这一车慰问品，打破了村庄的平静，引发了一些人的不满。李某某不是贫困户，也就没分到一份慰问品，他向当时的书记杨某发短信称自家“连给孩子剃头的钱都没有”，[①] 居然不是贫困户，没有得到慰问品！他因此事与自幼交好的村支书李某祥大吵一架，从此形如路人。李某某的行为可以认为是个体性的“贪便宜心理”，后来精准扶贫时，村里才发现，有这种心理的人远不止李某某一个。

2015 年，精准扶贫全面展开后，扶贫力度持续加大，除了各种补贴外，周口师范学院在一年为贫困户们免费发放价值 5000 元的湖羊，这令其他一些经济条件比这些建档立卡户稍强一些的家庭顿生不满，甚至一些条件甚好的家庭也试图从国家的帮扶中分得一杯羹，这使当年贫困户建档立卡工作不够精准的后遗症显露无遗。调查发现的确一些有楼房、有轿车的户被划成了贫困户；还发现一些子女有赡养能力的家庭被划成了贫困户（英庄郑某印，其妻常年慢性病，自己年事已高，但子女建有高规格楼房，明显具有赡养能力，还有前文所述之马某才也是如此）。

因此，一些村民比较身边的贫困户的基本情况后，也纷纷到村委闹腾，理由各异。

马庄马某某，家有挖掘机，有小轿车，见到别家有轿车者是贫困户，认为自己也符合条件。

丁庄丁某某，独女户，其女现在北京工作，自己家境一般，曾从北京回来到村委会大闹，要求给自己父亲定个贫困户。

丁庄丁某某，50 余岁，其有两个儿子，均在外打工，收入不菲，均有轿车，丁某某本人居住的楼房在丁庄是数一数二的，且是整个李村 400 余户

① “连剃头钱都没有”是当地一句形容自己很穷的方言。李某某在县城有商品房、镇上有 1 间门面房是村民皆知的事情，将其划为贫困户实在是难以服众。其在村内房屋破旧也是事实，但据访谈时观察到的现象，其生活条件还是不错的。

村民中唯一院内铺红毡的家庭。丁某某以自己6个孙子、孙女上学花费巨大，另有80多岁老母需要赡养为由，也要求划入贫困户。

英庄郑某君，62岁，2子1女，建两栋楼房。其次子年近30尚未成亲，郑某君兄弟三人中老大、老二均划贫困户（后老二去世、老大脱贫，享受低保），他因此对村委非常不满，认为自己与家兄弟情况相仿，应该是贫困户。

在问及其为什么自己家也是贫困户时，郑妻回答："俺家没小轿车。"

再次问："你认为什么样的家庭是贫困家庭？"

按照自己家庭的标准，郑妻刻画出了贫困户的标准："无劳动能力、常年吃药、有病人、子女无能力。"①

在访谈中有村民反映："对那些身体的确不好又无人照顾的，划成贫困户我们一点儿都不反对，还很赞成。但那些不贫困的人划成贫困户我们有意见，不公平。"② 李村认识到了当年未能"精准识别"带来的问题，在2016年严格按照国家相关规定进行了一次"精准识别"，对既往的贫困户、低保人员进行全面的复查，不符合条件的一律以"脱贫"或"取消低保"的方式消化历史遗留问题。像郑某印这样的家庭不符合贫困户标准，就在2016年年底脱贫，但符合低保条件就享受低保；郑某君则连低保也不符合，更是怨气冲天（村委按照政策给他办理了"长期慢性病卡"），他认为自己被取消低保的原因是外甥和村支书李某祥有过节，后来又想起来一件事，"也可能是那年我在地里点麦秸，他逮住我了，我俩吵一架，他记我的仇"③。这些充满揣测的话里明显带有个人情绪。

李村村支书李某祥曾开玩笑地说："按实际情况，我们村并不是个穷村，个别村民非常富裕，两三层的乡村别墅也多达几十栋，从外观上怎么看都不像贫困村。"④ 前面也有过论述，在东一带平原农村，贫困村与非贫困村、

---

① 这里她所说的"无能力"实际上是指自己子女不能出人头地，而非无实际赡养能力。

② 胡现岭2019年7月31日在李村与郑某丽、马某霞等文艺活动积极分子的座谈录音，录音编号：ZTJ20190731-001。

③ 胡现岭2019年7月31日在英庄对郑某君夫妇的访谈，录音编号：ZTJ20190731-002。

④ 张洪新2019年7月31日在李楼村室对李某祥的访谈，录音编号：LBX20190731-003。

贫困户与非贫困户之间很难有明显的区分。并非巨量的资源往一些贫困户家庭倾斜就能造成村庄原有贫富格局的扭转，导致部分村民心态失衡。

在农村由于“不患寡而患不均”的思想观念的影响，在村庄内部不同村民之间、贫困户与非贫困户之间、贫困村与非贫困村之间的攀比和竞争本十分正常，而伴随着国家扶贫资源和扶贫力度的加大，在贫困户与非贫困户、建档立卡户与非建档立卡户、贫困村与非贫困村之间获得的资源有着显著差别——实际上大量村民并没有预想到国家会对扶贫下如此大的决心和投入如此多的资源，那些获取资源少或没有获取资源的非贫困户、非建档立卡户与非贫困村所产生的剥夺感非常激烈，前后反差非常巨大，自然引发了一系列治理问题。就帮扶治理下的贫困治理而言，“精准扶贫”当然贵在“精准”二字[①]，然而，在农村自身“权力的文化网络”的结构性制约下[②]，在熟人社会“不得罪人”的逻辑下，仅仅依靠赋权式的村民自下而上的识别贫困户进行动态管理，并不能准确地识别出真正的贫困户，贫困户的精准识别总是不精准的。

因而，精准扶贫并非仅是技术性问题，而更多的是一种社会问题和治理问题。在民主评议难以搞下去，纯粹赋权式的自下而上的参与方法难以识别贫困户的情况下，外部驻村工作队介入就是适当的，外部力量嵌入村庄结构进行帮扶治理就是必要的，可以在一定程度上缓解精准识别的偏差，如通过贫困户动态调整、上级督查和整改、精准识别“回头看”等，确保真正最需要帮扶的对象被识别出来[③]。然而，外部力量作为嵌入主体必然在将来的某个时刻退出，并不会对农村“权力的文化网络”本身予以完全改造。

实际上，在农村权力结构没有发生根本改变的情况下，帮扶治理除对

① 2013 年“精准扶贫”以来，农村贫困治理的侧重点体现在对贫困户、贫困村的“精准”识别，建档立卡，然后是精准施策。到了脱贫攻坚的冲刺阶段，“精准”则体现在坚持现行的扶贫标准“两不愁三保障”的精准把握，决不能拔高也决不能降低。可以肯定的是，在国家的强力推进和全社会的关注下，降低扶贫标准的可能性不大，但需要警惕的是拔高标准的现象。

② [美] 杜赞奇：《文化、权力和国家》，王福明译，江苏人民出版社 2003 年版，第 9–10 页。

③ 许汉泽：《行政治理扶贫：对精准扶贫实践逻辑的案例考察》，社会科学文献出版社 2020 年版，第 202 页。

精准识别进行纠偏以外，更需要扩大扶贫政策的覆盖面，多为民办好事、办实事，使扶贫政策的受众得以不断扩展，增加一般村民的获得感。例如，通过发展集体经济并规定相应的规章制度使集体收入转化为惠及整体村庄层面的公共服务，在节日礼物慰问时，适当地向非贫困户、普通村民间进行分配，土壤有机质改造等项目中更多地倾向于种粮高手和能手，等等。在熟人社会逻辑下，“精准扶贫”或者说任何一种政策的有效落实，都需要在多种社会力量中间取得一种平衡。这里的平衡是一种综合性指标，包括物质利益分配上的相对一致、社会资源分配的相对平均和社会情感投入的相对均匀。

二、“安”于贫困的贫困户

习近平同志一再强调：扶贫先扶志。扶志就是扶思想、扶观念、扶信心，帮助贫困群众树立起摆脱困境的斗志和勇气。如果扶贫不扶志，扶贫的目的就难以达到，即使一度脱贫，也容易返贫。激发贫困户的“内生动力”，才能够杜绝扶贫中的“等靠要”思想，避免贫困户陷入“因穷而要，因要而懒，因懒而穷”的恶性循环①。在李村的调研中，课题组发现扶贫扶志有成功的例子，也有不成功的例子。

丁庄盲人丁字良就是一个非常成功的扶贫扶志的成功案例。丁字良（原名丁学良，当年办身份证时工作人员误写作“丁字良”，后未更改），1928年生人，有1子4女，与子丁某干（现年70岁，聋哑人，未成家）相依为命。儿子虽与人交流不畅，但勤劳、孝顺。2015年7月，周口师范学院向其捐赠6只湖羊（1公5母）。2018年将部分成品羊出售得款2万余元。2020年走访时存栏尚有32只，年底出售至少可得30000余元。再加上国家对他的帮扶，每年收入可在4.5万元左右。老人一生嗜酒，至今仍每日小酌，

① 邢小俊：《国家战略：延安脱贫的真正秘密》，陕西师范大学出版社2021年版，第87页。

对国家充满了感激。

但在走访时发现，当年周口师范学院捐赠的羊到了后，许多户转手即变卖（如郑某印），至今继续养羊的不过五六家。有些贫困户在享受国家的帮扶之后心态发生了很大的变化，在英庄，有贫困户向其他人宣称“贫困户只要一评上，一辈子都不变”。说这话的人一方面是对国家扶贫政策的无知，另一方面恐怕也是对既得利益长期保持的期望。在帮扶中，课题组发现有越帮越懒的贫困户，典型代表是丁庄村的王某。

【案例 6-1：“穿金戴银”的贫困户王某】

王某，穿戴整洁、打扮时尚，金戒指、耳环、项链俱全，从其外观上根本看不出这是一个贫困户[①]。此人患小儿麻痹症，双腿残疾，出行靠轮椅。其丈夫智力稍差，但能外出打工，年收入大概也在 2 万至 3 万元之间，有一子一女，均上学。按照国家的帮扶和其家庭收入计算，已经达到了脱贫的标准。因为两个孩子上学，本人的确行动有困难，村委会决定暂不让其脱贫，以让其享受更多的帮扶。其实，按照“两不愁三保障”来看，这已经是在提高对王某的帮扶标准了。

村里建好扶贫车间后，村干部曾动员王某到车间务工，但王某只挣了 50 多元钱后就以腰酸胳膊疼为由辞工。其实，她自己在家无聊的时候也从事一些手工活动，用毛线编鞋子啥的。村里再三动员无济于事。王某家是平房，房屋的设计、质量都还算不错，只是在村庄普遍都是楼房的情况下，稍显落后。王某本人数次要求村委为其改善住房条件，建造楼房，也曾要求村委帮助她开一个超市。这些要求显然远远超出了现有的帮扶政策，村委无法满足其要求。王某的日子还就这么过着，用她自己的话说“过一天少一天”[②]。 前几年，周口师范学院一个校级领导见到王某家的情况，自

① 此人有一定的思想，娘家条件较好，对智力稍差的丁某某似乎有些不满意，不愿与丈夫沟通或难以沟通，与婆婆关系较差。课题组推测，王某的注重个人形象的做法不一定是虚荣和懒惰，更可能是用这种方式显示自己的自尊。

② 梁红泉 2019 年 7 月 31 日在丁庄对王某的访谈录音，录音编号：WX20190731-001。

己每年给王某捐赠 5000 元现金。后来在村支部的劝阻下，这个捐赠目前已经终止。

图 6-2　李村脱贫攻坚标语（张洪新摄于 2019 年 12 月 24 日）

【案例 6-2：“好吃懒做”的马某某】

马庄的马某某，年逾 40，因家贫无力娶妻，与其母共同生活（其母略有残疾、驼背），曾被骗婚团伙骗走三四万元。他眼见娶妻无望，有破罐子破摔的想法，不愿外出务工挣钱。手头略有余钱立马吃干吃净[①]。在被骗婚之后，用架子车将自己的老娘放在村部，声称无力养活。村里几番做工作，找与其关系较好的人进行规劝，后以马某某保证努力劳动为条件，将其母纳入低保。其后，马某某也短期外出务工，略有好转，但与一般村民相比，仍显得较为懒惰。中国人传统传宗接代的思想令单身的马某某对未来不抱太多的期望，也许这才是他“好吃懒做”的根源。

① 该村流传着他“偷烤羊腿”的故事，马某某买一只羊腿，怕人发现，遂关起院门生火烤肉，因院内黑烟滚滚，最后还是被人发现。

【案例 6-3：“好吃不懒做”的李某某】

李村的李某某和马某某的日子过得差不多。这人好吃，一季麦子卖的4000余元，不到一个月就吃光了。但该人不懒，会开大车，外出与人开车收入也不算低。挣了工钱后先给自己买辆轿车开开，浑然不顾自家的房子露着天。他的战友见他日子过得紧巴，试图给他弄个低保之类的使其生活有所改善，但被一口回绝：“我的问题不是三千五千可以解决了的事。”

表面看，这些难以扶志的贫困户，这些“安”于贫困的贫困户，反映了自身发展动力不足的问题。传统观点认为，个人发展动力不足的问题，要么由于个人层面的懒惰、无能，要么由于社会层面的不公平、不平等的制度，而后者通常则是前者的原因[①]。据此，摆脱贫困需要从制度层面保障相对公平、平等的起点，为个人通过自身的努力脱贫创造积极的条件。传统观点所立足的假设是，“无能”为因，“贫困”是结果。然而，对此假设有关行为经济学的最新研究发现，无能与贫困之间的因果关系，反过来也一样成立。所谓的贫困，也就是稀缺心态，是导致无能的原因[②]。穷人的无能，其主要原因就在于贫困本身。实际上，只要生存于贫困之中，我们所有人都会变得无能，即贫困带来的压力会影响到其他行为上的表现，即认知和控制能力的“心智宽带”会全面降低。如患有糖尿病的穷人并非总是坚持每天用药，穷人也不怎么带孩子去打免费的疫苗，为提升技能所进行的培训，穷人的参与总是很少，等等。

可以说，有关贫困这种研究改变了对贫困的传统理解。我们需要理解贫困的新视角，一种认知的视角，带着稀缺的思维，去重新审视那些关于规范用药、除草、“安”于贫困等行为，除了将目光关注于物质条件外，更应该去了解人们的心理情况，理解他们的“心智宽带”。从稀缺心态的

① 李小云：《贫困的终结》，中信出版社 2021 年版，第 16—21 页。

② [美]塞德希尔·穆来纳森、埃尔德·沙菲尔：《稀缺：我们是如何陷入贫穷与忙碌的》，魏薇、龙志勇译，浙江人民出版社 2018 年版，第 170—173 页。

视角出发，有关扶贫的政策要设计出更为有效的预警机制，使穷人提早地为未来做准备，如通过定期发送接种疫苗、领取救助金等剩余期限的提醒，从而使人们能够立刻感受到超越限制的后果，同时又令这种后果容易为人们所觉察，不会一步置于死地，可以考虑对解决金额予以降低，而非彻底停发；从构建“心智宽带”的角度，未雨绸缪，为一些影响收入稳定的突发事件提供缓冲，如向穷人提供能够构建起储蓄余钱的金融产品，将农民在收获时赚得的收入进行储蓄，然后再平摊到每个月，从而有效地将一次性收入转换成月收入①。如此，帮助穷人应对生活中的意外事件，从而使其可以将其他事情做好，避免犯下代价高昂的错误。

总之，摆脱贫困是一项复杂而系统的工程，需要持续地理解贫困本身的内在复杂性。对贫困的持续理解，将会在根本上制约着扶贫政策的设计、实施以及取得的效果。各种扶贫项目和政策在实践中总是出现这样或那样的偏差，但受到指责的并非是扶贫政策的受众和对象，而应该对扶贫项目和政策本身进行批判性省察。毕竟，彻底脱贫是一项非常棘手的难题，需要持续不懈的努力，方可将扶贫工作做得更好。

三、难“断”的家务事

在访谈中，课题组有意问及普通村民、村民中的积极分子、村干部以及退休的村干部（如李某中）一个同样的问题：这些年来，村内的纠纷是多了还是少了？得到的答复大体一样：少了。问及原因，大家的认识基本也是一致的：过去人“没有”（指比较穷），对一些地边子啊、瓜果梨枣的小事儿都会计较，现在条件好了，谁都不在乎了。这种说法只说中了其中一部分：经济的发展令许多家庭有能力独自完成生产，传统的互助关系弱化，降低了纠纷发生的概率。课题组曾就乡村纠纷问题请教淮阳县临蔡

① [美]塞德希尔·穆来纳森、埃尔德·沙菲尔：《稀缺：我们是如何陷入贫穷与忙碌的》，魏薇、龙志勇译，浙江人民出版社2018年版，第190–197页。

镇民间调解员常某华[①]。据常某华讲，他所观察到的民间纠纷与原来相比有很大的变化：第一是纠纷发生总量降低；第二是家族内部矛盾增多。关于这个变化，他认为原因除了经济发展很多人不在乎外，还有就是道德的滑坡，村庄风气变化了，谁也不管谁，传统的“孝道”不被人重视，不“孝道”也无人指责[②]。

其实，在访谈中课题组能感受到许多纠纷是实际存在的，而且为数还不少，只不过是被村民忽视了而已。这部分纠纷，大多数就是家庭内部的纠纷。这些纠纷被无视大致有三个原因：一是对纠纷的定义。在很多村民眼里，只有发生在家庭外部的纠纷才是纠纷，而且随着家庭权力的下移，老年人在家庭及村庄的权力结构中退居边缘，青壮年成为家庭权力的中心，打工潮的兴起令村庄呈现“无主体熟人社会”[③]，不同家族老年人之间发生的纠纷相对影响面较小，也不再认为是纠纷。二是纠纷的私密化。家庭住房条件的改善（院墙的修建）令家庭生活越来越私密化，家庭内部的纠纷也日益呈现私密化。三是村落公共空间的消失（如传统的“吃饭场”、共同劳动地点）及新的娱乐方式（广场舞、玩手机）的兴起，阻隔了家庭内部纠纷的向外传播。在访谈中，村干部也提出，对这些问题，虽然也曾经干预过，但自己的确是无能为力。

【案例 6-4：与儿子发生纠纷的马某才】

马庄的马某才今年 67 岁。在没有见到马某才的时候课题组已经对此人

① 在淮阳县临蔡镇，常某华是一个具有传奇色彩的人物。此人 1954 年生，年轻时经商，获利甚丰，为人豪爽，喜结交朋友。年龄大后在家赋闲，因为人热心且能言善辩，加之在当地有较高的威望，被临蔡镇政府聘为调解员，成功化解了许多民间纠纷，有些纠纷甚至是长达几十年的历史遗留问题。因工作成效突出，被选为县人大代表，临蔡镇专门为其设“老常工作室”，并配备工作用车。当地流行一句话，“有事儿找老常”，并拍摄有微电影《有事儿找老常》。

② 胡现岭 2019 年 8 月 27 日在淮阳县临蔡镇老常工作室对常某华的访谈，录音编号 CY 河南 20190827-002。

③ 吴重庆提出，乡村大量青壮年劳动力常年异地化生活，使村庄呈现主体缺失状态，乡村传统的“熟人社会”向“无主体熟人社会”转化。参观重庆：《从“熟人社会”到“无主体熟人社会”》，《读书》2011 年第 1 期。

有所耳闻，课题组见到他时，老伴儿已经去世，自己独自住在村东南的两间小平房里，一间小厨房又脏又破，院内还散养着几只羊，夸张一点说，除了羊之外，所有财产相加价值难超过500元。看着这般场景，令人心酸。见到我们的到访，马某才满面赔笑，但能明显感觉到这种笑带有明显的讨好，临走时还送上一句与场景并不太搭调的“一路平安”，令人啼笑皆非（实际上我们几个人是要去走访下一个对象）。

在我们的想象中，作为贫困户的马某才应该是一个无所依靠的人。但实际情况并非如此，他儿子盖的楼房高大气派，但拒绝履行赡养义务。仔细了解，其子的做法也可以理解。在当地，马某才也是一个“名人”，不过名声不太好，人送绰号“赖肚儿”（当地人对癞蛤蟆的俗称），明显是一个贬义词、负面评价。他年轻时经常穿着女人的衣服招摇过市，穿裤子故意把屁股露出，以这种方式来吸引别人的关注。马某才的老婆有病，脑子不是很灵光，他认为是一累赘，数次用三轮车将老婆拉到距家有些距离的地方抛弃，但数次被公安机关送回。他每次抛弃自己老婆都会被儿子暴打一顿，父子感情淡薄，形同路人。村干部数次做其子工作，希望能摒弃前嫌，尽到赡养义务。但其子宁愿坐牢也不愿与其发生任何联系。面对这一困局，村里只得暂时将其列入帮扶对象，现在他所居住的两间小房子就是“危改房”（政府出资修建的）。

凡事皆有因果，马某才沦落到这一地步，与他一生的行为有着密切的关系，似乎也无法过多地去指责他的子女未尽到赡养义务，但像这样子女有赡养能力的老人，如果子女坚决不赡养便由国家接管，会不会引起更多的人效仿？如该村马某某因被骗婚团伙诈骗后，将老母亲扔到村委会，自称无力养活，在采取一定的帮扶措施后，才将其母接走。

【案例6-5：不敢乱说的郑某某】

英庄郑某某，今年78岁，盲人，二级残疾，低保户。有二女一子。自称高中毕业，擅长书画，精通民间红白喜事礼仪等。当有人去看望老人时，他总是一遍一遍讲述着自己当年的辉煌，诉说命运的不堪，自己介绍年轻的时候当过县委秘书，后来眼睛坏了被送回原籍，“如果不是眼睛坏了，那他们也不能总是让我当秘书，咋也得给个县长、县委书记干干”。据其他人介绍，他并没有担任过县委秘书，因嗜酒（酒质低劣）而致盲。

2019年3月，其老伴去世，现一个人独居，其子家相距不过30来米。老伴儿去世后，儿子、儿媳将老汉的所有财产（包括存款、粮食等）席卷一空，一日三餐靠儿子、儿媳送饭度日。走访时发现有一些未吃完的饭菜，落满了苍蝇。谈及儿子、儿媳，老人反倒是赞不绝口，一直夸他们孝顺、体贴，等等。但在不经意间也讲述老伴生病时他没有向儿子求助，而是选择找村干部郑某玉。老人讲起老伴的去世泣不成声，怀念那时老伴用车子推着自己到附近砖寺赶集的日子。村里多次向他儿子、儿媳指出，要妥善解决好老人的生活问题，天天端饭不能解决好老人在饮食方面的个性化需求，且令一个盲人独居无法及时处理一些突发性事件。面对村干部的批评，其子、儿媳当面表示一定按照村委的要求去做，但村干部走后改变不大。后来，村委会为了对其子在郑某某的养老问题上有一定的约束，与其子签署了关于郑某某的养老协议，但直至本课题组成员走访，郑某某的养老现状并没有大的改观。村委会安排该村干部郑某玉每天要到老人那去看一看，村其他干部也时不时到郑某某那里走一走，见到其儿子、儿媳问一问老人情况（实际还是一种督促）。[①]

课题组就郑某某目前享受的国家相关补贴算了一下：低保户每月补贴154元；残疾人两项补贴每月120元，“企业带贫”每年2000元[②]；每年享受120度免费电，共计67.2元；周口师范学院每年慰问物资两次，分别在

① 高涌翰2019年7月31日在英庄对郑某灵的访谈，录音编号ZCL20190731-001。

② “企业贷贫”是D县搞的一种模式，即政府将贷款优先向一些积极扶贫的企业倾斜，这些企业每年从贷款收益中拿出一部分扶贫。

中秋与春节前，每次大约800元。郑某某一年获得的支助补贴共计6000元以上，从帮扶的角度来说，这个力度已经是比较大了，但是囿于其身体原因及子女情况，他的个人处境没有太大的改观，老人在感叹之余流露出“还不如死了”的消极情绪。别人说，郑某某不敢乱说儿子、儿媳的不是，担心传到他们耳朵里自己日子更难过。像郑某某这种状况，虽然对儿子、儿媳不满，但也不敢有丝毫的抱怨，这种表面的和谐实际上隐藏着更深的问题。正如《宋村的调解》作者董磊明所讲：婆媳矛盾减少不见得是和谐，而可能是婆婆彻底被儿媳妇所制服[①]。处于绝对弱势的郑某某，除了这样，没有别的选择。

面对郑某某的困境，村干部们也是无计可施，对郑某某儿子、儿媳的做法也进行了一定的让步：该享受的政策让老人足额享受，这部分钱发到其儿子、儿媳手中，其不履行基本的赡养义务便会遭到道德的谴责，同时也令他们感觉到，赡养老人对他们来讲，至少现在是一个能增加收入的渠道。未来会怎么样，不敢想象。但村干部则肯定地说：“一旦郑某某不享受这么多的帮扶，连饭都不会有人给他端。”[②]

第一书记李霄反思自己的工作：“我在李村最大的失误就是没有把群众教育搞起来。”[③]作为高校教师，他也许是依据自己教育管理学生的经验来反思工作的缺失，认为只要狠抓思想教育就能令村庄的风气有所好转。然而，从乡村社会及整体中国的变迁层面看，仅从教育出发来解决家庭问题未免有些太乐观了。农民的教育固然重要，但毕竟教育本身也要受到诸多其他因素的影响，特别是中国社会以家为本的家庭结构及其代际变迁[④]。当地农民历史上长期面临生存压力而形成的思想意识和行为选择，很难在短时间内予以扭转。

---

① 董磊明：《宋村的调解》，法律出版社2008年出版，第47页。

② 课题组2019年7月31日在李村部与村干部们座谈录音，编号：ZTh20190729-001。

③ 课题组对李霄的访谈，周口师范学院编辑部办公室，2019年9月22日。

④ 杨美惠：《礼物、关系学与国家：中国人际关系与主体性建构》，江苏人民出版社2009年版，第102-108页。

自古以来传统中国就有“清官难断家务事”的说法，之所以如此是因为在家庭范围内纯粹用讲“理”的方式是不适宜的。纯粹的“理”是“情”的对立面，与内涵“义”为核心特征的“礼”不同，“理”则往往包含是非分明、利害两清、真假显明等特征，这显然不利于以“情”为中心的伦理人际关系的稳定和和谐。众所周知，中国人际关系的基本样式便是人情，也就是建立在血缘关系基础上和儒家伦理的规范下发展出来的一种带有社会交换性的社会行为①。然而，“情”与“理”的这种独立，不应该遮蔽在传统中国文化“情”与“理”存在一致和相生之中，所谓理就在情中，说某人不近人情，就是不近理，而不近情又比不近理更为严重②。人与人之间，若能“动之以情”，可以无往而不胜，若坚持“说之以理”，那就是跟自己找麻烦。这种情形在当前社会仍然很常见。

因而，当我们说帮扶治理过程中存在着难“断”的家务事时，一定要首先理解究竟在何种意义上家务事是难判断和难决断的。实际上，当私密的家务事被外人、旁观者所知晓，并呈现给村社集体时，一定程度上便暗含了村民对创新乡村治理模式的迫切需求。不是以纯理的方式得以决断，而是对能够“融情于理、以理塑情”的新型治理模式之期待。以理性、制度和技术为核心的现代治理模式在进入家务事时，自然难以发挥相应的作用，一味地推行之，反而会出现适得其反的效果。然而，作为技术治理的一种必要补充，如果充分理解家务事中的情感诉求，通过谈心、交心、将心比心，在态度上敬民，在感情上爱民，在行动上为民，融“情”于日常工作中，使帮扶治理的情感之维的效能得以充分释放，这不仅有助于降低乡村治理的成本，增加存量社会资本，从而产生良善和睦的家庭与邻里关系，最终导向一种乡风文明的基层社会。因而，情感治理是帮扶治理的重要组成部分，在乡村治理中发挥着不可替代的独特作用，需要理论和实践者在帮扶实践中不断地创新并时刻摸索“情”“理”相融共生的新型治理模式。

---

① 翟学伟：《中国人行动的逻辑》，生活·读书·新知三联书店2017年版，第69页。
② 韦政通：《伦理思想的突破》，中国人民大学出版社2005年版，第7页。

代结语

外力介入下村落旧平衡的打破与新平衡的形成

国家及周口师范学院对李村的帮扶是立体的、全方位的，投入大量的人力、物力、财力，以及选派得力的第一书记，在短时间内令李村面貌焕然一新，村干部的精神面貌、工作作风明显好转，村委会的威信得以重新树立，干群关系和谐。随村干部行走在村内、田间，不时遇到村民友善的笑容和亲切的问候。其实，在多年的帮扶中依然有诸多难以解决的问题，第一书记李霄无奈地说："对有些事儿、有些人，我们的确是无能为力。而且，这些问题在未来发展中能否解决依然不得而知。"因而，通过总结帮扶治理已取得实效的有益经验，梳理制约村庄未来发展的结构性因素，就显得极为必要和重要。根据社会的演化进步史，总是旧的均衡被打破，新的均衡生成的过程。考察李村的变迁、变化，不妨从国家与村落（庄）的历史与当下展望未来。

一、李村的"旧貌"与"新颜"

李村本是一个贫困村。对于贫困的原因，村党支部认为[1]：

[1] 李村支部：《李村行政村村情简介》。

1. 人口较多，人均耕地较少，平均只有 1 亩。

2. 农业生产模式比较传统，主要农作物为小麦、玉米，其他经济作物不发达； 农业生产以农户为单位、各自为战，专业合作社没有发挥作用，农业发展缺乏系统规划。

3. 村民文化水平普遍较低，缺乏创业精神和资金，安于现状；家庭收入主要依靠外出务工和农作物销售，导致大部分年轻人外出务工，村内留守儿童和空巢老人较多，不利于地方经济的发展和儿童的教育。

4. 村集体没有产业，无经济收入来源，对公共事业、扶危济困、调动基层干部的积极性等缺乏必要的支撑。

5. 党员老龄化严重，先锋模范作用不明显；村“两委”班子齐全，但受经济发展条件的限制，与群众的期望存在一定的差距。

6. 农村基础设施和文化活动匮乏，村民缺少文化生活，影响乡村文明建设，一定程度上制约新农村的发展。

而贫困户致贫原因各有不同：2016 年 1 月以来，按照周口师范学院党委的统筹安排，驻村第一书记牵头，对李村 28 户贫困户的致贫原因进行了走访调研。按照疾病、受灾、残疾、子女上学、无劳动力等标准进行统计：其中，因病致贫的 15 户，因残致贫的 6 户，因学致贫的 3 户，缺劳动力致贫的 3 户，自身发展动力不足致贫的 1 户。

2017 年按照疾病、灾难、残疾、子女上学、无劳动力等标准进行贫困户统计：其中，因病致贫的 4 户，因残致贫的 2 户，自身发展动力不足致贫的 1 户。

李村的改革发展与中国的改革开放同步，尤其被周口师范学院结对帮扶后，各项经济社会发展指标明显提升——项目和资金的数量都是周边村庄的 10 倍以上，村庄的道路、广场、文化室、小学、大棚等硬件设施条件实现急速跃升，很多方面已经远远超过以往。就村民而言，经过精准识别、脱贫攻坚，符合政策的农户已经得到了帮扶单位和国家政策的帮扶（低保、五保、光伏带贫、企业带贫、养殖、种植、科技扶贫等），基本的生活条件得到保证。对于贫困家庭而言，以“输血”为主的外在干预也已经基本饱和。

现在，李村有楼房户 211 户，其中，丁庄 81 户、李村 38 户、英庄 59 户、马庄 33 户，有轿车 100 辆，其中，丁庄 25 辆、李村 32 辆、英庄 25 辆、马庄 18 辆；有大型机械 67 辆（台），其中，运输车 8 辆、铲车 2 辆，大拖拉机、收割机 7 辆，小拖拉机 65 辆；237 户有冰箱，168 户有空调，有 170 户使用煤气灶……改革开放以来，考上大学的有 91 人……

目前全村有 41 个塑料蔬菜大棚，每个大棚每年纯收入在 3 万 ~4 万元；一般青壮年男性外出务工一年能挣 8 万 ~12 万元、女性 4 万 ~6 万元；人均收入，乡里算的 11800 元左右，大体相当于 D 县平均水平。

二、经济分化不明显而思想观念分化的村庄

走进李村，单从住房外观上看，规划较为整齐，楼房较多、较新，与周边村落（庄）并无二致。

1. 经济分化不明显

李村全村 431 户，冒尖户有 20 户左右，其中年收入超过 20 万元的有二三户，在 10 万 ~20 万元的有 8 户，其余在 10 万元以内——占全村户的 5% 左右；经过调研，需要国家精准帮扶、建档立卡的贫困户 28 户，全年各种收入 1 万 ~5 万元不等——占全村户数的 6.5%。

应该说，这是一个合理的经济结构，两头小、中间大，也符合社会发展规律——在市场经济的大潮中，部分“能人”趁势而为、施展身手，发财致富，部分家庭，因病、因残、因孤寡、因孩子上学或意外事故等，导致经济困难。

李村第一书记顾磊说：“在我们这样的平原地带，在现在的技术条件下，要说贫困村，少数鳏寡孤独、老弱病残的贫困户有，但要说村庄的整体贫困，是不存在的。种点地，粮食肯定有，挣钱多少就不一定了，凭个人本事。”

2. 思想观念分化严重

市场经济天然产生分化，尤其是思想观念的分化。

随着家庭经济条件改善，结合自身的阅历与人生感悟，李村小部分人有发自内心的感恩社会、回报社会的想法，如 80 岁的老党员马某九，接受了养殖帮扶，2017 年年底脱贫，后因身体原因不能再饲养，在村里协调下，把羊转赠给马某平；做包桌生意的李某言夫妇，还有一些在外的成功人士，愿意帮助乡亲们发展，如在牧原公司工作的李某某夫妇等；一些年轻有知识的妇女，也愿意参与到村落（庄）公共事务中来，如王某、刘某丽等。

但在对村落（庄）注入资源的过程中，更多的是对国家的依赖；依赖的同时又对干部不信任（如几户群众要求把路修到自家门口；打篮球的群众要求篮球场划线、安灯，要求村里买打扫卫生的工具等）。

一个明显的例子就是有个别贫困户享受着国家种种帮扶政策，但注重吃穿享受，不愿干力所能及的工作，等着政府帮助，想让政府给盖房子、出资找地方办小超市；有的人有车、有楼房，家庭条件在村内属于中上等，仍然想当贫困户；还有的人看到帮扶单位给贫困户送的慰问品、给的小羊便眼红不已。

李霄书记说："现在包括贫困户在内的很多群众，都认为共产党好，好到哪呢？给钱，给物，给好处！"顾磊书记说："不患寡而患不均，给东西越多，越有矛盾。"凡此种种，反映了村庄的分裂分化，以及外在帮扶力量对于他们的重要意义——这既是产业不够发达、农民不够富裕的表现，也是村落（庄）文化以经济财富为衡量标准的反映。

村落（庄）文化的撕裂及其"金钱化""物质化"，与 D 县不远的 F 县丁岗村[①] 可资比较。

丁岗村（自然村）属于 F 县新镇马庄行政村，共有村民 240 余户、920 余口人，其中常住人口为 850 余人；耕地面积 1700 余亩，主要粮食作物为

① 贾牧笛：《乡愁记忆的再生产路径探析——基于河南省扶沟县丁岗村的田野调查》，《新闻爱好者》2020 年第 1 期。

小麦、玉米、大豆等，近几年村民们也开始大面积种植辣椒、芝麻等农作物创收。

村民以务农为主，部分家庭55岁以下的年轻劳动力外出务工，务工地多为郑州、江苏等地。丁岗村是贾氏族人的聚居地，经考证至少有300余年的历史。保存有1987年修的《贾氏族谱》、贾氏祖茔、祠堂，族谱记载丁岗村为贾整（明朝始祖）第四子贾江的后代。贾整有五子，分别叫贾湖、贾海、贾河、贾江、贾滨。在明代洪洞大槐树移民过程中，始祖贾整迁上蔡县，后以石礤为记，五子迁五处，丁岗村为四礤堂贾氏，据村民回忆，几十年前挖出祖先碑，还有半拉石礤。

总体来看，村民们的文娱生活发生了由集体化到个人化的转变，其中包含着媒介发展对人的塑造脉络。戏台、大鼓书等都是群体传播的媒介，发挥着聚合村民的作用，以前的文娱场所与村民们的公共空间是基本重合的，村中的十字路口成为集街谈巷议、娱乐休闲、人际交往、文化交流等多重功能的公共空间。据村民讲："那个时候有大鼓书，一说就是几个晚上，全村的人都聚在一起听书，民间艺人们也是靠此谋生呀，生产队会用粮食作为报酬给他们。"

但是，市场化使人们以财富作为衡量成功的尺度，以利益维持人与人之间的关系，受此冲击，精神上的乡村内涵在消失，乡村伦理面临解体，传统乡村记忆中蕴含的人文精神逐渐失去，影响人们的记忆认知。比如过去富有乡土气息与审美内涵的传统艺术、手工艺和节庆文化逐渐消失，脱衣舞、洋节在一些乡村反而成为时尚，乡村文化走向了粗鄙化，充满物质化和欲望冲动。随着媒介发展，出现了越来越私人化的电视、电脑、手机。村民们再难在文娱生活中聚集，因此村民之间除五服内的血缘关系维系，稍远的亲戚关系便逐渐淡化，村民、族人们的集体意识也在时代洪流中遭遇挑战。

即便是丁岗村这样一个有共同记忆的宗族血缘村落（庄），也很难有集体行动——早就该修的族谱，由于需要乡贤、村领导、精英分子等投入大量人力，多次聚集商议和推行此事却无法重修；而且族谱维系、教化族人的作用弱化。如族谱中所定的字辈，现在已较大范围出现混乱，年轻人已经不再按照字辈起名，也不顾忌先祖名讳。

文化是一种历史、实践，作为文化载体的人，不同实践不同经历，当然情感意志、行为方式不同。在“人—文化—社会”三者之间，文化是社会共识，社会变迁加快，人的共识形成赶不上社会变化的速度，共识难以形成，于是文化多元、众说纷纭、社会撕裂，治理难以向善治转化。制度改革受到多方面因素的影响，历史在其中起着重要作用。路径依赖难以避免，要理性地看待改革遇到的困难和瓶颈，寻找合适的方法进行攻坚克难；但并不意味着放弃改革，不能以此来否认改革的积极性。从横向比较来看，制度改革难以在短期内达到一个较高的水平，从时间轴上看，改革带来的更多的是一种自身的进步①。透过李村的昨天与今天，展望乡村振兴20字方针规划的目标，舍改革、创新无二途。

三、李村模式的“近虑”与“远忧”

自2011年开始，李村的面貌有了巨大的变化，尤其是自2015年精准扶贫展开、周口师范学院结对以来，变化更大。就调研组观察到的现象来看，数年来的帮扶的确改变了李村的基本面貌，一些贫困户生活条件得到明显改善，公共设施较为完善，集体资金从无到有，先后建立光伏发电厂两座、扶贫车间两栋、文化广场1个，各村均进行线路改造，修建有文体活动设施，水泥路面连接所有住宅，是D县扶贫的一个示范点。据不完全统计，从2011年至今，从外部向李村注入的资金累计超过2000万元，几乎全村人均1万元，这个数字是令人震惊的。如果按照这个标准去帮扶豫东农村的其他村庄，相信效果不会比李村差。关键问题是，能享受到如此大的帮扶力度

① [美]罗伯特·D. 帕特南：《使民主运转起来：现代意大利的公民传统》，王列、赖海榕译，中国人民大学出版社2015年，第212–216页。

的村庄只是凤毛麟角。附近一些村庄的村民对李村近些年的发展羡慕不已，经常有外村人问村民："国家给恁（你们）村拨恁（那么）多钱，恁（你们）村是不是有人（指高级官员或非常有影响力的人物）啊？"①

然而，目前李村已经存在帮扶过度的迹象，如扶贫车间被文体公司承租之后，李村无法向其提供充足的、条件合适的务工人员，在目前长期在该车间务工的村民中，至少有一半来自附近村庄；每年50万元的产业扶持资金已经找不到合适的项目；基础建设已经完成，能够让老百姓看到显著成效的项目已经不多了，剩余的下水道建设、坑塘整治、环境绿化美化等项目都需要大批的资金投入；在村小学建设方面，很短时间内，市教育局拨付专项资金120万元，为李村小学建造1栋高质量教学楼，周口师范学院为学校配备桌椅板凳、电气化教学设施等，使李村小学成为附近硬件设施最为优越的学校。遗憾的是因管理不善，学生流失严重，基本闲置……

长远来看，帮扶单位周口师范学院是一个共有教职工1700余人的大单位，在资金、人脉、科技等方面有着一般地方单位不具备的资源优势，随着大量资金已经注入了李村，整个村庄在经济方面的发展变化并不大，或者说并没有预期的那样大。国家以及周口师范学院的驻村帮扶也许在一定时期内还会持续存在，但可以预见，帮扶的力度一定会大大降低。一旦第一书记撤离、外部资金彻底停止注入，李村会渐渐恢复原来的样子。这种靠短期大量资金注入帮扶起来的村庄脱贫模式，在短期内会起到立竿见影的作用，但长期坚持这种模式而不注重村庄内生力量的扶持、培养，这种模式便会呈现边际效应递减，出现"内卷化"现象，而且当前李村的主要干部的年龄偏大，过了本届就会退休，其工作的积极性、主动性、拼劲、干劲有所减弱，对工作的落实推进有应付心理。年轻的干部，尤其是支撑村庄未来发展的拥有现代化知识的年轻干部，仍然没有培养出来……

① 胡现岭2019年8月7日在李村对村民李某贵的访谈录音，录音编号：LXG20190807-001。

四、如何共建美好家园

李村虽然已经站到了新的历史起点，但展望未来，以后干什么、怎么干等问题已经迫在眉睫，不容回避。像李村这样的“集聚提升类村庄”，单单依靠大量注入资源的投资型发展模式可否持续？如何解决“快速的投入与农民自我提高的缓慢”之间的矛盾？资源注入如何变为与农村、农业关联的农民的发展？如何激发内生动力推动发展？摆在眼前的情况是——蔬菜大棚是实现李村产业发展的一个最好的载体，而升级蔬菜大棚硬件、提升蔬菜品质、风险与利益共担的“龙头企业＋合作社”模式应该是实行合作多赢的方式。但是，目前棚户陷入“塔西佗陷阱”，很难组织起来……

那么，如何理解李村现在所处的发展阶段以及未来的发展路径？我们不妨引入“系统的复杂适应性理论”。“复杂性在一般意义上不仅是纯粹本体论的或纯粹认识论的，而是包括了这两个方面。它取决于各种心智的相互关系和各种事物的相互关系——其中，心智要与事物达成妥协。”① 基于系统论的复杂适应思想强调“适应性适应复杂性”、系统宏观结构和现象是由于微观相互作用而涌现产生的。复杂性范式主要有以下原则——整体性原则、开放性原则②、混沌性原则、自组织原则等。其中，自组织原则指的是在复杂系统演化过程中，存在着“自组织”和“被组织”两种基本方式。“被组织”是指事物的演化过程受制于外来因素的制约，而“自组织”正相反，是一个依靠自身力量，自发的、自主的演化过程。“自组织”包含三类过程：“第一，由非组织到组织的过程演化；第二，由组织程度低到组织程度高的过程演化；第三，在相同组织层次上由简单到复杂的过程演化。”③ 这三个过程分别从不同的角度映射出事物“自组织”演化过程的各种境况。

---

① ［美］雷舍尔：《复杂性：一种哲学观》，吴彤译，上海科技教育出版社2007年版，第26页。

② 开放性是对封闭性的超越。开放性指系统与外部环境的关联性和相互作用的真切境观——正是通过与环境之间的物质、能量、信息的交换，才能保持其旺盛的生命力。

③ 吴彤：《自组织方法论研究》，清华大学出版社2001年版，第10页。

依据复杂适应性理论，可以把村落（庄）视为由主体构成的开放性系统，在外部的刺激下产生反应——从生物学角度说，“适应”是生物体调整自己以适合环境的过程，随着时间推移、经验积累，主体靠不断变换规则来适应其所在相互作用的系统。因此，外部资源注入、新规则及其强力执行，以及新规则的持续反复的强化，均有助于改变主体的适应模式。

目前村落（庄）的帮扶与国家的精准扶贫、资金项目下乡，以复杂适应性视角看，便是一种外部规则刺激——“给钱给物的刺激规则”，因此，作为系统的主体，要钱要物也是“正常反应”。但人不同于其他生物体，村落（庄）社会也不同于其他生物群落，尤其我国实行的是国家意志主导的、旨向现代化的追赶战略，对乡村社会的改造是应有之义，在外部资源注入的同时，需要结合新规则，不但要强力执行新规则，还需要持续、反复强化新规则。习近平总书记说：“要根据经济发展和财力状况逐步提高人民生活水平，政府主要是保基本，不要做过多过高的承诺，多做雪中送炭的重点民生工作，引领和鼓励广大群众通过勤劳致富改善生活，政府不能包打天下。要注重制度建设，花钱买制度而不是简单花钱买稳定，着力解决地区差异大、制度碎片化问题。”[①]“‘治理和管理一字之差，体现的是系统治理、依法治理、源头治理、综合施策。’要以最广大人民利益为根本坐标，创新社会治理体制，改进社会治理方式，构建全民共建共享的社会治理格局。”[②]

在当前村落开放、村落主体受各种信息与规则影响的情况下，政府（国家）的人财物下乡，必须和改造乡村、教育农民结合起来，帮扶、扶贫与治理同步相向而行。因此，对于李村来说，有积极分子、有能人、有一定的产业基础，正处于外生力量向内生力量转化、巩固的关键期，克服发展的困难，突破发展的瓶颈，打破路径依赖，使国家政策的落地更为有效，唯有依据国家战略、省市政策，根据县乡工作安排部署，立足村情民情、尊重规律、

① 习近平：《习近平关于“不忘初心、牢记使命”重要论述选编》，党建读物出版社、中央文献出版社 2019 年版，第 84 页。

② 中共中央宣传部：《习近平总书记系列重要讲话读本》，学习出版社、人民出版社 2016 年版，第 224 页。

内外结合、互动发展，找准突破口，发挥积极分子、乡村能人的带动作用，改革、创新，前赴后继、久久为功。

首先，成绩的取得与村庄的改观，体现出李村治理的方向是对的。作为国家乡村振兴战略、省市县乡中心工作的具体实施对象与具体工作的布置、落实者，村党支部领会国家战略意图，利用帮扶单位支持，动员党员、积极分子，以治理有效推进乡风文明，以生态宜居为基础，通过产业兴旺达到生活富裕，做了大量卓有成效的工作。

当然，党支部仍然需要在扩大与巩固积极分子队伍上下功夫，在扩大村民参与社会事务、促进经济合作的“参与网络”[①]构建上下功夫。“用对人、办成事”，即用好三种人——以“强人（坚强的领导骨干）”为保障，用好“能人”“积极分子”。

关键还是要用“强人”确保治理有效。发挥党支部的核心作用，在党支部坚强领导下，强化干部队伍建设，加强党员、干部以及积极分子教育，在工作中，在对党员、积极分子的使用中发现培养党员干部。

团结“能人”，用“能人”促产业兴旺。在能人中发现培养积极分子，用能人带动群众、辐射影响。

扩大、巩固现有积极分子队伍，发现并培养各类积极分子群体，发挥各类积极分子特长，使其在协助治理、开展公益事业、带头推进乡风文明等方面发挥作用。

其次，提高农民素质，活跃文化生活，促进人员、信息双向流动。走中国特色社会主义乡村振兴道路，必须重塑城乡关系，走城乡融合发展之路，因此，要在城乡融合发展的现代化进程中落实国家乡村振兴战略。

一是注重人的自由发展与国家乡村振兴战略的结合。注重村落（庄）孩子教育，确保每一个孩子都有受教育的权利与机会；落实农民疾病救助政策，避免因疾病而致贫；注重农民的物质生活富裕与精神生活富裕相结合，

① 如各种协会、各种活动群体、各类微信群等。

通过教育、宣传促使农民的理性化提升——人的实践活动不排除以自利为目的而展开行动，但理性思考下的活动能够让人超越狭隘的自利观，从而让自己在实践活动中，在追逐私利的同时，也能意识到自身的行为会对他人的生活造成影响，进而让自己的行为更得体，并从这种实践行为中获益。“只有一起跨过自利的局限，才能审慎地确立我们的目标。同时，由于遵循允许他人追求其目标（无论是否是自利性的）的行为规范，我们有时也会去合理地遏制自己对于自身目标的追求（姑且不论这些目标是不是完全自利的），毕竟我们都生活在同一个世界。”[①] 要根据市场规律，注重农民培训，提供信息、服务，促进村民进城务工、经商、落户定居，或在城乡之间有序流动。

二是注重活跃村民文化生活。周口师范学院定点帮扶总结中有这样的工作计划：实现4个自然村都拥有“文化小广场”的设想；建立4个村庄的腰鼓队和广场舞队伍，并为他们购置音箱和必要的活动设施，定期举办交流比赛活动，激发村民的参与热情；采取一定的激励措施，鼓励村民走进“农家书屋”，使用“扶贫数字农家书屋”，进一步营造李村的浓厚文化氛围[②]。

在活动场所开展的广场舞、乒乓球赛、篮球赛等则是丰富、活跃村民文化生活的重要内容，如何保持活动的经常化，还需要扶助。墙体画、宣传板、标语等还有改进空间，老年活动场所还比较缺乏。是否考虑村图书室的扩容、开放——村支部已经利用下雨天组织党员、积极分子开展党课学习活动，能否丰富活动内容，请一些志愿者或周口师范学院的老师搞一些文化讲堂？直追晴耕雨读、怡然自乐的古乡村之风……

三是注重沟通乡贤，让乡贤想回家、挂念家。乡愁是每个人内心最柔软的地方，乡愁缘于家乡。血脉亲情，是联系乡贤的有效渠道。李村不乏在外的成功人士，有军队干部、教育界领导、专业人士、经商者，等等，

① [印]阿玛蒂亚·森：《正义的理念》，王磊、李航译，中国人民大学出版社2012年版，第28—29页。

② 中共周口师范学院党委组织部：《周口师范学院2018年度定点扶贫工作自评总结》，2019年2月1日。

他们即便暂时不能给家乡提供具体的帮助，但常回家看看，说说外面的故事，宣传宣传家乡，也是沟通内外联系、把村落（庄）和世界相连接的渠道，也是对村落（庄）、家乡的贡献。

再次，深化与帮扶单位周口师范学院的合作，构建互动双赢机制。目前，帮扶单位对李村的“人财物”的帮扶是主要内容，文化知识等方面较少。结合周口师范学院区域人才高地、科技文化聚集地优势，针对李村情况，在技术、人才、文化方面可以加大力度；而李村为周口师范学院的科研工作、干部教育与干部队伍历练、人才的教育培养等，提供了独特的条件。

周口师范学院生命科学学院的油菜育种实验以及对李村蔬菜大棚病虫害的防治等，体现了合作共赢的事例；访贫问苦、慰问贫困户，无疑是教育干部的课堂；每年暑期的“大学生三下乡活动”，都有学院学生活动的身影，如 2019 年 7 月 8 日下午，学院校学生会助力“第一团支书”工作专项行动服务团队到达李村小学，团队成员们以支教形式为主，实地走访、调查问卷、现场访谈等形式为辅，对李村进行深入考察，围绕乡村治理美化乡村环境、乡村振兴、农业规划、农村发展，开展以“政务实践、企业实践、公益实践、兼职锻炼”为主要内容的相关活动……几天的经历之后，大学生们纷纷反映增长了才干、扩大了视野……尤其有的同学还与村里的孩子建立了感情——还想回去看看他们。还有周口师范学院设计学院的学生团队去美化了李村的墙体、粉刷了标语等。但是，与学院 25000 人的在校生规模相比，20 多人的团队入村，无论从频率到人数，都还远远不够，受益的群体应该更大……

在李村党员干部积极分子以及群众宣传教育、义务教育、种植养殖技术学习、微商经营以及环境美化、戏剧表演等方面，周口师范学院具备相关资源优势——作为帮扶单位，学院下一个阶段可以考虑以“送文化”进村为主；而在学院的学生党员积极分子的教育培训、学生的实习实践、年轻干部的锻炼等方面，李村是很好的实践基地……打造高校与村落（庄）的文化联系通道，形成互动双赢机制。

美是秩序，是和谐，是基于人类共同体验而达成的一种判断标准。在美的背后，往往寄托着人类的向往与祝福。而美丽的李村，美好的李村乡村生活，不仅需要国家支持，周口师范学院帮扶，党员干部与积极分子的努力，更需要全体李村人的共同努力。共建美好家园，共创美好生活，应该是每一个村民的共同利益、共同梦想，由是，和谐相处，安居乐业，美美与共大可期待。

附 录

附录一 中共中央组织部、中央农村工作领导小组办公室、国务院扶贫开发领导小组办公室《关于做好选派机关优秀干部到村任第一书记工作的通知》（组通字〔2015〕24号）

多年来，一些地方和单位探索选派机关优秀干部到村任第一书记、选派党建指导员、派干部驻村等做法，抓党建、抓扶贫、抓发展，取得了明显成效，积累了有益经验。在党的群众路线教育实践活动中，这一经验得到进一步运用和推广。实践证明，选派机关优秀干部到村任第一书记，是加强农村基层组织建设、解决一些村“软、散、乱、穷”等突出问题的重要举措，是促进农村改革发展稳定和改进机关作风、培养锻炼干部的有效途径。

为深入贯彻落实习近平总书记关于大抓基层、推动基层建设全面进步全面过硬和精准扶贫、精准脱贫等重要指示精神，紧紧围绕协调推进“四个全面”战略布局，坚持和运用选派第一书记等经验，巩固和拓展党的群众路线教育实践活动中加强基层组织建设、打通联系服务群众“最后一公里”等成果，进一步把农村基层党组织建设成为推动科学发展、带领农民致富、密切联系群众、维护农村稳定的坚强战斗堡垒，根据中央农村工作会议、全国组织部长会议部署，现就做好选派机关优秀干部到村任第一书记工作通知如下。

一、选派范围和数量

对党组织软弱涣散村要全覆盖。主要是那些党组织班子配备不齐、书记长期缺职、工作处于停滞状态的，党组织书记不胜任现职、工作不在状态、严重影响班子整体战斗力的，班子不团结、内耗严重、工作不能正常开展的，组织制度形同虚设、不开展活动的，尤其是换届选举拉票贿选问题突出、宗族宗教和黑恶势力干扰渗透严重、村务财务公开和民主管理混乱、社会治安问题和信访矛盾集中的村。

对建档立卡贫困村要全覆盖。重点区域是六盘山区、秦巴山区、武陵山区、乌蒙山区、滇桂黔石漠化区、滇西边境山区、大兴安岭南麓山区、燕山—太行山区、吕梁山区、大别山区、罗霄山区和西藏、四省藏区、新疆南疆三地州 14 个集中连片特困地区和国家扶贫开发工作重点县。

对赣闽粤等原中央苏区，陕甘宁、左右江、川陕等革命老区，内蒙古、广西、宁夏等边疆地区和民族地区，四川芦山和云南鲁甸、景谷等灾后恢复重建地区，要加大选派第一书记力度，做到应派尽派。

对其他类型村可根据实际选派。选派第一书记的具体范围和数量由各地区各部门各单位确定。

二、人选条件和要求

第一书记人选的基本条件是：政治素质好，坚决贯彻执行党的路线方针政策，热爱农村工作；有较强工作能力，敢于担当，善于做群众工作，开拓创新意识强；有两年以上工作经历，事业心和责任感强，作风扎实，不怕吃苦，甘于奉献；具有正常履行职责的身体条件。

主要从各级机关优秀年轻干部、后备干部，国有企业、事业单位的优秀人员和以往因年龄原因从领导岗位上调整下来、尚未退休的干部中选派，有农村工作经验或涉农方面专业技术特长的优先。

要把好人选政治关、品行关、廉政关和能力关。按照因村派人原则，通过个人报名和组织推荐相结合的办法，由派出单位党委（党组）研究提出人选，报同级党委组织部审核。

中央和国家机关部委、人民团体、中管金融企业、国有重要骨干企业和高等学校，要结合扶贫开发工作，对照《关于做好新一轮中央、国家机关和有关单位定点扶贫工作的通知》（国开办发〔2012〕78号）确定的定点扶贫结对关系名单，每个单位至少选派1名优秀干部到村任第一书记，为基层作出示范。

三、主要职责任务

第一书记在乡镇党委领导和指导下，紧紧依靠村党组织，带领村“两委”成员开展工作，注意从派驻村实际出发，抓住主要矛盾、解决突出问题。

建强基层组织。重点是对村“两委”班子不健全的要协助配齐，着力解决班子不团结、软弱无力、工作不在状态等问题，防范应对宗族宗教、黑恶势力的干扰渗透，物色培养村后备干部；严格落实“三会一课”，严肃党组织生活；推动落实村级组织工作经费和服务群众专项经费、村干部报酬和基本养老医疗保险，建设和完善村级组织活动场所、服务设施等，努力把村党组织建设成为坚强战斗堡垒。

推动精准扶贫。重点是大力宣传党的扶贫开发和强农惠农富农政策，深入推动政策落实；带领派驻村开展贫困户识别和建档立卡工作，帮助村“两委”制定和实施脱贫计划；组织落实扶贫项目，参与整合涉农资金，积极引导社会资金，促进贫困村、贫困户脱贫致富；帮助选准发展路子，培育农民合作社，增加村集体收入，增强“造血”功能。

为民办事服务。重点是推动党的群众路线教育实践活动整改事项落实，带领村级组织开展为民服务全程代理、民事村办等工作，打通联系服务群众“最后一公里”；经常入户走访，听取意见建议，与群众同吃同住同劳动，努力办实事；关心关爱贫困户、五保户、残疾人、农村空巢老人和留守儿童，帮助解决生产生活中的实际困难。

提升治理水平。重点是推动完善村党组织领导的充满活力的村民自治机制，落实“四议两公开”，建立村务监督委员会，促进村级事务公开、公平、公正，努力解决优亲厚友、暗箱操作、损害群众利益等问题；帮助村干部提高依法办事能力，指导完善村规民约，弘扬文明新风，促进农村和谐稳定。

四、强化管理考核

第一书记任期一般为 1 至 3 年，不占村“两委”班子职数，不参加换届选举。坚持驻村工作服务，任职期间，原则上不承担派出单位工作，原人事关系、工资和福利待遇不变，党组织关系转到村。

第一书记由县（市、区、旗）党委组织部、乡镇党委和派出单位共同管理。县（市、区、旗）党委组织部和乡镇党委要切实担负起直接管理责任，经常了解驻村工作情况、廉洁自律表现等。派出单位定期听取第一书记工作汇报，适时到村调研，指导促进工作。

第一书记参加派出单位年度考核，由所在县（市、区、旗）党委组织部提出意见。任职期满，派出单位会同县（市、区、旗）党委组织部进行考察，考核结果作为评选先进、提拔使用、晋升职级的重要依据，对任职期间表现优秀的在同等条件下优先使用。对工作不认真、不负责的给予批评教育，造成不良后果的及时调整和处理。

要关心关爱第一书记。派出单位要安排定期体检，办理任职期间人身意外伤害保险，并帮助解决生活等方面的实际困难。任职期间要给予适当生活补助，可参照差旅费伙食补助费标准执行，派往艰苦边远地区的，还可参照所在地区同类同级人员的地区性津贴给予相应补助。省（区、市）、市（地、州、盟）、县（市、区、旗）党委组织部要制定完善有关政策和激励保障措施，所在乡镇要力所能及地提供工作和生活条件，确保第一书记下得去、待得住、干得好。

五、加强组织领导

各级党委（党组）要高度重视选派机关优秀干部到村任第一书记工作，作为党委（党组）书记抓基层党建工作述职评议考核的重要内容，严格落实责任。党委组织部门要牵头组织，做好协调指导工作。农办、扶贫部门要开展涉农、扶贫等政策和技能培训，加强业务指导。中央和国家机关部委等单位选派工作，由各单位组织人事部门具体负责。省（区、市）党委组织部要统一部署，市（地、州、盟）、县（市、区、旗）党委组织部要具体组织实施。充分发挥发展改革、教育、科技、民政、财政、人社、国土资源、住建、交通、水利、农业、文化、卫生计生、环保、林业等部门和工会、共青团、妇联组织的作用，共同做好工作。

要保证第一书记工作经费，具体由各地财政统筹安排，各地扶贫部门要从扶贫资金中专项安排帮扶经费。派出单位要与第一书记联村，加大支持帮扶力度。

要以求真务实的作风做好选派工作，力戒形式主义。把选派第一书记与干部驻村、部门联村等工作有机结合起来，与机关干部队伍建设结合起来。注意宣传选派第一书记的好经验好做法和先进典型，营造干事创业的良好氛围。进一步健全选派第一书记的制度机制，实现常态化长效化。

附录二 中共中央办公厅、国务院办公厅印发《关于加强贫困村驻村工作队选派管理工作的指导意见》

为着力解决驻村帮扶中选人不优、管理不严、作风不实、保障不力等问题，更好发挥驻村工作队脱贫攻坚生力军作用，现就加强贫困村驻村工作队选派管理工作提出如下指导意见。

一、总体要求

（一）指导思想

全面贯彻党的十九大精神，以习近平新时代中国特色社会主义思想为指导，认真落实党中央、国务院关于脱贫攻坚决策部署，紧紧围绕统筹推进“五位一体”总体布局和协调推进“四个全面”战略布局，牢固树立和贯彻落实新发展理念，深入实施精准扶贫精准脱贫，以实现贫困人口稳定脱贫为目标，确保贫困村驻村工作队选派精准、帮扶扎实、成效明显、群众满意。

（二）基本原则

——坚持因村选派、分类施策。根据贫困村实际需求精准选派驻村工作队，做到务实管用。坚持因村因户因人施策，把精准扶贫精准脱贫成效作为衡量驻村工作队绩效的基本依据。

——坚持县级统筹、全面覆盖。县级党委和政府统筹整合各方面驻村工作力量，根据派出单位帮扶资源和驻村干部综合能力科学组建驻村工作队，实现建档立卡贫困村一村一队。驻村工作队队长原则上由驻村第一书记兼任。

——坚持严格管理、有效激励。加强驻村工作队日常管理，建立完善管理制度，从严从实要求，培养优良作风。健全保障激励机制，鼓励支持干事创业、奋发有为。

——坚持聚焦攻坚、真帮实扶。驻村工作队要坚持攻坚目标和“两不愁、三保障”脱贫标准，将资源力量集中用于帮助贫困村贫困户稳定脱贫，用心、用情、用力做好驻村帮扶工作。

二、规范人员选派

（一）精准选派。坚持因村选人组队，把熟悉党群工作的干部派到基层组织软弱涣散、战斗力不强的贫困村，把熟悉经济工作的干部派到产业基础薄弱、集体经济脆弱的贫困村，把熟悉社会工作的干部派到矛盾纠纷突出、社会发育滞后的贫困村，充分发挥派出单位和驻村干部自身优势，帮助贫困村解决脱贫攻坚面临的突出困难和问题。

（二）优化结构。优先安排优秀年轻干部和后备干部参加驻村帮扶。每个驻村工作队一般不少于 3 人，每期驻村时间不少于 2 年。要把深度贫困地区和脱贫难度大的贫困村作为驻村帮扶工作的重中之重。东西部扶贫协作和对口支援、中央单位定点帮扶的对象在深度贫困地区的，要加大选派干部力度。

（三）配强干部。县级以上各级机关、国有企业、事业单位要选派政治素质好、工作作风实、综合能力强、健康具备履职条件的人员参加驻村帮扶工作。新选派的驻村工作队队长一般应为处科级干部或处科级后备干部。干部驻村期间不承担原单位工作，党员组织关系转接到所驻贫困村，确保全身心专职驻村帮扶。脱贫攻坚期内，贫困村退出的，驻村工作队不得撤离，帮扶力度不能削弱。

三、明确主要任务

（一）宣传贯彻党中央、国务院关于脱贫攻坚各项方针政策、决策部署、工作措施。

（二）指导开展贫困人口精准识别、精准帮扶、精准退出工作，参与拟定脱贫规划计划。

（三）参与实施特色产业扶贫、劳务输出扶贫、易地扶贫搬迁、贫困户危房改造、教育扶贫、科技扶贫、健康扶贫、生态保护扶贫等精准扶贫工作。

（四）推动金融、交通、水利、电力、通信、文化、社会保障等行业和专项扶贫政策措施落实到村到户。

（五）推动发展村级集体经济，协助管好用好村级集体收入。

（六）监管扶贫资金项目，推动落实公示公告制度，做到公开、公平、公正。

（七）注重扶贫同扶志、扶智相结合，做好贫困群众思想发动、宣传教育和情感沟通工作，激发摆脱贫困内生动力。

（八）加强法治教育，推动移风易俗，指导制定和谐文明的村规民约。

（九）积极推广普及普通话，帮助提高国家通用语言文字应用能力。

（十）帮助加强基层组织建设，推动落实管党治党政治责任，整顿村级软弱涣散党组织，对整治群众身边的腐败问题提出建议；培养贫困村创业致富带头人，吸引各类人才到村创新创业，打造“不走的工作队”。

四、加强日常管理

（一）落实责任。县级党委和政府承担驻村工作队日常管理职责，建立驻村工作领导小组，负责统筹协调、督查考核。乡镇党委和政府指导驻村工作队开展精准识别、精准退出工作，支持驻村工作队落实精准帮扶政策措施，帮助驻村工作队解决实际困难。县乡党委和政府要安排专人具体负责。

（二）健全制度。建立工作例会制度，驻村工作领导小组每季度至少组织召开 1 次驻村工作队队长会议，了解工作进展，交流工作经验，协调解决问题。建立考勤管理制度，明确驻村干部请销假报批程序，及时掌握和统计驻村干部在岗情况。建立工作报告制度，驻村工作队每半年向驻村工作领导小组报告思想、工作、学习情况。建立纪律约束制度，促进驻村干部遵规守纪、廉政勤政。要防止形式主义，用制度推动工作落实。

五、加强考核激励

（一）强化考核。县级党委和政府每年对驻村工作队进行考核检查，确保驻村帮扶工作取得实效。坚持考勤和考绩相结合，平时考核、年度考核与期满考核相结合，工作总结与村民测评、村干部评议相结合，提高考核工作的客观性和公信力。考核具体内容由各地根据实际情况确定。年度考核结果送派出单位备案。

（二）表彰激励。考核结果作为驻村干部综合评价、评优评先、提拔使用的重要依据。对成绩突出、群众认可的驻村干部，按照有关规定予以表彰；符合条件的，列为后备干部，注重优先选拔使用。

（三）严肃问责。驻村干部不胜任驻村帮扶工作的，驻村工作领导小组提出召回调整意见，派出单位要及时召回调整。对履行职责不力的，给予批评教育；对弄虚作假、失职失责，或者有其他情形、造成恶劣影响的，进行严肃处理；同时，依据有关规定对派出单位和管理单位有关负责人、责任人予以问责。

六、强化组织保障

（一）加强组织领导。省级党委和政府对本行政区域内驻村工作队选派管理工作负总责。市地级党委和政府要加大对驻村工作指导和支持力度。县级党委和政府负责统筹配置驻村力量，组织开展具体驻村帮扶工作。地方各级党组织和组织部门要加强管理，推动政策举措落实到位，为驻村帮扶工作提供有力支持。地方财政部门要统筹安排，为驻村工作队提供必要的工作经费。有关部门要加强协调配合，积极支持驻村工作队开展工作。

（二）加强督查检查。省级党委和政府对本行政区域内驻村工作队进行督查抽查，总结典型经验，加强薄弱环节，纠正突出问题，完善管理制度。要在省域范围内通报督查检查结果，并督促认真做好问题整改。

（三）加强培训宣传。各地要通过专题轮训、现场观摩、经验交流等方式，加大对脱贫攻坚方针政策、科技知识、市场信息等方面培训力度，帮助驻村干部掌握工作方法，熟悉业务知识，提高工作能力。要注重发现驻村帮扶先进事迹、有效做法和成功经验，加大宣传力度，树立鲜明导向，营造驻村帮扶工作良好氛围。

（四）加强关心爱护。县乡两级党委和政府、派出单位要关心支持驻村干部，为其提供必要的工作条件和生活条件。驻村期间原有人事关系、各项待遇不变。派出单位可利用公用经费，参照差旅费中伙食补助费标准给予生活补助，安排通信补贴，每年按规定为驻村的在职干部办理人身意外伤害保险，对因公负伤的做好救治康复工作，对因公牺牲的做好亲属优抚工作。干部驻村期间的医疗费，由派出单位按规定报销。县乡两级党委和政府、派出单位负责人要经常与驻村干部谈心谈话，了解思想动态，激发工作热情。

附录三 河南省脱贫攻坚领导小组《关于印发2018年度脱贫攻坚成效考核工作方案的通知》（豫脱贫组〔2019〕3号）

序号	考核内容	评分办法	分值
1	加强组织领导（10分）	1.1 单位有明确具体的定点扶贫工作机构和责任人，制定详细定点扶贫工作规划和实施方案。落实全面到位的，得5分；落实不全面不到位的，酌情扣分；未落实的，不得分。	5
		1.2 每半年召开专门会议研究定点扶贫工作，单位主要领导每季度应至少到定点扶贫村开展一次扶贫调研，班子成员每月应轮流在扶贫村工作2天，了解情况，解决问题。落实全面的，得5分；落实不全面的，酌情扣分；未落实的，不得分。	5
2	强化责任落实（10分）	2.1 建立完善定点扶贫工作台账，对各项帮扶措施、帮扶任务明确责任人和时间节点，实行动态管理，及时汇总上报帮扶工作进展情况和年度工作总结。落实全面的，得3分；落实不全面的，酌情扣分；未落实的，不得分。	3
		2.2 发挥单位后盾作用，切实解决驻村帮扶人员在工作、生活中的实际困难和后顾之忧，确保他们下得去、待得住、安下心开展工作，得4分；单位后盾作用发挥不明显，影响驻村帮扶人员正常开展的，酌情扣分；帮扶人员驻村帮扶工作得不到保障的，不得分。	4
		2.3 根据单位实际情况，开展党员干部“一对一”结对帮扶贫困户，实现建档立卡贫困户结对帮扶全覆盖。落实全面的，得3分；没有实现全覆盖的，酌情扣分；未开展结对帮扶工作的，不得分。	3
3	建强基层组织（20分）	3.1 协助帮扶村健全“两委”班子，帮助提高党组织书记素质能力，引导村委班子团结干事创业。落实全面的，得5分；村“两委”班子不团结、工作状态差的，酌情扣分；村“两委”班子不健全或出现重大问题的，不得分。	5
		3.2 指导村党组织开展党的活动，加强党员管理，发挥党员先锋模范作用充分。落实全面的，得5分；落实不全面位的，酌情扣分；未开展党的活动的，不得分。	5

续表

序号	考核内容	评分办法	分值
3	建强基层组织（20分）	3.3 积极物色培养村后备力量，落实“三会一课”，组织开展党组织生活。落实全面的，得5分；落实不全面的，酌情扣分；未落实的，不得分。	5
		3.4 完善村级活动场所，服务设施健全。落实全面的，得5分；落实不全面的，酌情扣分；无村级活动场所的，不得分。	5
4	推动精准扶贫（30分）	4.1 落实扶贫政策，开展贫困户识别和建档立卡动态管理，参与制定脱贫整体规划和年度工作计划，落实对贫困户具体帮扶措施。落实全面的，得6分；落实不全面的，酌情扣分；未落实的，不得分。	6
		4.2 驻村第一书记专项扶贫资金项目规划到位，并按要求组织实施。落实到位的，得6分；落实不到位的，酌情扣分；未落实的，不得分。	6
		4.3 帮助帮扶村选准发展路子，结合资源优势，积极发展产业项目，增加村集体经济收入。落实全面的，得6分；落实不全面的，酌情扣分；无产业发展项目和村集体经济收入的，不得分。	6
		4.4 协调帮扶资源、动员社会力量、帮助贫困村、脱贫户脱贫。落实全面的，得6分；落实不全面的，酌情扣分；未开展工作的，不得分。	6
		4.5 指导帮扶村完成年度脱贫任务。完成好的，得6分；未完成的，不得分。	6
5	落实基础制度（10分）	5.1 落实“四议两公开”制度，推动帮扶村管理民主化、法制化、规范化。落实全面的，得3分；落实不全面的，酌情扣分；未落实的，不得分。	3
		5.2 帮助帮扶村建立矛盾化解组织，落实矛盾化解制度，处理矛盾纠纷，确保本村和谐稳定。落实全面的，得3分；矛盾纠纷化解不到位，酌情扣分；未开展矛盾纠纷化解的，不得分。	3
		5.3 落实便民服务制度，建立便民服务平台，开展为民服务全程代理。落实全面的，得2分；落实不全面的，酌情扣分；未落实的，不得分。	2
		5.4 落实党风政风监督检查制度，实行村务公开，促使村干部遵规守纪、秉公办事。落实全面的，得2分；落实不全面的，酌情扣分；未落实的，不得分。	2

续表

序号	考核内容	评分办法	分值
6	办好惠民实事（10分）	6.1 驻村帮扶人员经常入户走访，听取意见建议，努力为群众办实事。落实全面的，得 4 分；落实不全面的，酌情扣分；未落实的，不得分。	4
		6.2 关心贫困户五保户、残疾人、农村空巢老人和留守儿童，能帮助解决生产生活中实际困难。落实全面的，得 3 分；落实不全面的，酌情扣分；未落实的，不得分。	3
		6.3 帮助扶贫村及时解决群众住房、就业、教育、医疗等方面的实际问题。落实全面的，得 3 分；落实不全面的，酌情扣分；未落实的，不得分。	3
7	帮扶满意度（10分）	定点帮扶县、乡、村三级干部群众对帮扶工作的满意度在 90% 及以上的，得 10 分；80%~89% 的，得 8 分；70%~79% 得 5 分；60%~69% 得 3 分；低于 60% 的，不得分。	10
	合 计		100

参考文献

一、期刊文献

1. 财政部农业司扶贫处：《从“四到省”到“四到县”——扶贫开发工作责任制的探索及完善》，《当代农村财经》2008 年第 7 期。

2. 陈标平、胡传明：《建国 60 年中国农村反贫困模式演进与基本经验》，《求实》2009 年第 7 期。

3. 陈潭：《集体行动的困境：理论阐释与实证分析——非合作博弈下的公共管理危机及其克服》，《中国软科学》2003 年第 9 期。

4. 贺雪峰：《行动单位与农民行动逻辑的特征》，《中州学刊》2006 年第 5 期。

5. 贺雪峰：《农民组织化与再造村社集体》，《开放时代》2019 年第 3 期。

6. 贺雪峰：《如何再造村社集体》，《南京农业大学学报》（社科版）2019 年第 3 期。

7. 黄宗智：《制度化了的“半工半耕”过密型农业》（上、下），《读书》2006 年第 10 期。

8. 国风：《中国农村反贫困历程历史的壮举》，《瞭望新闻周刊》2003 年第 15 期。

9. 贾牧笛：《乡愁记忆的再生产路径探析——基于河南省扶沟县丁岗

村的田野调查》，《新闻爱好者》2020 年第 1 期。

10. 贾姝宁：《乡村振兴战略视角下“第一书记”引导乡村治理新模式》，改革与开放 2018 年第 2 期。

11. 康金莉：《改革开放以来中国农民权利：变迁与重构》，《武汉大学学报》（人文科学版）2017 年第 4 期。

12. 刘建生、涂琦瑶、施晨：《“双轨双层”治理：第一书记与村两委的基层贫困治理研究》，《中国行政管理》2019 年第 11 期。

13. 钱念孙：《乡贤文化为什么与我们渐行渐远》，《学术界》2016 年第 3 期。

14. 石伟伟：《乡村振兴战略：理论与可行性路径探究》，《改革与开放》2018 年第 15 期。

15. 唐超、罗明忠、张苇锟：《70 年来中国扶贫政策演变及其优化路径》，《农林经济管理学报》2019 年第 3 期。

16. 唐兴霖、李文军：《嵌入性制度供给：第一书记帮扶农村基层党组织建设的行动逻辑》，《行政论坛》2021 年第 4 期。

17. 夏柱智、贺雪峰：《半工半耕与中国渐进城镇化模式》，《中国社会科学》2017 年第 12 期。

18. 谢小芹：《“接点治理”：贫困研究中的一个新视野——基于广西圆村“第一书记”扶贫制度的基层实践》，《公共管理学报》2016 年第 3 期。

19. 邢祖礼、陈杨林、邓朝春：《新中国 70 年城乡关系演变及其启示》，《改革》2019 年第 6 期。

20. 汪三贵、Albert，Park 等：《中国新时期农村扶贫与村级贫困瞄准》，《管理世界》2007 年第 1 期。

21. 王明哲、蔡淑熙、卢丽羽、薛钰洁：《干部驻村制度作用研究——以农村基层党组织建设为例》，《当代农村财经》2019 年第 5 期。

22. 王瑞芳：《告别贫困：新中国成立以来的扶贫工作》，《党的文献》2009 年第 5 期。

23. 王曙光、王丹莉：《中国扶贫开发政策框架的历史演进与制度创新（1949—2019）》，《社会科学战线》2019 年第 5 期。

24. 吴重庆：《从“熟人社会”到“无主体熟人社会”》，《读书》2011 年第 1 期。

25. 张静：《互不信任的群体何能产生合作——对 XW 案例的事件史分析》，《社会》2020 年第 5 期。

26. 张琦、冯丹萌：《我国减贫实践探索及其理论创新：1978—2016 年》，《改革》2014 年第 4 期。

27. 张永丽、黄祖辉：《西部地区新农村建设的机制、内容与政策——来自“参与式整村推进”扶贫模式的启示》，《甘肃社会科学》2006 年第 6 期。

28. 赵浩：《“乡贤”的伦理精神及其向当代“新乡贤”的转变轨迹》，《云南社会科学》2016 年第 5 期。

29. 周飞舟：《从汲取型政权到“悬浮型”政权——税费改革对国家与农民关系之影响》，《社会学研究》2006 年第 3 期。

二、中文著作译著

1. [美] 奥尔森：《集体行动的逻辑》，陈郁等译，上海人民出版社 1995 年版。

2. [法] 波德里亚：《消费社会》，刘成富、全志钢译，南京大学出版社 2000 年版。

3. 董磊明：《宋村的调解——巨变时代的权威与秩序》，法律出版社 2008 年版。

4. 杜润生：《杜润生自述：中国农村体制变革重大决策纪实》，人民出版社 2005 年版。

5. [美] 杜赞奇：《文化、权力和国家》，王福明译，江苏人民出版社 2003 年版。

6. [美] 塞缪尔 · P. 亨廷顿：《变化社会中的政治秩序》，王冠华等译，上海世纪出版集团 2008 年版。

7. 黄海：《灰地：红镇“混混”研究（1981—2007）》，三联书店 2010 年版。

8. 纪红建：《乡村国是》，湖南人民出版社 2017 年版。

9. [美] 雷舍尔：《复杂性：一种哲学观》，吴彤译，上海科技教育出版社 2007 年版。

10. 李小云：《贫困的终结》，中信出版社 2021 年版。

11.《毛泽东选集》《第一卷》，人民出版社 1991 年版。

12.《毛泽东选集》《第二卷》，人民出版社 1991 年版。

13.《毛泽东文集》《第六卷》，人民出版社 1999 年版。

14. [美] 塞德希尔 · 穆来纳森、埃尔德 · 沙菲尔：《稀缺：我们是如何陷入贫穷与忙碌的》，魏薇、龙志勇译，浙江人民出版社 2018 年版。

15. [美] 罗伯特·D. 帕特南:《使民主运转起来: 现代意大利的公民传统》，王列、赖海榕译，中国人民大学出版社 2015 年版。

16. [瑞典] 乔恩 · 皮埃尔、[美]B. 盖伊 · 彼得斯:《治理、政治与国家》，唐贤兴、马婷译，格致出版社 2019 年版。

17. [印] 阿玛蒂亚 · 森：《正义的理念》，王磊、李航译，中国人民大学出版社 2012 年版。

18. [美] 詹姆斯 · R. 汤森、布兰特利 · 沃马克：《中国政治》，顾速、董方译，江苏人民出版社 2005 年版。

19. 青年出版社编审部辑：《依靠积极分子联系群众，推动工作》，青年出版社 1952 年版。

20. 习近平：《关于“不忘初心、牢记使命”重要论述选编》，党建读物出版社、中央文献出版社 2019 年版。

21. 肖唐镖：《转型中的中国乡村建设》，西北大学出版社 2003 年版。

22. 邢小俊：《国家战略：延安脱贫的真正秘密》，陕西师范大学出版社 2021 年版。

23. 许汉泽：《行政治理扶贫：对精准扶贫实践逻辑的案例考察》，社会科学文献出版社 2020 年版。

24. 杨美惠：《礼物、关系学与国家：中国人际关系与主体性建构》，江苏人民出版社 2009 年版。

25. 印子：《乡村治理能力建设研究》，陕西人民出版社 2021 年版。

26. [清] 王先谦：《荀子集解》（上），陈啸寰、王星贤点校，中华书局 1988 年版。

27. 韦政通：《伦理思想的突破》，中国人民大学出版社 2005 年版。

28. [清] 吴楚材：《古文观止》，沈阳出版社 2017 年版。

29. 吴彤：《自组织方法论研究》，清华大学出版社 2001 年版。

30. 吴毅：《记述村庄的政治》，湖北人民出版社 2007 年版。

31. 吴毅：《小镇喧嚣—— 一个乡镇政治运作的演绎与阐释》，生活·读书·新知三联书店 2008 年版。

32. 翟学伟：《中国人行动的逻辑》，生活·读书·新知三联书店 2017 年版。

33. 张石山、鲁顺民：《礼失求诸野》，北岳文艺出版社 2013 年版。

34. 张世勇：《积极分子治村》，山东人民出版社 2009 年版。

35.《中共中央国务院关于“三农”工作的一号文件汇编（1982—2014）》，人民出版社 2014 年版。

36. 中共中央宣传部：《习近平总书记系列重要讲话读本》，学习出版社、人民出版社 2016 年版。

三、地方史志

郸城县地方志编纂委员会：《郸城县志》，中州古籍出版社 2012 年版。

四、报纸网络

1. 董峻、安蓓：《推进乡村振兴的行动指南——解读乡村振兴战略首个五年规划亮点》，2018 年 9 月 26 日，http://www.gov.cn/zhengce/2018-09/26/content_5325546.htm，2019 年 9 月 11 日。

2. 国务院第三次全国农业普查领导小组办公室，中华人民共和国国家统计局：《第三次全国农业普查主要数据公报（第一号）》，2017 年 12 月 14 日。http://www.stats.gov.cn/tjsj/tjgb/nypcgb/qgnypcgb/201712/t20171214_1562740，2019 年 9 月 13 日。

3. 桂华：《村庄里的中国社会科学》，2019 年 1 月 28 日。

4.http://www.gmw.cn/xueshu/2019-01/28/content_32422817.htm.2019 年 9 月 13 日。

5. 猛犸新闻 · 东方今报记者王士伟、通讯员李岩：《周口郸城：驻村第一书记勇闯火海抱出煤气罐》发表日期，http://dy.163.com/v2/article/detail/DO4PCKJ80530KTJA.html，2019 年 9 月 21 日。

6.《农业农村部、财政部发布 2019 年重点强农惠农政策》，2019 年 4 月 16 日，http://mini.eastday.com/a/190416173222545.html，2019 年 9 月 11 日。

7. 人民日报社：《2018 年财政重点强农惠农政策定了！》2018 年 4 月 10 日，https://baijiahao.baidu.com/s?id=1597325998371252342&wfr=spider&for=pc，2019 年 9 月 11 日。

8. 习近平：《决胜全面建成小康社会 夺取新时代中国特色社会主义伟大胜利——在中国共产党第十九次全国代表大会上的报告》，http://politics.gmw.cn/2017-10/27/content_26628091.htm，2017 年 10 月 27 日。

9. 中共河南省委 河南省人民政府：《关于推进乡村振兴战略的实施意见》，2018 年 3 月 28 日，https://www.henan.gov.cn/2018/03-28/389214.html，2019 年 9 月 11 日。

10. 中共中央、国务院：《乡村振兴战略规划》（2018 年 9 月 11 日—2022 年），2018 年 9 月 26 日，http://www.gov.cn/zhengce/2018-09/26/content_5325534.htm，2019 年 9 月 11 日。

11.《准确把握“中国之治”的五大特征》，河南 ttps://news. sina.com.cn/

c/2019-11-24/doc-iihnzhfz1373721.shtml，2019 年 11 月 24 日。

12.《周口师范学院驻村第一书记勇闯火海保百姓平安》，2018 年 8 月 5 日，http://www.sohu.com/a/245364402_503494，2019 年 9 月 22 日。

后 记

呈现在您眼前的这本书，是集体劳动的成果，是周口师范学院省级重点学科“思想政治教育”科研团队的合作成果。

2019年5月，周口师范学院召开第三次党代会。会议休息期间，大雨滂沱，我与李霄在音乐厅的角落里，闹中求静，一边隔窗看雨，一边说起李村的发展、帮扶治理情况，表达了希望组织同事前去实地调研的想法。李霄欣然同意、异常谦虚：我早就想把学校定点帮扶的工作总结起来，正好你们帮我理理思路。随后，我与胡现岭、张洪新、高涌瀚、梁红泉、王洋等商量此事，大家都很踊跃。调研活动得到学校党委相关领导的大力支持，得到“思想政治教育”学科的牵头单位政法学院领导的支持与经费保障。

非常感谢——毫无疑问，没有领导与同事的支持帮助，想法终究也只是翻来覆去的想法而已，可能永远也无法落实到行动。

2019年7月31日，烈日炎炎，课题组开始了第一次入村入户调研……三年来，课题组先后二十来次入村，得到了李村领导、群众的热情接待与倾力支持，得以踏遍四个自然村的角角落落，走进百家农户院落，进而登堂入室、促膝而谈——调研非常顺利。

对村党支部李书记与村委丁主任和郑主任等干部的配合、支持、理解非常感激，对他们的工作和付出多了理解、多了感佩；对访谈群众的支持、配合、信任深表感谢并致以歉意——但愿没有打扰他们的生活！

在多次前往李村调研，多次与李霄面谈，多次与顾磊、雷杰、苏明忠、王新社等驻李村干部的访谈中，深深感受到了向上的力量，看到了共产党员的责任与担当……“教学相长”，调研的过程也是学习的过程，大家感受了基层治理的复杂与党员干部的艰辛……

日常工作已经很忙碌，但聚同道于乡村调研，诸位同事的敬业与认真令我感动。在课题进行过程中，交流与反思、推进与要求是不可避免的；学科背景不同、年龄与经历不同，碰撞也是难免的，感谢大家对我急躁、较真、固执的包容，感谢诸位的辛勤劳动，但愿在这个合作平台上，大家都有所收获、有所进步。

根据我的提议与大家的意愿，分工合作非常顺利。我负责调研课题框架结构的提出，并执笔撰写绪论，周口师范学院的帮扶历程，因村制宜、因人制宜的帮扶与反馈，事故与故事以及结语等部分；胡现岭博士负责执笔撰写李村史，易教易俗以及帮扶反思等部分；张洪新博士负责执笔撰写第一书记的选拔及其由来，治理力量的整合等部分；梁红泉副教授负责执笔撰写村干部与党员群体，积极分子群体等部分；高涌瀚博士负责执笔撰写因户制宜与评价，关爱老人、推动家庭养老等部分；王洋老师负责执笔撰写村小学变动及其与村庄治理关系部分。最后由我负责统稿——当然，错误与不足也由我负责。

在付梓出版之前，请雷杰书记补充完善了一些新的材料，请李霄书记修正了一些谬误；张洪新博士以极大的工作热情与深刻见解，重新调整了框架、补充了内容和图片，胡现岭博士最后审阅校对……

历时三年，数易其稿，虽粗浅亦非易事。

感谢诸位！

贾滕

2021 年 8 月 19 日